铁路工程隧道与轨道施工

赵波　沈广辉　杨海福　主编

延吉·延边大学出版社

图书在版编目（CIP）数据

铁路工程隧道与轨道施工 / 赵波，沈广辉，杨海福
主编. -- 延吉 ： 延边大学出版社，2024.5
ISBN 978-7-230-06624-2

Ⅰ．①铁… Ⅱ．①赵… ②沈… ③杨… Ⅲ．①铁路隧
道－隧道施工②轨道(铁路)－铁路施工 Ⅳ．①U459.1
②U215

中国国家版本馆CIP数据核字(2024)第112057号

铁路工程隧道与轨道施工
TIELU GONGCHENG SUIDAO YU GUIDAO SHIGONG

主　　编：赵波　沈广辉　杨海福
责任编辑：秦玉波
封面设计：文合文化
出版发行：延边大学出版社
社　　址：吉林省延吉市公园路977号　　　　邮　　编：133002
网　　址：http://www.ydcbs.com　　　　E-mail：ydcbs@ydcbs.com
电　　话：0433-2732435　　　　传　　真：0433-2732434
印　　刷：三河市嵩川印刷有限公司
开　　本：710mm×1000mm　1/16
印　　张：18.5
字　　数：320 千字
版　　次：2024 年 5 月 第 1 版
印　　次：2024 年 5 月 第 1 次印刷
书　　号：ISBN 978-7-230-06624-2

定价：90.00元

编 写 成 员

主　　编：赵　波　沈广辉　杨海福

编写单位：中铁十九局集团第三工程有限公司

　　　　　中铁十九局集团华东工程有限公司

　　　　　中铁十八局集团有限公司天津国际工程

　　　　　分公司

前　　言

　　铁路工程施工技术研究是针对铁路建设过程中的工程施工问题展开的一项深入研究，主要目的在于通过探讨铁路工程施工中的关键技术和方法，对施工技术进行创新和优化，从而提高铁路工程建设的效率和质量。在铁路工程施工技术研究中，研究人员需要对国内外先进的铁路施工技术进行分析，提炼出适用于实际工程的施工方案。同时，研究人员还需关注施工过程中的安全管理、环境保护以及资源利用等，从而保证铁路施工过程的安全、高效和环保。此外，随着科技的不断进步，铁路工程施工技术也将不断发展，未来人们将更加注重数字化技术的应用、智能化施工设备的开发以及对环境友好型施工方法的探索。

　　《铁路工程隧道与轨道施工》一书共十一章，字数 32 万余字。该书由中铁十九局集团第三工程有限公司赵波、中铁十九局集团华东工程有限公司沈广辉、中铁十八局集团有限公司天津国际工程分公司杨海福担任主编。其中第二章、第三章、第六章由第一主编赵波负责撰写，字数为 10.8 万余字；第一章、第四章、第五章、第七章由第二主编沈广辉负责撰写，字数为 10.7 万余字；第八章、第九章、第十章、第十一章由第三主编杨海福负责撰写，字数为 10.5 万余字。在本书的编撰过程中，收到很多专家、业界同事的宝贵建议，谨在此表示感谢。由于笔者水平有限，书中若有疏漏、失误之处，恳请专家、同行批评指正。

笔者

2024 年 5 月

目　录

第一部分　铁路隧道施工

第一章　铁路隧道概述

第一节　铁路隧道的概念及构成

一、铁路隧道的概念

隧道通常是指修建在地层中的地下通道。它被广泛地应用于铁路、公路、矿山、水利、市政和国防等方面，因此可理解为"地下通道"，也可被扩大理解为地下空间利用的各个方面，即各种用途的地下通道和洞室。

1970 年，经济合作与发展组织将隧道定义为以某种用途在地面下用任何方法按规定形状和尺寸修筑的断面面积大于 $2 \ m^2$ 的洞室。

铁路隧道是指专供铁路运输使用的地下建筑结构物；公路隧道则是指专供公路运输使用的地下建筑结构物。随着我国经济的高速发展，隧道势必在铁路、公路等交通运输以及城市地下空间利用这两个大的方面获得长足的发展，并发挥越来越重要的作用。

二、铁路隧道的构成

铁路隧道建筑物的组成如图 1-1 所示：

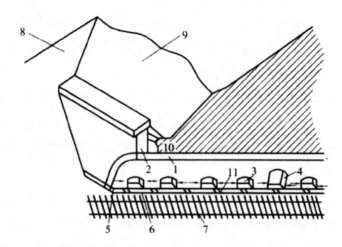

1—衬砌；2—洞门；3—小避车洞；4—大避车洞；

5—洞内排水沟；6—水沟盖板；7—洞内线路；8—洞口路堑边坡；

9—洞口仰坡；10—洞门墙顶排水沟；11—避车洞标志

图 1-1　铁路隧道建筑物的组成

　　隧道能充分利用岩土地层的固有性质，达到最有效地修建隧道的目的，从而获得良好的社会效益和经济效益。铁路隧道建筑物可分为主体建筑物、附属建筑物和限界与净空三大部分。

（一）铁路隧道的主体建筑物

主体建筑物为洞身、洞口和洞门、明洞。

1.洞身

　　隧道开挖以后，坑道周围地层原有的平衡遭到破坏，引起坑道变形甚至崩塌。因此，除在岩体坚固完整而又不易风化的稳定岩层中的隧道可以只开成毛洞以外，其他在所有地层中的隧道都需要修建支护结构，即衬砌。衬砌是一种永久性的支护结构，用来加固隧道，防止周围地层发生风化剥落或坍塌。支护包括：外部支护，即从外部支撑着坑道的围岩（如整体式模筑混凝土衬砌、砖石衬砌、装配式衬砌、喷射混凝土衬砌等）；内部支护，即对围岩进行加固以

3

提高其稳定性（如锚杆支护、压入浆液等）；混合支护，即内部与外部支护同时采用的衬砌（如喷锚支护）。根据衬砌施工工艺，隧道衬砌可分为以下四类：

（1）整体式模筑混凝土衬砌

它是指就地灌筑混凝土衬砌，也称模筑混凝土衬砌。其工艺流程为：立模—灌筑—养生—拆模。整体式模筑混凝土衬砌的特点是对地质条件的适用性较强，易于按需要成形，整体性好，抗渗性强，并适用于多种施工条件。

（2）装配式衬砌

装配式衬砌是将衬砌分成若干块构件，在现场或工厂预制这些构件，然后运到坑道内用机械拼装成一环接着一环的衬砌。这种衬砌的优点是：拼装成环后立即受力，便于机械化施工，改善劳动条件，节省劳力。目前装配式衬砌多在使用盾构法施工的城市地下铁道中采用。

（3）喷锚支护

喷锚支护指的是以压缩空气为动力，将掺有速凝剂的混凝土拌合料与水拌和成浆状，喷射到坑道的岩壁上凝结而成的支护。喷锚支护如图 1-2 所示。

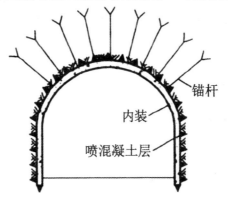

锚杆

内装

喷混凝土层

图 1-2　喷锚支护

喷锚支护是一种符合岩体力学原理的支护，它与围岩密贴，支护及时，柔性好；能封闭围岩壁面，防止风化，并能封闭围岩的张性裂隙和节理，提高围岩的固有强度，控制围岩的变形；能充分调动围岩本身的自稳能力，从而更好地起到支护作用。另外，喷锚支护能够有效地利用洞内净空，提高作业的安全性和作业效率，并能适应软弱和膨胀性地层中的隧道开挖，还能用于整治塌方和隧道衬砌的裂损。

喷锚支护包括锚杆支护、喷射混凝土支护、喷射混凝土锚杆联合支护、喷射混凝土钢筋网联合支护、喷射混凝土与锚杆及钢筋网联合支护、喷射钢纤维混凝土支护、喷射钢纤维混凝土锚杆联合支护，以及上述几种类型加设型钢支撑（或格栅支撑）而成的联合支护等。

喷锚支护是目前常用的一种围岩支护手段，适用于各种围岩地质条件，但是若作为永久衬砌，一般考虑在Ⅰ、Ⅱ级等围岩良好、完整、稳定的地段中采用。

在某些不良地质、大面积涌水地段和特殊地段，不宜采用喷锚支护作为永久衬砌。地下水发育较好或大面积淋水地段，喷射混凝土很难成形，且即使成形，其强度及与围岩的黏结力无法保证，锚杆与围岩的黏结力或锚固力也极难保证，难以发挥喷锚支护所应有的作用。膨胀性围岩和不良地质围岩，如黏土质胶结的砂岩、粉砂岩、泥砂岩、泥岩等软岩，开挖后极易风化、潮解，遇水泥化、软化、膨胀，造成较大的围岩压力，稳定性极差，甚至流坍。堆积层、破碎带等不良地质，往往有水，施工时缺乏足够的自稳能力和一定的稳定时间。这样，锚杆无法同膨胀性围岩和有水堆积层、破碎带形成可靠的黏结，喷射混凝土与围岩面也很难形成良好的黏结。因此，喷锚支护就难以阻止围岩的迅速变形和形成可靠、稳定的承载圈。

不宜采用喷锚支护单独作为永久衬砌的情况有：对衬砌有特殊要求的隧道或地段，如洞口地段，要求衬砌内轮廓整齐、平整；辅助坑道或其他隧道与主隧道的连接处及附近地段；有很高的防水要求的隧道；围岩及覆盖太薄，且其上已有建筑物，不能沉落或拆除者等；地下水有侵蚀性，可能造成喷射混凝土和锚杆材料的腐蚀；最冷月平均气温低于－5 ℃地区的冻害地段。

（4）复合式衬砌

复合式衬砌不同于单层厚壁的模筑混凝土衬砌，它把衬砌分成两层或两层以上，这些衬砌可以是采用同一种形式、方法和材料施作的，也可以是采用不同形式、方法、时间和材料施作的。

复合式衬砌是先在开挖好的洞壁表面喷射一层早强的混凝土（有时也同时施作锚杆、钢筋网或局部钢筋网），凝固后形成薄层柔性支护结构。它可以满足初期支护施作及时、刚度小、易变形的要求，且与围岩密贴，从而能保护围岩和加固围岩，促进围岩的应力调整，充分发挥围岩的自承作用。它既能容许围岩有一定的变形，又能限制围岩产生有害变形。一般待初期支护与围岩变形基本稳定后再施作内衬，通常为就地灌筑混凝土衬砌（称二次衬砌）。二次衬砌完成后，衬砌内表面光滑平整，可以防止外层风化。为了防止地下水流入或渗入隧道，可以在外衬和内衬之间设防水层，其材料可采用软聚氯乙烯薄膜、聚氯乙烯片、聚乙烯等，或喷涂乳化沥青等防水剂。总之，复合式衬砌是一种较为合理的结构形式，适用于多种围岩地质条件，有光明的发展前途。

2.洞口和洞门

洞门位置应根据地形、地质条件，同时结合环境保护、洞外有关工程及施工条件、营运要求，通过经济、技术比较确定；隧道应遵循"早进洞、晚出洞"的原则，不得大挖大刷，确保边坡及仰坡的稳定；洞口边坡、仰坡顶面及其周围，应根据情况设置排水沟及截水沟，并和路基排水系统综合考虑布置；洞门设计应与自然环境相协调。

（1）洞口

①洞口位置的确定应符合下列要求：

洞口的边坡及仰坡必须保证稳定。有条件时，应贴壁进洞；条件限制时，边坡及仰坡的设计开挖最大高度可按表1-1控制。

表1-1　边坡及仰坡的设计开挖最大高度

围岩分级	I—II			III		IV			V—VI	
边坡、仰坡比	贴壁	1：0.3	1：0.5	1：0.5	1：0.75	1：0.75	1：1	1：1.25	1：1.25	1：1.5
高度/m	15	20	25	20	25	15	18	20	15	18

洞口位置应设于山坡稳定、地质条件较好处；位于悬崖陡壁下的洞口，不宜切削原山坡，应避免在不稳定的悬崖陡壁下进洞；跨沟或沿沟进洞时，应考虑水文情况，结合防排水工程，充分比选后确定；慢坡地段的洞口位置，应结合洞外路堑地质、弃渣、排水及施工等因素综合分析确定；洞口设计应考虑与附近的地面建筑及地下埋设物的相互影响，必要时采取防范措施。

②洞口工程的设计应遵循下列规定：洞口边坡、仰坡应根据实际情况采取加固防护措施，有条件时应优先采用绿化护坡；当洞口处有坍方、落石、泥石流等时，应采取清刷、延伸洞口、设置明洞或支挡构造物等措施。

（2）洞门

洞门用来加固隧道出入口。

①隧道应修建洞门，洞门形式的设计应保证营运安全，并与环境协调。设在城镇、旅游区附近的隧道，尤应注意与环境相协调。有条件时，洞门周围应植树绿化。

②洞门宜与隧道轴线正交。

③洞门构造及基础设置应遵循下列规定：

洞口仰坡坡脚至洞门墙背的水平距离不小于 1.5 m，洞门端墙与仰坡之间水沟的沟底至衬砌拱顶外缘的高度不小于 1.0 m，洞门墙顶高出仰坡脚不小于 0.5 m；洞门墙应根据实际需要设置伸缩缝、沉降缝和泄水孔；洞门墙的厚度可按计算或结合其他工程类比确定；洞门墙基础必须置于稳固地基上，应视地形及地质条件，埋置足够的深度，保证洞门的稳定；松软地基上的基础，可采取加固基础措施；洞门结构应满足抗震要求。

此外，基底埋入土质地基的深度不应小于 1.0 m，嵌入岩石地基的深度不应小于 0.5 m；基底高程应在最大冻结线以下不小于 0.25 m；地基为冻胀土层时，应进行防冻胀处理。基底埋置深度应大于墙边各种沟、槽基底的埋置深度。

3.明洞

明洞是用明挖法修建的隧道。明洞一般修筑在隧道的进出口处，当遇到地质差且洞顶覆盖层较薄，用暗挖法难以进洞，或洞口路堑边坡受坍方、落石、泥石流等威胁而危及行车安全，或铁路、公路、河渠必须在线路上方通过，且不宜做立交桥或暗洞，或为了减少隧道工程对环境的破坏，保护环境和景观，洞口段需延长时，均需要修建明洞。明洞是隧道洞口或线路上能起到防护作用的重要建筑物，明洞的修建不应在地层内先挖出坑道，然后修建结构物，而应在露天的路堑地面上，或是在敞口的基坑内，先修筑结构物，然后再回填覆盖土石。明洞在我国新建的铁路线上曾广泛采用。图1-3为明洞位置示意图。

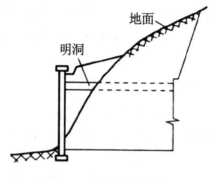

图 1-3　明洞位置示意图

明洞的构造形式，常因地形、地质和危害程度的不同而有许多种，采用最多的是拱式明洞和棚式明洞。

（1）拱式明洞

拱式明洞是由拱圈、边墙和仰拱或铺底组成的。但是，由于它周围是回填的土石，得不到可靠的围岩抗力的支持，因而结构的截面尺寸要略大一些。当洞口的地形或地质条件导致难以用暗挖的方法修建隧道时，如洞口附近埋深很浅，施工时不能保证上方覆盖层的稳定，或是深路堑、高边坡上有较多的崩塌落石，以致对行车有威胁时，常常需要修筑拱式明洞来防护。

拱式明洞结构坚固，可以抵抗较大的推力，其适用的范围较广。拱式明洞按照它所在的位置可分为路堑式拱式明洞和半路堑式拱式明洞。

明洞顶上的回填土石是为缓冲落石对衬砌的冲击而设置的，它的厚度应视落石下坠的实际情况通过计算而定，一般不应小于1.5 m。填土面上应留有不小于1∶1.5的流水坡，填土的上面及拱顶上方都要做一层黏土隔水层，以防水渗入。此外，如果明洞外侧覆盖土不厚，还可以掏成侧洞，使露天的光线可以射进来，外界的新鲜空气可以流进来。连拱形外墙明洞如图 1-4 所示。

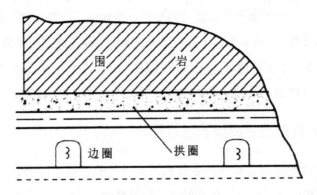

图 1-4　连拱形外墙明洞

当隧道洞口有公路或水渠横越而又不宜做立交桥时，为了保持公路的通行和不致中断灌溉农田的水道起见，可以修建带有渡槽的拱式明洞；当路线必须通过有滑坡的地方时，也可以配合挡墙、抗滑桩等修建抗滑明洞。此外，拱式明洞应设置横向贯穿的伸缩缝，其间隔为 6～20 m，视实际情况而定。如有侧洞，伸缩缝应避开侧洞位置。

（2）棚式明洞

当山坡的坍方、落石数量较少，山体侧向压力不大，或因受地质、地形限制，难以修建拱式明洞时，可以修建棚式明洞，简称棚洞。

棚式明洞常见的结构形式有盖板式、刚架式和悬臂式三种。盖板式棚洞是由内墙、外墙及钢筋混凝土盖板组成的简支结构。顶上不是拱圈而是平的盖板，其上回填土石，以保护盖板不受山体落石的直接冲击。内墙一般为重力式墩台结构，厚度较大，用以抵抗山体的侧向压力，内墙的基础必须放在基岩或稳固的地基上。当地形狭窄、山坡陡峻，基岩埋置较深而上部地基稳定性较差时，为了使基础置于基岩上且减小基础工程量，可采用刚架式外墙，此时的棚洞称为刚架式棚洞。该种棚洞主要由外侧刚架、内侧重力式墩台结构、横顶梁、底横撑及钢筋混凝土盖板组成，并做防水层及回填土石处理。对稳固而陡峻的山坡，在外侧地形难以满足一般棚洞的地基要求，而且落石不太严重的情况下，可以修建悬臂式棚洞。它的内墙为重力式，上端接筑悬臂式横梁，其上铺以盖板，盖板的内端设平衡重来维持结构在外荷载作用下的稳定性。同时，为了保证棚洞的稳定性，悬臂必须伸入稳定的基岩内。悬臂式棚洞对于落石块度不大、数量不多、冲击不大的情况比较适合。但是，由于其对内墙的稳定性要求很高，施工必须十分谨慎，又因其是不对称结构，所以应当慎重选用。

（二）铁路隧道的附属建筑物

铁路隧道的附属建筑物是主体构造物以外的其他构造物，是为了运营管理、维修养护、给水排水、供蓄发电、通风照明、通信、安全等而修建的构造物，包括人行道（或避车洞）、防水和排水、通风和照明、消防和救援、通信和监控设施，以及在电气化铁路上根据情况而设置的有关附属设施等。

隧道的附属构筑物主要包括避车洞、防排水设施、电力及通信设施和运营通风设施。

1.避车洞

为了保证隧道内行人的安全，隧道内应设置小避车洞；为了存放工具材料，还需设置大避车洞。大避车洞形状与小避车洞相似，只是尺寸不同。

（1）避车洞净空尺寸及布置原则

小避车洞尺寸：宽 2.0 m，深 1.0 m，中心高 2.2 m；大避车洞尺寸：宽 4.0 m，深 2.5 m，中心高 2.8 m。

大小避车洞均应交错排列在隧道两侧的边墙上，按规定每侧相隔 60 m 设置一个小避车洞；轨道采用碎石道床时每侧相隔 300 m，轨道采用整体道床时则每侧相隔 420 m 设置一个大避车洞；隧道长度小于 300 m 时，可不设大避车洞，长度为 300～400 m 时，可在隧道中部设一个大避车洞。布置避车洞时，若洞口两端与桥梁或路堑相接，在桥上无避车台或路堑两侧沟外无平台，则应与隧道统一考虑布置大避车洞；避车洞应尽量避开不同衬砌类型或不同加宽断面的衔接处，小避车洞中线离开接头处不小于 2 m，大避车洞中线离开接头处不小于 3 m；所有沉降缝、工作缝及伸缩缝均不得穿过避车洞。

（2）避车洞底部高程的确定

避车洞底部应与洞内侧沟、电缆槽盖板顶面或道床面（碎石道床、整体道床）齐平；隧道内有人行道时，则应与人行道顶面齐平。当避车洞位于曲线地段时，受曲线外轨超高的影响，曲线内侧的避车洞底面应降低一定高度，曲线外侧的避车洞则相反。

避车洞衬砌类型与隧道洞身衬砌相似，根据围岩级别的不同而异。避车洞均应铺底，当地质条件较差时，避车洞应做后墙，特别是在松软围岩中，还应将铺底加厚，使之成为封闭式衬砌。

2.防排水设施

为了保证隧道正常使用，必须设置防排水设施，以防止因隧道漏水或结冰危及行车安全、损坏洞内设备；防止侵蚀性地下水对隧道衬砌和轨道、枕木的腐蚀；在严寒地区还能防止地层冻胀对衬砌和轨道的危害。

隧道防排水应遵循"防、排、截、堵相结合，因地制宜，综合治理"的原则，采取切实可行的设计、施工措施，达到防水可靠、排水畅通、经济合理的目的。

3.电力及通信设施

电力及通信设施主要包括电缆槽及无人增音站（洞）。下面主要对电缆槽进行介绍。

（1）电缆槽的作用

当铁路通信、信号电缆通过隧道时，为了避免电缆被损坏、腐蚀，以保证通信、信号工作的安全，须在隧道内设置电缆槽。

（2）电缆槽的设置要求

通信、信号电缆可设在同一电缆槽内，也可以分设。

通信、信号电缆和电力电缆必须分槽铺设，分槽铺设有困难时，电力电缆可沿隧道墙壁架设。

电缆槽应设盖板，与水沟并行时，宜分设盖板。

为使电缆槽内不积水，应每隔 3～5 m 设一道流水槽。

铺设通信或信号电缆中的一种时，电缆槽的尺寸应为 12 cm×14 cm；同时铺设两种电缆时，电缆槽的尺寸应为 15 cm×14 cm。

（3）余长电缆槽

当隧道长度大于 500 m 时，为便于电缆维修，电缆应留余长，电缆槽同侧的大避车洞内应设余长弧形电缆槽；当隧道长度为 500～1 000 m 时，应在隧道中间设置一处余长电缆槽；当隧道长度在 1 000 m 以上时，则每隔 500 m 增设一处余长电缆槽。

为便于电缆维修，在设置余长电缆槽时，槽内除电缆以外位置全部用粗砂回填。

4.运营通风设施

隧道运营的通风包括自然通风与机械通风。自然通风是指利用洞内的天然风流和列车运行引起的活塞风来达到通风的目的，机械通风是指在自然通风不能满足要求时，采用通风机械交换洞内外气体，达到通风的目的。

（三）铁路隧道的限界与净空

铁路隧道的构造涉及多个关键组成部分，其中限界与净空是确保隧道安全、高效运营的重要部分。

1.隧道限界与净空的概念

隧道净空是指隧道衬砌内轮廓线所包围的空间。隧道净空是根据"隧道建筑限界"确定的。隧道建筑限界是为了保证隧道内各种交通工具的正常运行与安全而规定的在一定宽度和高度范围内不得有任何障碍物的空间范围。总的来说，隧道建筑限界是指衬砌内缘不能侵入的轮廓线。

我国对全国铁路线上正在运行的各种型号的机车和车辆均做了全面的调查和统计，把其需要保证的横断面规定为"机车车辆限界"，机车车辆限界能满足各种型号的机车和车辆对横断面尺寸的最大需要。同时，我国还考虑了列车装载货物的不同情况，令全国的列车装载货物，包括规章所容许的扩大货物，装载后都不容许超过机车车辆限界。

针对铁路上的各种建筑物，我国规定了"铁路建筑接近限界"。这个限界是指全国铁路线上所有的建筑物都不容许侵入的净空范围，以保证列车往来行驶绝无刮碰并安全通过。

隧道是铁路线上的永久性建筑物，一旦建成，就不能改动。如果某一部位或是某些附属设施不慎侵入了限界，就可能发生刮碰事故。因此，在一般的"铁路建筑接近限界"的基础上，隧道建筑限界应再适当地放大一点，留出少许空间，用以安装照明、通信和信号等设备。此外，考虑到列车在运行中会发生左右摇摆、隧道在施工时会有尺寸上的误差、衬砌建成后会稍有固结变形、测量时有在容许范围内的误差、线路敷设时会有偏离中心线的误差等，为了预留这些可能因素的位置，在施工设计时，实际净空又要比规定的隧道建筑限界稍稍放宽一些。

对于新建或改建行驶蒸汽机车或内燃机车的单线和双线隧道，分别采用隧道建筑限界"隧限1-甲"和"隧限1-乙"；对于新建或改建行驶电力机车的单线和双线铁路隧道，分别采用隧道建筑限界"隧限2-甲"和"隧限2-乙"。它们各自的形状和尺寸如图1-5（a）和图1-5（b）所示，图中数据的单位为毫米。

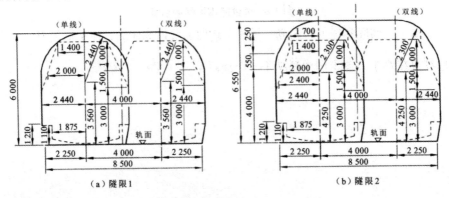

图1-5　铁路隧道建筑限界的形状和尺寸

2.隧道的净空加宽

（1）加宽原因

当列车在曲线上行驶时，由于车体内倾和平移，所需横断面面积有所增加。为了保证列车在曲线隧道中安全通过，隧道中曲线段的净空必须加大。铁路曲线隧道的净空加宽值是由以下因素来决定的：

第一，车辆通过曲线时，转向架中心点沿线路运行，而车辆是刚性体，其矩形形状不会改变。这就使得车厢两端产生向曲线外侧的偏移（$d_{外}$），车厢中间部分则向曲线内侧偏移（$d_{内1}$），如图 1-6 所示。

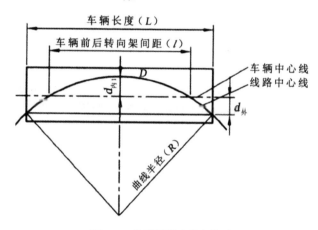

图 1-6　曲线隧道内外侧加宽

第二，曲线隧道外轨超高，导致车辆向曲线内侧倾斜，使车辆限界的各个控制点在水平方向上向内移动了一个距离 $d_{内}$，如图 1-7 所示。

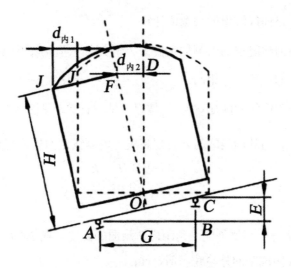

图 1-7　曲线隧道外轨超高造成加宽

因此，曲线隧道净空的加宽值由三部分组成：$d_{内1}$、$d_{内2}$、$d_{外}$。

（2）加宽计算

①单线铁路隧道的加宽计算

$$d_{总} = d_{内1} + d_{内2} + d_{外} = 4050 / R + 2.7E + 4400 / R$$
$$= 8450 / R + 2.7E$$

（式 1-1）

式中，R——曲线半径，m；

E——外轨超高值，其最大值不超过 15 cm。

$$E = 0.76 \frac{V^2}{R}$$

（式 1-2）

计算中涉及的基本参数包括：车辆转向架中心距 l，取值 18 m；铁路远期行车速度 V（km/h）；标准车辆长度 L，我国为 26 m。

②双线铁路曲线隧道的加宽值计算

双线铁路曲线隧道的内侧加宽值$d_内$及外侧加宽值$d_外$的计算方法与单线曲线隧道加宽值的计算方法相同。

内外侧线路中线间的加宽值$d_中$按以下情况计算（见图1-8，图中数据的单位均为厘米）。当外侧线路的外轨超高大于内侧线路的外轨超高时：

$$d_中 = \frac{8450}{R} + \frac{H}{150} \times \frac{E}{2}$$

（式1-3）

式中，H——车辆外侧顶角距内轨顶面的高度，取360 cm；

E——外侧线路的外轨超高值，cm；

R——曲线半径，m。

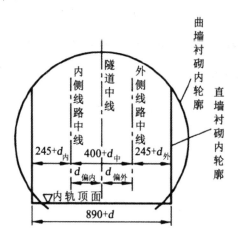

图1-8　双线铁路曲线隧道加宽值

③曲线隧道中线与线路中线偏移距离

从以上计算可知，曲线隧道内外侧加宽值不同（内侧大于外侧），断面加宽后，隧道中线向曲线内侧偏移了一个距离$d_偏$，单线隧道的偏移值（见图1-9）为：

$$d_{偏} = \frac{d_{内} - d_{外}}{2}$$

（式 1-4）

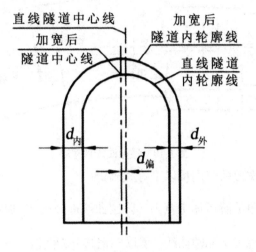

图 1-9　曲线隧道中线偏移值

其中内侧线路中线至隧道中线的距离为：

$$d_{偏内} = 200 + \frac{d_{内} - d_{外} - d_{中}}{2}$$

（式 1-5）

外侧线路中线至隧道中线的距离为：

$$d_{偏外} = 200 + \frac{d_{内} - d_{外} + d_{中}}{2}$$

（式 1-6）

（3）铁路曲线隧道加宽的平面布置

隧道曲线加宽段如图 1-10 所示。

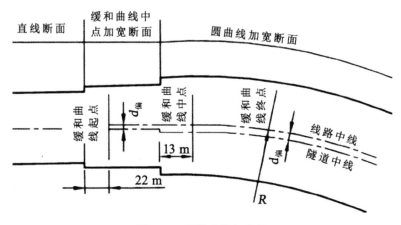

图 1-10　隧道曲线加宽段

隧道曲线加宽段的范围按以下方式确定：

位于曲线地段的隧道加宽范围，除圆曲线部分按 $d_{总}$ 加宽以外，缓和曲线部分被视为既非直线又非圆曲线，所以应把它分为两段，一段属于接近直线的性质，另一段属于接近圆曲线的性质，分别给以不同的加宽值。具体来说，自圆曲线终点至缓和曲线中点，向直线方向延伸 13 m，这一段采用圆曲线的加宽断面，即加宽 $d_{总}$。缓和曲线的其余半段，自缓和曲线终点向直线方向延伸 22 m，这一段采用圆曲线加宽值的一半，即 $\frac{1}{2}d_{总}$。

上述规定的理由是：当列车由直线进入曲线，车辆前转向架跨进缓和曲线的起点以后，由于曲线外轨已经开始有了超高，车辆随之开始倾斜，车辆后端亦开始偏离线路中线，所以在车辆前转向架到车辆后端点的范围内，就应该予以加宽，但可取一半定值。此长度为两转向架间距 18 m 加转向架中心到车辆后端部点的距离 4 m。当车辆的一半进入缓和曲线中点时，其车辆后端偏离中线，应按前面转向架所在曲线的半径及超高值决定加宽值 $d_{总}$。此时，前转向架中心已接近圆曲线，故车辆后半段，即车长的一半 13 m 的范围内，应按圆

曲线的加宽值 $d_{总}$ 予以加宽。

在直线段上，隧道衬砌的断面是一致的，到了曲线段就要加宽，因此断面就各自不同。在衔接处，可以用错台的方式分段变换，也可以在 1 m 范围内逐渐过渡。前者施工方便，但突变台阶增大了隧道内风流的阻力，对通风有些不利。

3.隧道衬砌断面

隧道的净空限界确定以后，就可以据此进行隧道衬砌断面的初步拟定。由于隧道衬砌是一个超静定结构，不能直接用力学方法计算出应有的截面尺寸，因此必须先拟定一种截面尺寸，按照这个截面尺寸来验算荷载作用下的内力。如果截面强度不足，或截面富余太多，就得调整截面，重新计算，直至合适为止。所以，在设计隧道衬砌时，需要根据经验初步拟定一个用以计算的结构截面形状以及它的尺寸。

在拟定衬砌断面结构尺寸时，需要考虑三个方面：一是选定什么样的净空形状，也就是选定结构的内轮廓；二是选定什么样的计算结构轴线，也就是选定抽象出来据以进行计算的几何体系；三是选定各个截面的厚度，也就是选定用以核算强度的截面面积。

在进行隧道断面形状设计时需考虑的因素有以下几点：

第一，隧道的内轮廓必须符合前述的隧道建筑净空限界，结构的任何部位都不应侵入限界。同时，隧道内轮廓还应考虑通风、照明、安全、监控等内部装修设施所必需的富余量。

第二，采用的施工方法能确保断面形状及尺寸，有利于隧道的稳定。

第三，从经济观点出发，内轮廓线应尽量减小洞室的体积，即使土石开挖量尽量小，因此内轮廓线一般紧贴限界。但其形状又不能如限界般曲折，要平顺圆滑，以使结构在受力及围岩稳定方面均处于有利地位。

第四，结构的轴线应尽可能地符合在荷载作用下所决定的压力线。若是两线重合，结构的各个截面都只承受单纯的压力而无拉力，当然最为理想，但事实上很难做到。一般结构的轴线总是接近于压力线，使各个截面承受主要压力，而断面承受很小的拉力，从而充分地利用混凝土材料的受压性能。

总之，内轮廓线应最大限度地保证所确定的断面形式及尺寸安全、经济、合理。

从以往的理论和工程实践可知，当隧道衬砌承受径向分布的静水压力时，结构轴线以圆形为最佳。当衬砌主要承受竖向荷载和不大的水平荷载时，结构轴线上部宜采用圆弧形或尖拱形，下部可以做成直线形（即直墙式）；当衬砌在承受竖向荷载的同时，又承受较大的水平荷载时，衬砌结构的轴线上部宜采用圆弧形或平拱形，下部可采用凸向外方的圆弧形（即曲墙式）。如果还有底鼓压力，则结构底部应有凸向下方的仰拱。

第二节　铁路隧道的分类

一、按穿越障碍或作用分类

在铁路上，隧道常用来穿越山岭和水流等障碍，以及作为解决城市中繁忙的交通运输问题的一种手段。按照其穿越障碍或作用的不同，位于铁路线上的隧道可分为山岭隧道、水底隧道及地下铁道三种。

（一）山岭隧道

穿越山岭的隧道称为山岭隧道。在山区进行铁路建设时，修建山岭隧道有明显的优点，它可以克服平面和高程障碍、改善线路条件、缩短里程、节省运费、提高运输能力，使铁路平缓顺直，从而更好地满足现代化高速行车的要求，并取得理想的经济效果。

（二）水底隧道

在水底构筑通道以穿越江河、海峡的隧道称为水底隧道。世界上已建成的水底隧道（包括铁路和公路）数量已超过百条。

（三）地下铁道

地下铁道，简称地铁。地下铁道的应用也很广泛，它是解决城市繁忙地面交通运输问题的重要手段之一。从狭义上看，地下铁道专指以地下运行为主的城市铁路系统或捷运系统，是城市公共交通的重要组成部分，具有高效、快速、便利等特点，通常是在全封闭的地下隧道内，由电气牵引、轮轨导向、车辆编组运行的大容量快速轨道交通系统。从广义上看，为了配合修筑的环境，地下铁道可能也会有地面化或高架的路段存在，因此它通常涵盖城市地区各种地下与地面上的高密度交通运输系统。这样的系统主要承担城市市区与郊区卫星城镇或社区之间的客运联系。

二、按隧道长度分类

为了设计、施工及养护管理上的方便，根据中华人民共和国铁道部颁布施行的《铁路隧道设计规范》（TB 10003—2016），隧道按其长度可分为：

短隧道：长 500 m 及以下；

中隧道：长 500 m 以上至 3 000 m；

长隧道：长 3 000 m 以上至 10 000 m，

特长隧道：长 10 000 m 以上。

隧道长度是指进出口洞门之间的距离，以端墙面或斜切式洞门的斜切面与设计内轨顶面的交线同线路中线的交点计算。双线隧道按左线长度计算；位于车站上的隧道以正线长度计算；设有缓冲结构的隧道长度应从缓冲结构的起点计算。从交通安全的角度考虑，长度大于 100 m 时，隧道内应设置照明设施；长度在 500 m 以下的铁路隧道一般采取自然通风，大于 500 m 的铁路隧道应当布设通风设备，设置交通管理和监控设施。

三、其他分类

根据隧道所在地址的地形、地貌等，隧道可分为傍山隧道、越岭隧道、水底隧道等。按照隧道施工方法，隧道可分为矿山法隧道、盾构法隧道、沉管法隧道等。按照隧道洞身结构形式，隧道可分为单拱隧道、连拱隧道、小间距隧道等。

第二章　铁路隧道施工准备

第一节　地质勘察与分析

一、地质勘察的一般规定

①隧道勘察可分为设计阶段勘察和施工阶段勘察。

②勘察范围、内容、方法、勘察量、精度等应根据勘察阶段的要求和隧道规模及其施工方法确定。

③隧道勘察应根据不同阶段的任务、目的和要求，针对隧道工程的特点，开展调查、测绘、勘探和试验等工作，并编制勘察报告，做到搜集资料齐全、准确，满足设计要求。

④隧道勘察应详细调查隧道所在地区的自然、人文活动和社会环境状况，评价隧道工程对环境可能造成的影响。

⑤在进行隧道地质勘察时，应综合考虑线路技术标准、环境保护、运营养护、防灾救援等方面的因素，合理确定隧道位置、结构形式、施工方法、建设工期、工程投资等，保证隧道工程的安全、可靠、耐久。

二、隧道工程外部环境勘察的内容

①自然概况：地形、地貌特征。

②施工环境：矿产开发或爆破作业、地下管线、人居状况、周围建（构）筑物、危险品场所（仓库）。

③环境保护：地表水体、农林资源、动植物资源等环境要素及保护要求，有关法令及规章制度对噪声、振动、地表下沉等的限制，以及补偿对象调查等。

④气象资料：气温、气压、风向、风速以及雨量、雪量、冻结深度、地温等。

⑤施工条件：建筑材料及水、电供应情况，交通条件，施工场地及弃渣条件。

三、隧道工程地质调绘的内容

①查明地层、岩性及地质构造特征，着重查清地质构造性质、类型、规模，断层、节理、软弱结构面特征及其与隧道的组合关系和围岩的基本物理力学性质等。

②查明地下水类型及地下水位、含水层的分布范围及相应的渗透系数、水量、水压、水温和补给关系、水质及其对混凝土的侵蚀性，判断工程有无异常涌水、突水。

③查明影响隧道洞口安全或洞身稳定的崩塌、错落、岩堆、滑坡、岩溶、人为坑洞、泥石流、雪崩、冰川等不良地质现象和偏压等不利地形条件，分析其类型和规模以及发生原因、发展趋势，判明对隧道影响的程度。

④查明含水砂层、风积沙、黄土、盐岩、膨胀土、多年冻土、软土、填土等特殊岩土，分析其成因、范围及岩土力学特性及对隧道的影响程度。

⑤查明有害气体、矿体及具有放射性危害的地层，确定分布范围、成分和含量。

⑥查明地应力水平，重点查明高地应力引起的大变形、岩爆分布范围及影响程度。

⑦濒临水库地区的隧道位于水库常水位或规划水位以下时，评价其与水库的水力联系。

四、隧道工程地质勘察分析

①钻孔位置和数量应视地质复杂程度而定。洞门附近覆土较厚时，应布置勘探孔；地质复杂，长度大于 1 000 m 的隧道，洞身应按不同地貌及地质单元，合理布置勘探孔查明地质条件；主要的地质界线，重要的不良地质、特殊岩土地段等处应有钻孔控制；洞身地段的钻孔位置宜布置在隧道中线外 8～10 m。

②钻探深度应至隧底以下 3～5 m；遇溶洞、暗河及其他不良地质时，应适当加深至溶洞及暗河底、不良地质体以下 5 m。

③埋深小于 100 m 的较浅隧道或洞身段沟谷发育较好的隧道，勘探点间距不宜大于 500 m；埋深较大的隧道的勘探点的布置应根据地质调查及物探成果专门研究确定。

④区域性断层和重大物探异常点应布设控制性勘探点。

⑤钻探中应做好水位观测和记录，探明含水层的位置和厚度，并取样进行水质分析。水文地质条件复杂的隧道，应进行水文地质试验，测定岩土的渗透性，计算涌水量，必要时应进行地下水动态观测，并测定地下水的流向、流速。

⑥取代表性岩土试样进行物理力学性质试验。

⑦对有害矿体和气体，应取样作定性、定量分析。

⑧长隧道、特长隧道和地质条件复杂的隧道应进行大面积的区域性工程地质调查、测绘，并加强地质勘探和试验工作，查清区域地质构造及工程地质、

水文地质条件，并根据地质勘察成果，提出地质选线及工程措施建议。

第二节　隧道工程施工方案设计

隧道工程施工方案应按施工安全、计划、工期等要求进行编制，因此需要在设计图纸的基础上，充分调查工程内容及相关条件等，用详细而综合的视点来研究这些条件和工程内容之间的关系，就施工方法、作业组织、物资器材和设备、施工管理、安全卫生管理、环境保护等方面进行筹划。

隧道工程施工方案编制时应主要注意以下几点：

第一，根据隧道长度、工期限制、纵坡坡度、围岩条件等对隧道工区进行划分，并考虑周围环境、施工设备、弃渣场地等具体条件，以自然排水为原则，考虑竣工时间一致，从多个对比方案中选择工期短、费用低的有利方案。

第二，考虑隧道断面、工区长度、工期限制、围岩条件、当地条件等，综合研究后选择合理的施工方法。

第三，依据选定的施工方法，计算各工程内容所需天数，通过对关键工序施工速度的调整、施工资源的分配与安排，编制出能满足公司要求、费用低、施工质量有保证的施工进度计划。

第四，当隧道要分几个工区时，或者在以洞口为工程安全口施工有难度的情况下，可以采用施工辅助坑道。

第五，为使施工安全、顺利，要基于调查研究的结果规划出与施工规模、施工方法相适应的洞外设施，并对施工用地和设备进行合理布置。

第六，应基于对当地条件调查的结果，考虑工程规模、施工方法、围岩条件等，选择运输距离短并能存放大量弃渣的场地。

第七，隧道施工会产生噪声、震动、地面塌陷、地表枯水、污浊排水等，对周围环境产生不利的影响。在编制施工计划时，应根据环境调查的结果研究解决措施。

一、隧道位置选择方案设计

①特长隧道、地质条件复杂的隧道，其平面位置应在较大范围地质勘察的基础上，结合施工方案、工期、相关工程及运营条件等，经技术经济比选确定。

②河谷线路沿河傍山地段，当线路以隧道形式通过时，选线应符合下列要求：

第一，线路宜向靠山侧内移，避免隧道外侧岩体过薄、河流冲刷和不良地质对其稳定性产生影响。

第二，进行短隧道群与长隧道方案的比较。

③濒临水库、河流地区的隧道应注意水库坍岸、河流冲刷等对隧道稳定性的影响，评价隧道与水体的水力联系，采取相应的工程措施。

④岩溶地区隧道选线应符合下列规定：

第一，充分利用遥感图像地质解译成果资料，分析研究区域范围内岩溶发育情况，隧道位置优先选择岩溶及岩溶水发育相对较弱的区域。

第二，隧道应尽量选择高线位通过，不宜通过岩溶水发育的季节交替带、水平径流带、深部缓流带。

第三，傍山隧道宜选择在岩溶发育较弱的一侧通过，并应高于岩溶水排泄带。

第四，隧道应避免穿越岩溶强烈发育的构造带，避开负地形区、网状洞穴、暗河发育区、巨大空洞区、溶洞群及岩溶水富集区、排泄区。

第五，隧道应以大角度通过可溶岩与非可溶岩接触带及断层、褶曲轴部等构造带。

第六，隧道应尽量靠近并高于既有或在建的其他地下工程，充分利用其他地下工程已形成的降落漏斗效应截排地下水。

第七，线路纵坡应优先采用人字坡，隧道内宜适当加大纵坡。

第八，当线路与暗河交叉时，隧道应在暗河顶板高程以上以大角度与之相交，并保证隧底以下有足够安全厚度。

⑤高地温地区隧道选线应符合下列规定：

第一，隧道位置应选择在地温相对较低的地层。

第二，通过较高地温地区时，应优化平纵断面，以高线位、短距离方式通过。

第三，河谷地区线路宜设于傍山靠河侧，缩短辅助坑道设置长度。

⑥严寒和寒冷地区隧道应尽量选择在地下水位低、围岩含水率较低、冻融对围岩影响较小的地段；洞口宜设在背风向阳处。

⑦隧道选线应避免穿越滑坡区域；当必须穿越时，隧道洞身位置应选择在滑动面以下一定深度的稳定地层中，并采取可靠工程措施。

⑧隧道选线应避免穿越风积沙地层；当必须穿越时，应尽量缩短穿越长度。

⑨地震动峰值加速度在 $0.10\,g$ 以上的地区，隧道不宜穿越活动断裂带、易液化砂（粉）土地层。

⑩隧道洞口应综合考虑地形地质条件、相关工程和环境要求等因素，宜避开滑坡、崩塌、岩堆、危岩落石、泥石流等地段，选择在稳定的边坡进洞，不应设在排水困难、地势狭窄的沟谷低洼处或不稳定的悬崖陡壁下。

二、隧道场地布置方案设计

隧道场地的布置方案设计是铁路隧道工程方案设计的重要环节，直接关系到隧道的建设成本、施工安全、运营维护以及环境保护等方面。因此，必须综合考虑地质条件、地形地貌、环境保护、地方政策法规以及施工条件等多个因素。

场地布置应该结合当地地形，因地制宜，避免大规模开挖、平整所造成的浪费。场地布置应注意以下几点：

第一，洞口场地布置应考虑周全，不应遗漏重要项目。一般要综合考虑施工设施、便道、弃渣场地、各种管线、材料堆放场地、车辆停放场地、生活办公设施等工程构筑物、重要地物的平面位置。施工设施包括空压机房、通风机房、混凝土搅拌站、修理车间、钢筋加工厂、蓄水池、发电房、变电站等。管线主要有轨道、供水管、排水管、高低压供电线路等。材料堆放场地有水泥库房、外加剂及锚固剂库房、配件及小型机具库、炸药库、雷管库、钢材库房及砂石料堆放场地。车辆停放场地有运输车辆、装渣机械、衬砌台车、生活用车等。生活办公设施主要包括宿舍、食堂、办公室、浴室、会议室等。

第二，合理布置施工设施、施工便道、材料堆放场地、车辆停放场地，尤其是对于长隧道和特长隧道等工程量大、进度快、施工机械化程度高的项目，更应注意布置的合理性，确保洞内外各项工作协调配合，充分发挥机械效率。一般情况下，空压机房、通风机房、搅拌站应尽量靠近洞口设置；钢筋加工棚、维修车间、发电房应尽量布置在洞口附近，砂石料堆放场地应在搅拌站附近设置，为便于运输，其常常与水泥库房一同规划，场地面积应考虑当地材料情况，即洪汛期储备量。

第三，妥善布置生活房屋、爆破器材库等，以确保施工人员有较好的生活条件和安全保障。隧道施工工期长、劳动强度大、每天工作时间不固定，保持施工人员的良好比例非常重要，所以生活房屋与洞口应保持一定距离，确保工人有安静的休息环境，但不要布置在隧道洞顶附近，以避免生活用水大量渗入隧道，同时考虑避免火灾、洪水、滑坡等灾害的威胁。炸药库、雷管库应分别单独布置，并有一定的安全距离，一般布置在远离施工场地的小山头或背坡上。

第四，灵活布置场地内便道、车辆停放场地、材料堆放场地等，山岭隧道的洞口一般受到地形条件的限制，往往难以一次布置妥当，可以利用弃渣场、洞口路基等逐步发展完善。一般将易于搬迁、变动的场地或前期不急需的场地做二次布置，但是注意二次布置场地时，不应对隧道的正常施工造成延误，或干扰其他工程施工。进场变动应注意其纵坡的设计，以保证材料进场的安全、通畅。

第五，洞口场地布置图的详细程度，应根据工程规模大小确定。长隧道和特长隧道工程量大，施工设施多，机械化程度高，应做场地的总布置图，中短隧道的工程量相对较小，相应所需的施工机械和设备也较少，隧道场地布置图可以从简。

三、隧道线路平面及纵断面方案设计

①隧道内的线路平面宜设计为直线，当因地形、地质等条件限制设计为曲线时，宜将曲线设在洞口附近并采用较大的曲线半径。内燃牵引隧道内不宜设置反向曲线。

②隧道纵断面设计应符合下列规定：

第一，隧道内的纵坡可设计为人字坡或单面坡，地下水发育较好的 3 000 m 及以上隧道宜采用人字坡。

第二，隧道内的坡度不宜小于 3‰。

第三，在最冷月平均气温低于－3℃的地区，隧道宜适当加大坡度。

第四，相邻坡段间应根据设计速度、相邻坡段坡度差，按《铁路线路设计规范》的规定设置圆曲线形竖曲线连接。

③隧洞洞口应考虑防洪、防淹等的要求，并符合下列规定：

第一，当洞口位于可能被洪水淹没地带、水库回水影响范围、受山洪威胁地段时，其路肩高程应高出设计水位加波浪侵袭高度和壅水高度不小于 0.5 m。

第二，位于城市地区的隧道，采用"V"形坡时，洞门及敞开段边墙顶高程应高出内涝水位 0.5 m。

第三，Ⅰ、Ⅱ级铁路设计水位的洪水频率标准为 1/100；当观测洪水（包括调查可靠的有重现期可能的历史洪水）高于上述设计洪水频率标准时，应按观测洪水设计。

四、进洞方案设计

因隧道建设地区峰谷起伏大、地面横坡陡，导致隧道洞口外路基单侧边坡高，隧道与高边坡衔接，桥隧相连。特别是在陡坡、软岩、浅埋、偏压、雨季施工等不利条件下，安全进洞问题更为突出。《公路隧道施工技术规范》虽然提出了"早进晚出"的施工原则，但施工时往往由于刷坡、拉槽引起山体边坡失稳甚至产生大滑坡，洞口防护工程治理费用增加，边仰坡植被遭到破坏，如治理措施不彻底，容易留下质量隐患，危及洞口运营安全。经验表明，隧道未开挖时山坡是稳定的，如果将"早进晚出"的施工原则进一步发展为"不伤坡进洞"，合理选择洞口位置和进洞方案，并借助一些辅助施工措施提前进洞，就能解决洞口的施工问题，保护洞口生态环境和边仰坡的稳定，降低洞口防护成本。

（一）传统洞口段工程的施工方案

我国铁路隧道设计一般包括洞门、明洞、洞口、洞身等几个部分的设计。洞口段包括边仰坡土石方工程、边坡防护、边墙、翼墙、洞口的排水系统、洞门等。传统洞口段工程的施工方案的设计应注意如下方面：

①施工洞口设置边仰坡的截水沟。公路隧道设计中常在洞口边仰坡开挖线外 5～6 m 处设置环向仰坡截水沟和边坡截水沟，以阻止地表水冲刷和侵蚀边仰坡，同时理顺洞口排水系统。

②清除设计边仰坡开挖线内的地表植被。

③开挖洞口设计边仰坡的土石方。

④施作洞口边仰坡防护工程和洞口支挡工程。施作的洞口边仰坡防护工程和洞口支挡工程有喷射混凝土锚固边坡防护、浆砌片石边坡防护、边墙、翼墙等。

⑤开挖明洞土石方。在地质不良的情况下，先施作明洞直抵坡脚，并利用明洞支撑坡脚；在地质较好的情况下，可根据情况选择先明后暗法。

⑥进洞开挖或施作洞门。传统洞口段工程施工方法的弊端是，开挖边仰坡土石方会破坏原山体的自然平衡状态，如果洞口地质及水文条件差，山体不稳定，一经施工就会不断出现边仰坡坍塌、顺层滑动、古滑动体复活等现象，给施工带来很大的困难。实际情况往往是，洞口段的防护工程还未施工完毕，坍方就开始了，已修建的洞口支挡结构物也遭到破坏，情况严重时会出现边清边坍、反复施工的现象，造成投资大量增加，延误工期。

（二）不伤坡进洞

不伤坡进洞就是在保持洞口原自然坡面的情况下，借助一些辅助施工措施，如定位套管、超前锚杆、回填稳定土、钢架喷射混凝土等，形成坡外洞门，提前洞门。不伤坡进洞遵循如下几项原则：①施工中应尽量减少对原地表的破坏，以保护土体的稳定；②多回填、多支护、少开挖；③采取自下而上的施工方法，先支护后开挖，以减少高边坡的威胁；④尽量不设仰坡环向截水沟，以保持地表的完整性；⑤隧道洞口存在地表滑坡、崩塌、泥石流等自然灾害时，应先治理、后进洞，治理方法可采用桩基、挡墙、锚杆、锚索、注浆、梯级拦沙坝、防护棚等。

1.洞口位置的选择

暗进洞口是隧道明暗施工的分界线，是车辆进出覆盖层的起点和终点，洞口位置的选取和施工顺利与否关系重大。洞口位置的选定应最大限度地保护山体的自然状态，根据地形、地质、水文条件，着重考虑隧道洞口边仰坡的稳定等因素，确保施工时安全进洞，并有利于行车安全和自然环境的保护。我国公路隧道设计中习惯将洞顶自然覆土高度作为选择洞口位置（即暗进起点）的条件之一，一般要求洞口自然覆土层厚度不小于 210 m。由于公路隧道设计跨径大、净空高，即使先开挖起拱线以上部分，边仰坡高度也可达几十米。在陡坡、偏压、地质不良的情况下，很难保证坡体稳定。可以采取回填稳定土的方法，将洞顶覆土高度回填到设计要求的高度，作为进洞时超前管棚的承载体。因此，在地质不良的情况下，洞口位置的选择应以不伤害自然坡体稳定为原则。在地质条件较好的情况下，可不受此限制。

2. 正确安排施工顺序

合理的施工顺序是进洞成功的关键，一般施工单位在完成边仰坡排水系统后，就会开挖边仰坡及明洞土石方至洞口，这种施工方法对山体陡峭的地形并不适用，会造成边坡过高、防护工程量大，而且安全也难以保证。建议采用明洞暗进的方法，以减少明洞土石方开挖，待进洞后，再反过来根据地形延长明洞或施作洞门。实践证明，这种方法对保障进洞安全是非常有效的。

正确的施工顺序为：①选择洞口位置；②理顺洞口排水系统；③借助辅助施工措施形成坡外洞门；④进洞开挖形成上弧导开挖面（开挖长度根据实际情况确定）；⑤延长明洞或施作洞门；⑥完成剩余的支挡结构及水沟；⑦正式进洞开挖。

3. 明洞暗进

明洞暗进就是将传统的明洞明做的施工方法改为暗进施工的方法，利用回填土体作洞顶覆盖层，以减少边仰坡开挖工作量，保护山体自然平衡。可设置明洞的情况包括以下几种：①洞顶覆盖层薄，不宜大开挖修建路堑，又难以用暗挖法修建隧道的地段；②路基或隧道洞口受不良地质、边坡坍方、岩堆、落石、泥石流等危害又不易避开、清理的地段；③铁路、公路、沟渠和其他人工构造物必须在该公路上方通过，不宜采取隧道或立交桥涵跨越时；④为了保持洞口自然环境而延伸洞口时。

五、防水与通风方案设计

（一）防水方案设计

1.防水技术的内容

（1）灌浆止水技术

灌浆止水技术的最大优点是防水性强。按照操作规范，事先对孔口管进行预埋，做好灌浆的控制和连续工作，可通过管道灌浆实现防水的目的。而采用灌浆止水技术一定要做好材料的选择工作，如果材料选择不当，则会影响防水效果，无法达到预期的防水设计目标，影响后续的隧道施工。

（2）防水层施工技术

防水层施工技术具有很高的灵活性，可根据实际施工条件对防水板的包裹层和接缝进行防渗处理，但人为因素的影响很大。在防水板接缝处进行防渗漏处理时，技术要求较高，在施工过程中，如果操作人员操作不当，可能会导致焊接漏水或搭接处断开。在修建铁路隧道的过程中，工作量大，各个断面难以实现高水平施工，自然环境的变化也会影响施工质量和工期。例如，在降水多的环境中，高湿度导致防水板难以焊接，焊接完成后防水效果难以确认。

（3）施工缝防水技术

应用施工缝防水技术时，须借助施工缝所用的防水材料，如橡胶止水带、钢板止水带等。该技术的应用，关键在于如何控制和保证设置的止水带等防水设备不发生脱落，实现良好的防水、止水效果，并且具有安全性、耐久性。在这一过程中，须确保防水材料规格符合要求，严格按规范施工，这样才能保证良好的防水性能，充分发挥施工缝防水技术的作用。

2.铁路隧道工程防水方式

（1）悬挂无纺布

悬挂无纺布是铁路隧道防水工作的重要组成部分，可减少或消除支撑防水板初期施工时侵入底面的毛刺。在隧道工程中，无纺布有助于过滤和防止渗透，促进地下水的排放。通常，在铁路隧道工程的防水结构中，无纺布是通过特殊的热熔垫片悬挂起来固定支座的。悬挂无纺布的具体操作流程如下：

①在隧道拱顶上标出垂直中心线。

②将无纺布从垂直中心线到拱形两侧放在侧壁上。基层用缓冲层固定，可使用钉子等固定。拱门和侧壁有不同的固定点要求，侧壁为梅花形，固定点间距为 0.8～1.0 m，须按上、下、左、右的顺序固定。无纺布接缝应为圆形，接缝宽度至少为 50 mm。

（2）铺设防水板

铺设防水板是铁路隧道工程防水施工过程中的重要环节，应根据准确的测量值铺设防水板，确定防水板的尺寸后，将数据信息提供给相关施工单位，提供满足结构要求的防水板。铺设防水板时，须从拱的中心到两侧的侧壁进行作业，并将下板压向上板，使其平滑地重叠，然后焊接固定。焊接前，须先进行试焊接，防止防水板烧毁。若要对墙壁进行压力焊接，须安装防水板。当压力焊接拱门时，应用钢筋将防水板压在第一混凝土表面上，在压力焊接过程中将防水板焊接起来。

（3）固定环、垂直渗透软管

在铁路隧道工程的防水施工过程中，在安装环圈和垂直渗透软管前，先用无纺布包裹。垂直渗透软管可以内翻 2 次，用于防水。为了防止在混凝土喷射过程中喷射浆堵塞结构，在安装渗透软管时，有必要以 10 m 的间隔安装，同时为确保集中出水口位置的防水效果，根据实际施工情况，可缩短渗透软管的安装间隔。在倒置侧壁结构中，须根据结构要求严格控制侧壁两侧的高度，以利于渗透软管的防水。另外，须连接垂直集水管和渗透软管。安装垂直集水管时，须使其靠近混凝土底部，并适当设置防水口的倾斜度。连接垂直集水管和渗透软管后，相关施工人员须遵守施工技术要求并在配置的管道系统中测试。若未阻碍水的流动，则可以倒入混凝土。

（4）安装止水板

在铁路隧道工程的常规防水工作中，通过以下方法来安装止水板：

①弯曲止水板为90°，并用插头模板固定。

②浇筑混凝土，等待混凝土固化后，取出模板。

③拉直弯曲的止水板，倒入挡水板并将其固定到下一部分的混凝土上。

以这种方式安装止水板时，须使止水板弯曲，若重复弯曲，则止水板容易变形，从而影响止水板的效果。因此，为确保止水效果，常用以下方法安装止水板：

①从中线开始，将插头模板一分为二。

②在2个插头模板的中央安装1个止水器。

通过这两种方式安装止水板，可省略复杂的施工过程，提高止水效果。

（二）通风系统设计

1.隧道通风方式

通风方式按动力可划分为自然通风和机械通风。自然通风又有两种方式：一是隧道开挖长度小于150 m，依靠气体自然扩散稀释通风；二是隧道进风口与出风口之间存在高差和温差，依靠高差和温差产生的气流来实现通风。

（1）基本通风方式

隧道通风的基本方式主要有压入式、抽（排）出式、混合式和巷道式。各通风方式的具体布置如下：

①压入式通风

压入式通风是将轴流风机安设在距离洞口 30 m 以外的新鲜风区（上风向），通过通风管将新鲜风压送到开挖工作面，稀释有害气体，并将污风沿隧道排出洞外。此方式基本不受施工条件限制，在目前施工生产中应用很广泛。

②抽（排）出式通风

此方式细分为抽出式和排出式：抽出式通风是指将通风机安设在距离洞

口 30 m 以外的下风向，通过刚性负压风管将开挖工作面产生的污风抽出洞外，新鲜风沿隧道进到开挖工作面；排出式通风是指将通风机安设在开挖工作面污染源附近，通过通风管将污风排出洞外，洞外通风管出风口也需在距离洞口 30 m 以外的下风向，新鲜风也是沿隧道进到开挖工作面。

③混合式通风

混合式通风是将压入式与抽（排）出式联合布置的一种通风方式。压入式通风机安设在洞口到抽（排）出式通风进风口之间的合适位置，与抽（排）出式通风进风口保持 10 m 以上的间距，抽（排）出式通风的出风口应设置在距离洞口 30 m 以外的下风向，新鲜风由压入式通风机通过风管压送到开挖工作面，污风到达抽（排）出式通风进风口处被吸入排出洞外。混合式通风具体还可细分为长压短抽（排）式、长抽（排）短压式和压抽（排）并列式等。

④巷道式通风

巷道式通风一般应用在有联络通道的平行双洞条件下，在辅助坑道（斜井、横洞、竖井等）贯通的情况下有时也可以局部采用。巷道式通风可细分为主扇巷道式、射流巷道式（包括辅助坑道巷道式）。

（2）新型通风方式

很多长大和特长隧道为了实现长隧短打和多开挖工作面快速施工，都采用增设辅助坑道的方式，但是辅助坑道大都断面较小，难以布置足够多的通风管路，并且多数辅助坑道也较长，进入正洞施工后独头送风距离会很长。目前，多数隧道采用无轨运输，不适合采用混合式通风，单独采用压入式通风又不能提供足够大的风量和风压，通风机联合工作（并联和串联），在操作和控制上很难做到恰到好处，致使现场的通风效果很不理想。为了解决这一难题，单斜井双正洞射流巷道式通风和中隔板风道式通风应运而生。由于这两种新型通风方式还处在实验、应用和研究阶段，并不十分成熟，所以下面只进行简单介绍。

①单斜井双正洞射流巷道式通风

单斜井双正洞射流巷道式通风分为有轨和无轨两种布置方式，有轨方式是集中排出污风，无轨方式是集中利用新鲜风，均采用射流风机引导风流按指定路线流动，有主扇和局扇之分。主扇采用小功率大风量风机，局扇后面的横通道必须及时封闭，无轨运输时，运输车辆不准进入新鲜风区。此方式可以提供足够大的新鲜风量，缩短独头送风距离和降低风阻，在包家山隧道已经初步实验应用，并取得了良好效果。

②中隔板风道式通风

中隔板风道式通风是对单斜井双正洞射流巷道式通风的改进，此方式取消了主扇，利用密封隔板将辅助坑道分为上下两个通道，上部断面较小，用来引进新鲜风（利用射流风机引射增压），下部供运输车辆、行人通行和排出污风。轴流风机全部安设在辅助坑道与正洞连接处附近，进风口与上部风道密封连接，出风口通过风管向各开挖工作面压送新鲜风。此方式要求隔板密封严密，比较适合辅助坑道较长的情况。

2.通风使用条件和注意事项

第一，压入式通风基本不受施工条件限制，是目前采用最多的通风方式，应根据所选设备性能和匹配情况来确定最长送风距离。目前国外在风机和风管研制方面技术比较领先，通风设备性能较好，所以独头送风距离较远，而国内生产的风机和风管的质量和性能相对较差，送风距离也相对短得多。

第二，抽（排）出式通风比较适合应用在有轨运输的隧道中，可以保证全隧道不被污风污染。抽出式通风必须采用负压风管，含有瓦斯等可燃或爆炸性气体的隧道施工环境中均必须采用防爆型风机。实际应用时进风口与开挖工作面的距离很难控制，所以在实际隧道施工生产中很少单独采用此通风方式。

第三，混合式通风中如果压入式风机安设在洞内，就只适合在有轨运输条件下应用（避免新鲜风被尾气和扬尘污染）；如果压入式风机安设在洞外，就基本不受施工条件限制。此方式的可靠性比前两种要强得多，实际应用中多数都是将压入式风机安设在洞内来缩短送风距离。注意对通风设备进行合理匹配和布置，避免压入式风机被污风污染。此外，一般抽（排）出式风机的排出风量大于压入式风机的压入风量。

第四，巷道式通风目前多数应用在有联络通道的平行双洞条件下，在辅坑道贯通的情况下有时也可以局部采用。应用时要保证人员进出通道的新鲜风流通，污风路线是运输车辆进出的通道，并且必须将主扇和射流风机设置在断面较小的隧道一边，以使主扇和射流风机发挥良好的性能。主扇巷道式需要单独设置风机房、风道和风门，主扇功率很大，风门漏风严重则不便管理，考虑到节能、降低成本和操作的方便性，此通风方式在隧道施工中已很少采用。射流巷道式目前应用较多，此方式可以实现多开挖工作面平行作业，布置和操作方便；但是在实施过程中必须加强管理，要求封堵的横通道必须及时封闭严密，运输车辆必须按指定路线行走，射流风机必须按要求安设，以防止污风循环和风流短路的发生。

第五，单斜井双正洞射流巷道式通风适合辅助坑道断面净空较大、开挖工作面多、需风量大、正洞送风距离长的情况，必须在双正洞中采用。为了集中利用和合理分配有限的风量，应依据辅助坑道断面尺寸，合理布置集中风量所需的风管。主扇应选择小功率大风量的，射流风机安设位置要合理，严禁将射流风机安设在无循环通路的死胡同内，需要封闭的横通道必须及时封闭，并且必须封堵严密。新鲜风区内严禁无轨运输车辆进入，运输车辆必须统一调度，按照规定路线行走，避免发生污风循环。

第六，中隔板风道式通风适合辅助坑道断面净空较小且较长、开挖工作面多、需风量大、送风距离较远的情况，正洞采用单洞或双洞均可。隔板材料要经济、坚固、耐久、密封性好，风道断面尺寸要合理，射流风机根据计算风量、风速和风阻合理布置。注意在洞口处隔板必须延长出 20～30 m，根据风向选择下部或上部密封箱式。如果排污风流与风向同向，那么将下部运输通道设置成密封箱式，隔板上部还需设置竖向挡板来阻挡下部排出的污风，以免污风被风道卷吸发生污风循环；如果排污风流与风向相反，那么将上部风道设置成密封箱式，使新鲜风进风口处在上风向；如果风向是从侧面吹过来的，那么根据与排污风流的交角选择合适的布置方式，避免发生污风循环。隔板不应像吊顶一样安装，应该将龙骨设置在风道外表面，以保证风道内表面光滑，降低通风阻力。

3.发展与建议

①目前山岭隧道断面较大，平行作业工作面较多，需要提供的风量很大，建议开发研制新型节能的小功率大风量风机。

②独头送风距离较长、通风阻力很大，要求风机提供的风压也很大，目前国内很多通风管达不到质量要求，难以承受大风压，其他性能参数也达不到要求。建议改进风管的材质和加工工艺，使其强度和密封性提高，漏风率和摩擦阻力因数降低，以达到节能要求。

③建议对单斜井双正洞射流巷道式通风和中隔板风道式通风做进一步研究，在应用中不断完善。

④建议对高海拔地区自然状况下的空气参数和隧道施工污染源进行研究，制定出适合高原地区隧道通风的相关规范和设计标准，因为目前的标准和规范大都不适合高原地区隧道通风。

六、应急预案设计

①成立应急响应机构，包括现场指挥组、抢险行动组、抢救疏散组、医疗救护组、安全防护组，按其职责与分工进行事故报告和现场处置。

②洞内准备足够的编织袋、筐子、片石、方木、钢管、木板、沙袋、混凝土施工用原材料及相应混凝土施工机具，保证能随时投入使用。各种材料要统一集中堆放，严禁挪作他用。安排2台自卸汽车、2台装载机、1台挖掘机、1台吊车等机械设备在现场待命。

③洞内设安全员2名，密切注意洞内的稳定情况。

④在既有线两侧堆放足够的道砟（距钢轨外侧不得少于1.5 m），如线路轨道不均匀沉降过大，达到变形管理等级Ⅰ级时（超过6 mm），立即通过有线电话或对讲机通知铁路运管部门现场配合人员，采取添加道砟、抬高道床的方法临时处理。

⑤既有线路路堑边坡如出现裂缝，施工人员应及时将裂缝用三七灰土换填并夯实封闭，换填深度 50 cm，宽 50 cm，顶面高出原地面 10 cm，并沿裂缝量测设置 1：1 的排水坡，同时对裂缝的变化情况加强监测，防止雨水渗入产生危害。如边坡出现滑坍应及时清理，并通知现场配合人员，同时设专人进行看守，观察边坡的稳定情况，加强对边坡的监测，根据监测结果，必要时采用方木和沙袋进行边坡防护或封锁线路进行整治。

⑥如工作面出现掉块，被挤出或有局部失稳趋势，用木板和方木对工作面进行斜支撑加固，然后在工作面前方快速堆码沙袋，喷射混凝土封闭沙袋外侧，同时按程序上报。根据具体情况，严重时可采用混凝土浇筑封闭开挖的小导洞，确保不发生大的坍方。

⑦如已发生坍方等情况，则由洞内防护员及时通知铁路运管部门现场配合人员，并按程序逐级上报各相关部门。

⑧根据监控量测资料，如支护出现较大的变形，有坍方预兆时立即采取加强支护措施，采用钢管或方木支撑。同时停止掘进，用喷射混凝土封闭前面的工作面，工作面前方堆码沙袋，加强观测，并注意疏散无关人员。

⑨强化地表和洞内的变形监测工作，及时分析变形规律和变形量，调整支护设计参数，确保安全。

第三节　施工工艺与方法选定

一、隧道施工方法与机械设备选择

（一）施工方法选择

隧道施工方法有传统矿山法、新奥法、掘进机法、盾构法、沉管法等。

1.传统矿山法

矿山法是指用一般的地下开挖方法来进行隧道施工的方法。当隧道穿经岩石地层时，通常用钻眼爆破法进行开挖；在进行必要的临时支护及清除开挖出来的石砟之后再修建永久性支护结构——衬砌。隧道的横断面视具体条件可分次挖成，亦可一次挖成。由于这种施工方法与矿山地下巷道的施工方法类似，故常称为传统矿山法。

2.新奥法

新奥法是以控制爆破或机械开挖为主要掘进手段，以锚杆、喷射混凝土为主要支护方法，理论、量测和经验相结合的一种施工方法。其核心是保护岩体，调动和发挥围岩的自承能力。新奥法可以根据隧道工程具体条件灵活地选择开挖方法、爆破技术、支护形式、支护施作时机和辅助工法。新奥法是目前国内隧道设计、施工的主流方法。

3.掘进机法

掘进机法是利用岩石隧道掘进机在岩石地层中暗挖隧道的一种施工方法。它是利用刀具一次便将隧道整个断面切削成型，在掘进的同时，还兼有出渣及自动推进的功能。随着岩石掘进机和辅助施工技术的日臻完善以及现代高科技成果（液压新技术、电子技术和材料科学技术等）的应用，岩石掘进机对各种困难条件的适应能力也在不断提高。

4.盾构法

盾构法主要应用于软土、流沙、淤泥等特殊地层中。盾构法的基本原理是用一件有形的钢质组件沿隧道设计轴线开挖土体而向前推进。这个钢质组件在初步或最终隧道衬砌建成前，主要起防护开挖出的土体，以及保证作业人员和机械设备安全的作用，这个钢质组件被简称为盾构。盾构的另一个作用是承受来自地层的压力，防止地下水或流沙的侵入。

盾构法施工不仅不受地面交通、河道、潮汐、气候条件的影响，而且盾构的推进、出土、衬砌拼装等可实行自动化、智能化和施工远程控制信息化，掘进速度较快，施工劳动强度较低，具有显著的环保功能。

5.沉管法

沉管法是将预制好的隧道管段拖航浮运到隧址，沉入基槽并进行水下连接，从而形成隧道的方法。

（二）机械设备选择

施工机械及设备选型的基本原则与人员准备相同，需要综合考虑施工内容及施工条件，保证施工可以正常有序地进行，要在可供选择的多种机械中，考虑各种机械的性能与特点，结合隧道的山体条件、开发面积及相关的作业内容，选定合适的机械并注意互相配套使用。要根据施工方法和施工进度安排供风、供电所需设备的型号、规格及数量。机械和设备计划表应包括管线路、钢拱架、施工台车等。

二、荷载的计算

（一）一般规定

①隧道结构上的荷载应按表2-1分类。

表 2-1　荷载分类

荷载分类			荷载名称
永久荷载	主要荷载	恒载	结构自重
			结构附加恒载(包括设备荷载)
			围岩(地层)压力
			土压力
			浅埋隧道上部及破坏棱体范围内的设施及建筑物荷载
			混凝土收缩和徐变的影响
			静水压力及浮力
			基础变位影响力
可变荷载		活载	与隧道立交的铁路列车荷载及其动力作用
			与隧道立交的公路车辆荷载及其动力作用
			隧道内列车荷载及其制动力
			渡槽流水压力(设计渡槽明洞时)
	附加荷载		隧道内列车冲击力
			温度变化的影响
			灌浆压力
			冻胀力
			风荷载
			雪荷载
			气动力
	特殊荷载		施工荷载(施工阶段的某些外加力)
偶然荷载	附加荷载		落石冲击力
	特殊荷载		人防荷载
			地震荷载
			沉船、抛锚或疏浚河道产生的撞击力

　　注：围岩弹性抗力不作为设计荷载；当围岩为膨胀岩（土）时，应考虑所处水环境变化产生的膨胀力；其他未列荷载，应根据其对隧道结构的影响特征考虑。

②荷载应根据隧道的地形、地质条件、埋置深度、结构特征和工作条件、施工方法、相邻隧道间距等因素，按有关公式计算或按工程类比确定。施工人员在施工中发现其与实际不符时，应及时修正。对地质复杂的隧道，必要时应通过实地量测确定荷载的计算值及其分布规律。

③在隧道结构上可能同时出现的永久荷载、可变荷载和偶然荷载应分别按承载能力和满足正常使用要求进行组合，并按最不利组合进行荷载计算与结构设计。

④采用盾构法施工的隧道应根据结构受力特点及实际工作条件等因素，分别对施工、使用阶段可能出现的荷载进行最不利组合。

⑤明洞荷载组合应符合下列规定：

第一，在计算明洞顶回填土压力时，当有落石危害须检算冲击力时，可只计洞顶设计填土重力（不包括坍方堆积体土石重力）和落石冲击力的影响，具体设计时可通过量测资料或有关计算验证。

第二，当设置立交明洞时，应区分不同情况计算列车活载、公路活载或渡槽流水压力。

第三，当明洞上方与铁路立交、填土厚度小于 3 m 时，应考虑列车冲击力。洞顶无填土时，还应计算制动力的影响。

第四，当计算作用于深基础明洞外墙的列车活载时，可不考虑列车的冲击力、制动力。

第五，作用于隧道衬砌上的偏压力，除应考虑地形偏压外，还应考虑由于地质构造引起的偏压。

（二）永久荷载计算

①隧道结构自重可按结构设计尺寸及材料标准重度计算，结构附加荷载应按实际情况计算。

②隧道内的预埋件附加荷载应根据预埋件自重及作用于预埋件上的荷载确定。

③山岭隧道衬砌上的外水压力可按下列规定计算：

第一，排水型隧道，衬砌一般不考虑外水压力。

第二，有水环境保护要求的隧道，当初始水压力小于 0.5 MPa 时，衬砌结构外水压力可按全水头计算；当初始水压力大于或等于 0.5 MPa 时，应考虑注浆堵水及隧道排水对水压力的折减。

第三，有岩溶及地下水发育的地段，衬砌可适当考虑外水压力。

④位于城市地区的隧道，作用在隧道结构上的水压力可按下列规定计算：

第一，水压力应根据围岩的渗透性确定。黏性土地层施工阶段可按水土合算、使用阶段应采用水土分算的方法确定；砂性土地层可按水土分算的方法确定；岩石地层应按水土分算、水土合算的不利情况确定。

第二，水压力应根据设防水位以及施工和使用阶段可能发生的地下水位最不利情况，按静水压力计算。

（三）可变荷载计算

①铁路列车活载及公路车辆活载应按国家现行相关规范的规定计算。

②对受温度影响显著的刚架和截面厚度大的超静定结构，应考虑温度变化和混凝土收缩的影响。

③混凝土收缩的影响可假定用降低温度的方法来计算，对于整体灌注的混凝土结构，相当于降低温度 20 ℃；对于整体灌注的钢筋混凝土结构，相当于降低温度15 ℃；对于分段灌注的混凝土或钢筋混凝土，相当于降低温度10 ℃；对于装配式钢筋混凝土结构，可酌情降低温度 5～10 ℃。

④结构构件就地建造或安装时，作用在构件上的施工荷载应根据施工阶段、施工方法和施工条件确定。

⑤严寒及寒冷地区受冻害影响的隧道段应考虑冻胀力，冻胀力应根据当地的气象条件、围岩条件、地下水条件、埋置深度以及衬砌结构形式和排水条件等计算确定。

⑥回填灌浆压力应按设计灌浆压力计算确定。

⑦隧道内附属构筑物的安装设计应考虑高速列车通过时所产生的压力变化和列车风的影响。

（四）偶然荷载计算

①当有落石危害须检算冲击力时，可通过现场调查或有关计算验证确定。

②沉船、抛锚或疏浚撞击力应依据具体河道实际情况及通行船只情况，通过调查研究确定。

三、地面与洞内设备运输方式选择

地面与洞内设备运输应注意以下事项：

（1）运输方式分有轨式和无轨式，应根据隧道长度、开挖方法、机具设备、运量大小等选用。

（2）长隧道施工时，应根据施工安排编制运输计划，统一调配，确保车辆运输安全，提高运输效率。

（3）采用有轨式运输时，洞外应根据需要设置调车、编组、出渣、进料、设备整修等作业线路；洞内应铺设双道，在单道地段，错车线的有效长度应符合最长列车运行的要求。

（4）有轨式运输的线路铺设标准和要求如下：

①钢轨人力推运时，单位长度钢轨质量不应小于 8 kg/m；机动车牵行时不宜小于 24 kg/m。钢轨配件、夹板、螺栓必须按标准配齐。

②道岔型号应与钢轨类型相配合。机动车牵引宜选用较大的型号，并安装

转辙器。

③轨枕间距不宜大于 70 cm，长度为轨距加 60 cm。轨枕的上下面应平整。在道岔处应铺设长轨枕。

④洞内平曲线半径不应小于机动车或车辆轴距的 7 倍，洞外平曲线半径不应小于平曲线半径的 10 倍。

⑤道床可利用洞内不易风化的石渣作为道砟，厚度不宜大于 15 cm。

⑥双道的线间距应保持两列车间净距大于 20 cm，错车线外应大于 40 cm。

⑦车辆距坑道壁或支撑边缘的净距应不小于 20 cm，单道一侧的人行道宽度不宜小于 70 cm。

⑧纵坡洞内人力推车时不宜大于 1.5%，机动车牵引时不宜大于 2.5%，皮带运输机输送时不宜大于 25%。

⑨线路铺设轨距允许误差为＋6 mm、－4 mm，曲线地段应按规定加宽和设置超高，必要时加设轨距拉杆；直线地段应两轨平整。钢轨接头处应并排铺设两根枕木，保持平顺，连接配件应齐全牢固。

⑩当采用新型轨式机械设备时，线路铺设标准应符合机械规格、性能的要求，保证运输安全。

（5）有轨运输作业应遵守下列规定：

①机动车牵引不得超载。

②车辆装载的高度不超过斗车顶面 40 cm，宽度不超过车宽。

③列车连接必须良好，利用机车进行车辆的调车、编组和停留或人力推动车辆时，必须有可靠的制动装置，严禁溜放。

④车辆在同方向行驶时，两组列车间的距离不得小于 60 m；人力推斗车时，间距不得小于 20 m。

⑤在洞内施工地段、视线不良的弯道上或通过道岔和洞口平交道等处，机动车牵引的列车运行速度不宜超过 5 km/h；在其他地段采取有效的安全措施后，最大速度不应超过 15 km/h。

⑥轨道旁的料堆，距钢轨外缘不应小于 50 m，高度不大于 100 m。

⑦长隧道施工应有载人列车供施工人员上下班使用，并应制定保证安全的措施。

（6）洞内采用无轨式自卸卡车运输时，运输道路宜铺设简易路面。道路的宽度及行车速度应符合下列要求：

①单车道净宽不得小于车宽加 2 m，并应隔适当距离设置错车道；双车净宽不得小于车宽的 2 倍加 2.5 m；会车视距宜为 40 m。

②行车速度，在施工作业地段和错车时不应大于 10 km/h；成洞地段不宜大于 20 km/h。

（7）运输线路或道路应设专人按标准要求实行维修和养护，使其经常处于平整、畅通的状态。线路或道路两侧的废渣和余料应随时清除。

（8）运输车辆的性能必须良好，操作应符合相关的安全管理规定。

（9）先拱后墙法施工时，如采用卡口梁作运输栈道，卡口梁下应加设立柱支顶，以保证栈道上的运输安全。

四、材料与设备供应保障计划

（一）供应链管理

在铁路隧道施工中，供应链管理的核心在于确保材料与设备的稳定供应。这需要建立一套完整的供应链管理体系，从供货商选择到合同签订，每个环节都要精心策划和执行。选择具备良好信誉和实力的供货商，能够确保所采购的材料与设备质量上乘、性能稳定。同时，签订严谨的合同，明确双方的权利和义务，可以为供应链的畅通和稳定提供有力保障。

（二）库存管理与调配

针对铁路隧道施工的特点，施工单位应制定一套科学的库存管理计划，通过对施工进度和需求的准确把控，合理调配材料与设备，确保施工所需材料与设备的及时供应。同时，还要加强库存的监控和预警，及时发现和解决库存短缺或过剩的问题，为施工的顺利进行提供有力支撑。

（三）供货协调与跟踪

与供货商建立良好的合作关系，是实现材料与设备稳定供应的关键。一方面，施工方要与供货商保持密切的沟通与联系，定期跟踪供货进度，及时发现和解决供货过程中出现的问题。另一方面，施工方要通过良好的协调与跟踪，确保供货计划的顺利实施，为铁路隧道施工的顺利进行提供有力保障。

（四）质量控制与验收

铁路隧道施工对材料与设备的质量要求极高。为了确保施工质量和安全性，施工方必须对供应的材料与设备进行严格的质量控制，通过专业的验收和检测手段，确保所采购的材料与设备质量符合要求。同时，要加强施工现场的质量监管，及时发现和解决质量问题，为铁路隧道施工的质量和安全提供有力保障。

第四节　铁路隧道监控量测

一、铁路隧道监控量测概述

在铁路隧道施工过程中做好监控量测工作能够保证隧道工程施工的安全性。以往对铁路工程施工进行监控量测所采用的是顶倒挂尺或者钢尺收敛仪，这两种工具设备在具体使用过程中有着诸多的局限，特别是在现场进行操作时有着一定的难度。随着信息技术的快速发展，当前光电测距技术被广泛应用在铁路隧道施工测量过程中，其主要使用全站仪以及反光片来组建观测系统，实现监控量测的自动化，使得复测更加方便。除此之外，还需要根据设计的频率来做好各种数据的监控量测，并生成图表，根据数据的变化状况来对隧道周边岩石的稳定性进行分析和判断。

（一）监控量测的目的

监控量测是检验设计、施工是否合理和围岩、结构是否安全稳定的重要手段，是保证施工安全、指导施工作业的重要环节之一，应作为关键工序列入现场施工组织。

铁路隧道施工监控量测的目的是：

①确保施工安全和结构的长期稳定性；

②验证支护结构效果，确认支护参数和施工方法的准确性或为调整支护参数和施工方法提供依据；

③确定二次衬砌施作时间；

④监控工程对周围环境的影响；

⑤积累量测数据，为信息化设计与施工提供依据。

（二）监控量测项目

监控量测项目是为了在设计施工中确保围岩稳定、判断支护结构工作状态、指导设计施工而需要进行经常性监控量测的日常项目。必测项目在铁路隧道施工中均需进行，选测项目根据实际施工过程中的需要增设，具体内容如表2-2所示：

表2-2　监控量测项目

序号	监控量测项目	常用量测仪器	备注
1	洞内、外观察	现场观察、数码相机	
2	拱顶下沉	全站仪	
3	净空变化	全站仪	
4	地表下沉	全站仪	洞口及铁路隧道浅埋段

（三）监控量测的频率

监控量测频率根据监测数据的变化情况而定，一般每断面监控量测频率和周期如表2-3、表2-4所示：

表2-3　按监测断面距开挖面距离确定的监控量测频率

监测断面距开挖面距离（m）	监控量测频率
（0～1）B	2 次/d
（1～2）B	1 次/d
（2～5）B	1 次/2～3d
$>5B$	1 次/7d

注：B 为铁路隧道最大开挖宽度。

表 2-4　按位移速率确定的监控量测频率

位移速率（mm/d）	监控量测频率
≥5	2 次/d
1～5	1 次/d
0.5～1	1 次/2～3d
0.2～0.5	1 次/3d
<0.2	1 次/7d

二、监控量测实施

（一）净空变化监控量测

铁路隧道内壁面两点连线方向的相对位移称为周边收敛。收敛值为两次量测的距离之差，它能反映洞室的工作状态和受力性状。

1.监控量测设计

净空变化监控量测的设计包括仪器选择、量测断面间距、量测频率、测线布置、量测点埋设以及量测期的确定。

（1）仪器选择

量测仪器选用全站仪。

（2）量测断面间距

一般情况下，洞口段和埋深小于两倍铁路隧道宽度的地段，间隔 5～10 m 设置一个量测断面；其余地段可根据地质条件具体确定。对于地质条件好且收敛值稳定的铁路隧道，可加大量测断面的间距；对于地质条件较差且收敛值长期不稳定、开挖进度快的铁路隧道，可缩小量测断面的间距。具体量测断面桩号可根据实际情况进行适当调整，铁路隧道量测断面间距安排严格按照表 2-5、表 2-6 的要求布置。

表 2-5 量测断面布置间距

围岩级别	断面间距（m）
V	5
IV	10
III	30～50

表 2-6 量测频率控制表

位移速度（mm/d）	断面距开挖面距离（m）	监控量测频率
≥5	（0～1）B	2 次/d
1～5	（1～2）B	1 次/d
0.5～1	（2～5）B	1 次/2～3 d
0.2～0.5		1 次/3 d
<0.2	>5B	1 次/7 d

注：B 为铁路隧道最大开挖宽度。

（3）量测频率

一般情况下，考虑测线位移速率、距工作面距离，当地质条件变差或量测值出现异常时，量测频率需增加，必要时每 2～5 小时量测 1 次；当变形稳定时，可适当减少量测频率；当同一断面内各测线变形速度不同时，应以产生最大变形速度的测线确定全断面的量测频率。

（4）测线布置

测线布置和测线数量、地质条件、开挖方法、位移速度有关。一般可按表2-7 所示布置测线，项目开展后再依情况调整。一般地段应采用 2～3 条测线，但拱脚处必须有一条水平测线。若位移值较大或偏压显著，可同时进行绝对位移量测。水平净空收敛，拱顶下沉和地表下沉（浅埋地段）等监控必测项目设置在同一断面。

表 2-7　净空变化量测测线布置情况

施工方法	一般地段	特殊地段
全断面法	一条水平测线	
台阶法	每台阶一条水平测线	每台阶一条水平测线、两条斜测线
分部开挖法	每分部一条水平测线	每分部一条水平测线、两条斜测线，其余部分一条水平测线

（5）量测点埋设

量测点应埋入围岩浅层内。反光标在满足观测要求的情况下，嵌入喷射混凝土内，防止人为和机械设备破坏，丢失、损坏应及时补埋，确保量测数据的连续性。

（6）量测期的确定

在变形量变形至一定值后，根据数据分析和回归曲线，达到稳定值后不再继续观测。图 2-1 为拱顶下沉和铁路隧道周边收敛测线布置图。

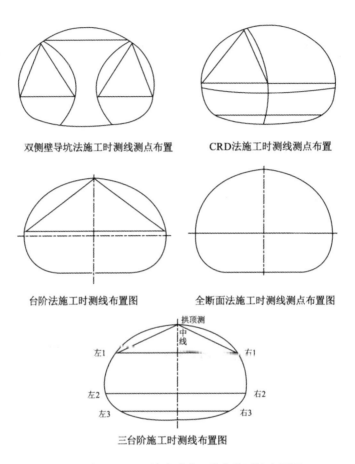

双侧壁导坑法施工时测线测点布置

CRD法施工时测线测点布置

台阶法施工时测线布置图

全断面法施工时测线测点布置图

三台阶施工时测线布置图

图 2-1　拱顶下沉和铁路隧道周边收敛测线布置图

2.量测数据的读取与记录

量测数据的读取需注意以下事项：

①量测时，量测仪器和温度计必须在洞内放置 30 分钟后才能进行量测，以便保证温度修正量达到一定的精度。

②量测前首先需检查测点是否有被破坏、松动、弯曲等现象，如出现上述情况，要研究补救措施。

③及时将原始记录整理成正式记录。对每一量测断面内的每一条测线，整理后的量测资料应包括：原始记录表及实际测点布置图；位移随时间以及开挖

面距离的变化图；位移速度、位移加速度随时间以及开挖面距离的变化图。将每日的记录汇入日报表，整理的图表应及时进行数据处理或回归分析，推求最终位移和位移变化规律，以便指导施工。

3.全站仪非接触量测

全站仪非接触监测系统是在极坐标量测系统的基础上，结合机载软件和数据处理软件，对铁路隧道净空变形进行有效、快速监测的量测系统。

为了满足铁路隧道变形监测的需要，可选择全站仪。配合全站仪使用的反射片是一种具有反射性能的、由丙烯酸酯制成的反射膜片，背部为不干胶，厚度为 0.28 mm，呈银灰色，大小根据测距决定。监测时，测点应采用膜片式回复反射器作为测点靶标，靶标黏附在预埋件上。量测方法可采用自由设站法或固定设站法。

（二）拱顶下沉量测

对于埋深较浅、固结程度低的地层，水平成层的铁路隧道，拱顶下沉量测比收敛量测更为重要，其量测数据是确认围岩的稳定性、判断支护效果、指导施工工序、预防拱顶崩塌、保证施工质量和安全的最基本的资料。

水平净空变化、拱顶下沉量测必须在每次开挖后 12 h 进行，最迟不得超过 24 h，且应在下一循环开挖前读取初读数。

拱顶下沉量测应与水平净空变化量测在同一量测断面内进行。当地质条件复杂、下沉量或偏压明显时，除量测拱顶下沉外，尚应量测拱腰下沉及基底隆起量。

在避免被爆破作业破坏的前提下，测点应尽可能靠近工作面埋设，一般距离为 5～10 m，并且应牢固可靠，易于保护、识别，量测断面应悬挂标识牌。拱顶下沉量测后视点必须埋设在稳定岩面上，并和洞内、外水准点建立联系。每个断面布置 1～3 个测点，测点设在拱顶中心及其附近，监测起点设置在二次衬砌设计标高位置。

（三）地表下沉量测

浅埋铁路隧道和铁路隧道的洞口段通常处于埋深较浅、围岩破碎、自稳时间短、固结程度低的地层，施工方法不妥极易发生冒顶塌方或地表沉陷，危及施工安全。因此，地表下沉量测在洞口施工段十分重要，其量测数据是确认围岩的稳定性、判断支护效果、指导施工工序、预防洞口崩塌、保证施工质量和安全的最基本的资料。

地表下沉采用数字水准仪或全站仪量测，测试精度为 1 mm。地表下沉量测必须在铁路隧道开挖之前进行。

浅埋铁路隧道地表有建筑物时，应在建筑物周围增设下沉测点。地表沉降测点纵向间距应按表 2-8 的要求布置。

表 2-8 地表沉降测点纵向间距

铁路隧道埋深与开挖宽度	纵向测点间距（m）
$2B < H_0 < 2.5B$	20～50
$B < H_0 \leqslant 2B$	10～20
$H_0 \leqslant B$	5～10

注：H_0 为铁路隧道埋深，B 为铁路隧道最大开挖宽度。

地表沉降测点横向间距为 2～5 m。在铁路隧道中线附近，测点应适当变密，铁路隧道中线两侧量测范围不应小于 $H_0 + B$，地表有控制性建（构）筑物时，量测范围应适当加宽。

测点按普通水准点埋设，每断面设 7～11 个测点，监测范围在铁路隧道开挖影响范围以外。

地表下沉量测在开挖面前方铁路隧道埋置深度与铁路隧道开挖高度之和处开始，直到衬砌结构封闭、下沉基本停止时为止。

三、监控量测控制基准和结束基准

（一）监控量测控制基准

监控量测控制基准包括铁路隧道内位移、地表沉降等，应根据地质条件、铁路隧道施工安全性、铁路隧道结构的长期稳定性，以及周围建（构）筑物特点和重要性等因素制定。

铁路隧道初期支护极限相对位移可参照表2-9、表2-10选用。

表2-9　跨度 $B \leqslant 7$ m 铁路隧道初期支护极限相对位移

围岩级别	拱脚水平相对净空变化（%）			拱顶相对下沉（%）		
	$h \leqslant 50$ m	50 m$<h \leqslant$ 300 m	300 m$<h \leqslant$ 500 m	$h \leqslant 50$ m	50 m$<h \leqslant$ 300 m	300 m$<h \leqslant$ 500 m
II	—	—	0.20～0.60	—	0.01～0.05	0.04～0.08
III	0.10～0.50	0.40～0.70	0.60～1.50	0.01～0.04	0.03～0.11	0.10～0.25
IV	0.20～0.70	0.50～2.60	2.40～3.50	0.03～0.07	0.06～0.15	0.10～0.60
V	0.30～1.00	0.80～3.50	3.00～5.0	0.06～0.12	0.10～0.60	0.50～1.20

注：

① h 为铁路隧道埋深。

②本表适用于复合式衬砌的初期支护，硬质围岩铁路隧道取表中较小值，软质围岩铁路隧道取表中较大值。表列数值可在施工中通过实测资料积累做适当修正。

③拱脚水平相对净空变化指两拱脚测点间净空水平变化值与其距离之比，拱顶相对下沉指拱顶下沉值减去铁路隧道下沉值后与原拱顶至隧底高度之比。

④墙腰水平相对净空变化极限值可按拱脚水平相对净空变化极限值乘以 1.2～1.3 后采用。

表 2-10　跨度 7 m＜B≤12 m 铁路隧道初期支护极限相对位移

围岩级别	拱脚水平相对净空变化（%）			拱顶相对下沉（%）		
	$h≤50$ m	50 m＜h≤300 m	300 m＜h≤500 m	$h≤50$ m	50 m＜h≤300 m	300 m＜h≤500 m
II	—	0.0l～0.03	0.01～0.08	—	0.03～0.06	0.05～0.12
III	0.03～0.10	0.08～0.40	0.30～0.60	0.03～0.06	0.04～0.15	0.12～0.30
IV	0.10～0.30	0.20～0.80	0.70～1.20	0.06～0.10	0.08～0.40	0.30～0.80
V	0.20～0.50	0.40～2.00	1.80～3.00	0.08～0.16	0.14～1.10	0.80～1.40

注：

①h 为铁路隧道埋深。

②本表适用于复合式衬砌的初期支护，硬质围岩铁路隧道取表中较小值，软质围岩铁路隧道取表中较大值。表列数值可以在施工中通过实测资料积累做适当的修正。

③拱脚水平相对净空变化指拱脚测点间净空水平变化值与其距离之比，拱顶相对下沉指拱顶下沉值减去铁路隧道下沉值后与原拱顶至隧底高度之比。

④初期支护墙腰水平相对净空变化极限值可按拱脚水平相对净空变化极限值乘以 1.1～1.2 后采用。

位移控制基准应根据测点距开挖面的距离，由初期支护极限相对位移按表 2-11 要求确定。

表 2-11　位移控制基准

类别	距开挖面 1B（U_{1B}）	距开挖面 2B（U_{2B}）	距开挖面较远
允许值	65%U_0	90%U_0	100%U_0

注：B 为铁路隧道最大开挖宽度，U_0 为极限相对位移值。

根据位移控制基准，位移管理可按表 2-12 分为三个等级并确定应对措施。

表 2-12　位移控制基准及应对措施

管理等级	距开挖面 1B	距开挖面 2B	应对措施
III	$U<U_{1B}/3$	$U<U_{2B}/3$	正常施工
II	$U_{1B}/3 \leqslant U \leqslant 2U_{1B}/3$	$U_{2B}/3 \leqslant U \leqslant 2U_{2B}/3$	综合评价设计施工措施,加强监控量测,必要时采取相应工程对策
I	$U>2U_{1B}/3$	$U>2U_{2B}/3$	暂停施工,采取相应工程对策

注:U 为实测位移值。

由于位移变形速度是由大变小递减的,变形曲线可分为三个阶段:

变形急剧增长阶段:变形速度大于 1 mm/d,应加强初期支护系统。

变形缓慢增长阶段:变形速度为 0.2～1 mm/d。

围岩基本稳定阶段:变形速度小于 0.2 mm/d。

根据位移时态曲线的形态来判别,由于岩体的流变特性,岩体破坏前变形曲线可分为三个区域:

基本稳定区,主要标志为变形速率逐渐下降,即 $U<U_0/3$(U_0 为极限相对位移值),该区亦称"一次蠕变区",表明围岩趋于稳定。

过渡区,变形速率保持不变,$U_0/3 \leqslant U \leqslant 2U_0/3$,该区亦称"二次蠕变区",表明围岩向不稳定状态发展,须发出警告,加强支护系统。

破坏区,变形速率逐渐增大,即 $U>2U_0/3$,亦称"三次蠕变区",表明围岩已进入危险状态,须立即停工,进行加固。

(二)监控量测结束基准

各项量测作业均应持续到变形基本稳定后,再以 1 次/7d 的量测频率测 2～3 周后结束,并要求净空收敛和拱顶下沉变形基本稳定时的变形速率小于 0.2 mm/d。

第三章　山岭铁路隧道洞身、洞口施工

第一节　山岭铁路隧道概述

一、山岭铁路隧道的定义和特点

（一）山岭铁路隧道的定义

山岭铁路隧道是指为缩短距离和避免大坡道而从山岭或丘陵下穿越的修建在地下或水下并铺设铁路供机车车辆通行的建筑物。

绝大部分铁路隧道是山岭铁路隧道。采用隧道方案来克服山区高程障碍，可以保持线路顺直平缓，避免修筑深路堑，对营运十分有利。

（二）山岭铁路隧道的特点

①整个工程埋于地下，因此工程地质和水文地质条件对隧道施工的成败起着重要甚至决定性的作用。

②隧道是一个形状扁平的建筑物。

③地下施工环境较差。

④施工工地一般都位于偏远的深山峡谷之中。

⑤隧道埋设于地下，一旦建成就难以更改。

⑥施工可以不受或少受昼夜更替的影响。

二、山岭铁路隧道的水文地质情况

山岭铁路隧道通常建立在天然的地层当中，因此其位置选择和具体的施工方案与水文地质条件有着极其密切的联系。地质条件包括地质构造、岩层状态、风化程度以及岩石的成分含量等。除此之外，隧道所处深度以及深度和地形变化的关系，地层的含水量、温度变化和所含气体成分等与山岭铁路隧道的施工也有着极为重要的联系。

三、山岭铁路隧道施工的难点

（一）属狭长建筑，工作面小

山岭铁路隧道是一个狭长的建筑，通常情况下只有进口与出口两个工作面。施工速度比较慢，工期比较长，往往一些长大隧道是新建线路上的控制性关键工程。隧道断面较小，工作场地狭长，一些工序只能协调作业，这样需要花费很多时间，需通过合理的施工管理来予以协调，因此如何在有限的施工空间中最大限度地发挥施工管理的作用，是山岭铁路隧道施工的难点。

（二）施工环境较差

山岭铁路隧道施工环境较差，如爆破产生的有害气体、喷射混凝土产生的粉尘等，都须采取有效措施加以改善，如人工通风防尘等，以确保施工场地符合卫生要求，保证施工人员的身体健康，提高劳动生产率。

（三）山岭铁路隧道地处偏远地区，交通不便

山岭铁路隧道大多穿越崇山峻岭，施工工地一般都位于偏远的深山峡谷之中，往往远离既有交通线，运输不便，供应困难。

四、山岭铁路隧道施工方法选择

（一）山岭铁路隧道施工方法选择应遵循的原则

山岭铁路隧道施工应符合安全环保、工艺先进、质量优良、进度均衡、节能降耗的要求，应本着"安全、有序、优质、高效"的指导思想，按照"保护围岩、内实外美、重视环境、动态施工"的原则组织施工。山岭铁路隧道施工方法的选择应遵循以下原则：

①确保施工安全，改善施工环境。

②应根据设计文件、施工调研情况、地质围岩级别，结合隧道长度、断面大小、纵坡情况、衬砌方法、工期要求、装备水平、队伍素质等因素综合决定。

③地质变换频繁的隧道应考虑其适应性，便于工序调整转换。

④应尽量采用新技术、新工艺、新设备、新材料。

⑤认真按照新奥法原理，掌握应用好光面爆破、喷锚、量测施工三个要素。

（二）隧道施工方法选择的基本要素

1.施工条件

它包括施工队伍所具备的施工能力、素质及管理水平。隧道施工队伍的素质和施工装备水平有高有低，因此在选择施工方法时，不能不考虑这个因素的影响。

2.围岩条件

围岩条件也就是地质条件，其中包括围岩级别、地下水及不良地质现象等。

围岩级别是对围岩工程性质的综合判定，对施工方法的选择起着重要的作用。

3.隧道断面面积

隧道的尺寸和形状对施工方法选择也有一定的影响。目前隧道断面有向大断面方向发展的趋势，如公路隧道已开始修建 3 车道甚至 4 车道的大断面，水电工程中的大断面洞室更是屡见不鲜。单线和双线的铁路隧道工程中越来越多地采用了全断面法及台阶法；而在断面更大的隧道工程中，先采用各种方法修小断面的导坑，再扩大形成全断面的施工方法极为盛行。

4.埋深

隧道埋深与围岩的初始应力场及多种因素有关，埋深通常分为浅埋和深埋两类。在同样的地质条件下，埋深不同，施工方法也会有很大差异。

5.工期

作为设计条件之一的施工工期，在一定程度上会影响基本施工方法的选择。因为工期决定了在均衡生产的条件下，对开挖、运输等综合生产能力的基本要求，即对施工均衡速度、机械化水平和管理模式的要求。

6.环境条件

当隧道施工对周围环境产生如爆破振动、地表下沉、噪声、地下水条件变化等不良影响时，环境条件也应成为选择隧道施工方法的重要因素之一，而在市区，环境条件甚至会成为选择施工方法的决定性因素。施工方法标准化、模式化的重要条件是建立适应各种条件的隧道施工机械化配套技术的标准模式。

（三）山岭隧道开挖方法的选择

山岭隧道施工的过程和方法是多种多样的，但钻爆法仍然是我国目前应用最广、最成熟的隧道修建方法。山岭隧道开挖常用的方法为全断面法、台阶法、中隔壁法、交叉中隔壁法、单侧壁导坑法、双侧壁导坑法等。在当前的施工实践中，从工程造价和施工速度的角度考虑，施工方法的选择顺序应为全断面法、正台阶法、中隔壁法、交叉中隔壁法、双侧壁导坑法；从施工安全的角度考虑，其选择顺序应反过来。选择施工方法应根据实际情况综合考虑，但必须符合安全、快速和环保的要求，以达到规避风险、加快施工进度和节约投资的目的。

（四）各种施工方法在不同围岩和隧道中的适用情况

1.全断面法

全断面法是按设计断面将整个隧道开挖，一次钻孔、一次爆破成型、一次初期支护到位的隧道开挖方法。该法主要适用于非浅埋Ⅰ～Ⅲ级硬岩地层，浅埋段、偏压段和洞口段不宜采用。如地质条件确实较好，也可采取先开挖小导坑，然后再扩大的施工方法，这对保持围岩稳定是有利的。该法有较大的作业空间，有利于进行大型配套机械化作业，钻爆施工效率较高，可采用深孔爆破，提高施工速度，且工序少，便于施工组织和管理，较分部开挖法减少了对围岩的振动次数。但由于开挖面积较大，围岩相对稳定性降低，且每次循环工作量相对较大，深孔爆破用药量大，引起的震动大，因此要求进行精心的钻爆设计和严格控制爆破作业。

该法需要配备钻孔台车或多功能台架及高效率装运机械设备，缩短循环作业时间，合理采用平行交叉作业工序，提高施工效率。利用钻孔台车深孔钻爆能够增加循环进尺，控制钻孔进度，改善光面爆破效果，减少超欠挖。有条件时采用导洞超前的开挖方法，合理组织施工，保证隧道施工安全。仰拱、铺底超前二次衬砌且一次全幅浇筑，Ⅰ～Ⅱ级围岩离掌子面距离≤120 m，Ⅲ级围岩离掌子面距离≤90 m。

2.台阶法

台阶法是将隧道结构断面分成两个或几个部分，即分成上下两个断面或几个断面分部进行开挖的隧道开挖方法。该法适用于铁路双线隧道Ⅲ、Ⅳ级围岩，单线隧道Ⅴ级围岩亦可采用，但支护条件应加强。该法具体可分为正台阶法、三台阶临时仰拱法、环形开挖预留核心土法等。该施工方法的优点是对地质变化的适应性较强，工序转换较容易，并能较早地使初期支护闭合，有利于控制沉降。台阶长度一般应控制在 1~1.5 倍洞径，为及早使初期支护封闭成环，也可适当缩短台阶长度，当围岩较稳定，短台阶能保持时，台阶长度亦可适当缩短至 3~5 m，上下台阶同时钻眼爆破，以起到加快施工进度、减少设备的目的。下部断面（中、下层台阶）是开挖作业的重要环节。近年来，在下部开挖中，因方法欠妥、作业不慎引起初期支护失稳造成的重大坍方事故已有多起，必须引起高度重视。在开挖顺序上，宜采用先挖侧槽、左右错开向前推进的做法，不宜采用拉中槽挖马口的方法。侧槽一次开挖长度不宜太长，靠近边墙范围应采用风钻、风镐手工开挖，人工清壁扒渣，严禁使用重型机械开挖和装渣，以免对围岩造成过大扰动，破坏围岩和初期支护系统的整体稳定性。应根据围岩条件合理确定台阶长度和台阶数量，台阶长度一般应不超过 1 倍开挖洞径，台阶高度根据地质情况、隧道断面大小和施工机械设备情况确定。上台阶施作钢架时，采用扩大拱脚或施作锁脚锚杆等措施，控制围岩和初期支护变形；下台阶在上台阶喷射混凝土达到设计强度 70% 以上时开挖，当岩体不稳定时需缩短进尺，必要时上下台阶分左、右两部错开开挖，并及时施作初期支护和仰拱。施工中应解决好上下台阶的施工干扰问题，下部施工应减少对上部围岩、支护的扰动。下台阶施工时要保证钢架顺接平直，螺栓连接牢靠。仰拱、铺底超前二次衬砌一次性全幅浇筑。

3.中隔壁法

中隔壁法是将隧道断面左右一分为二，先挖一侧，并在隧道中部设立利用钢支撑及喷射混凝土的临时支撑隔墙，当先开挖一侧超前一定距离后，再开挖另一侧的隧道开挖方法。该法变大跨为小跨，使断面受力更合理，对减少沉降，保证隧道开挖安全、可靠具有良好效果。该法适用于较差地层，如采用人工或人工配合机械开挖的Ⅳ～Ⅴ级围岩和浅埋、偏压及洞口段。施工过程中，为保证初期支护的稳定，除喷锚支护外，须增加型钢或钢格栅支撑，并采用超前大管棚、超前锚杆、超前注浆小导管、超前预注浆等一种或多种辅助措施进行超前加固。由于地层软弱，断面较小，只能采用小型机械或人工开挖及运输作业，工序多，施工进度较慢。必须爆破时，应控制药量，避免损坏中隔墙。临时中隔墙型钢支撑规格应与初期支护所采用的一致。此外，每个台阶的长度应控制在 3～5 m。

左右部的台阶开挖高度根据地质情况及隧道断面大小而定。左右两侧洞体施工纵向拉开间距不大于 15 m。每台阶开挖长度不大于该分部断面直径，保持开挖面平顺，并及时进行初期支护。后一侧开挖形成全断面时，应及时使全断面初期支护闭合。中隔壁设置为弧形临时支护，隧道左右开挖面初期支护连接平顺，保证钢架连接状态良好。根据监控量测信息，初期支护稳定后拆除中隔壁临时支护，一次拆除长度不超过 15 m，并加强监控量测。临时支护拆除后及时施作隧道仰拱和二次衬砌。

4.交叉中隔壁法

当采用中隔壁法仍然无法保持围岩稳定和隧道施工安全时，可采用交叉中隔壁法开挖。该法的特点是各分部增设临时仰拱和两侧交叉开挖，每步封闭成环，且封闭时间短，以抑制围岩变形，达到围岩沉降可控、初期支护安全稳定的目的。该法除喷锚支护及增设足够强度和刚度的型钢或钢格栅支撑外，还应采用多种辅助措施进行超前加固。交叉中隔壁法适用于断层破碎带、碎石土、卵石土、圆砾土、湿陷性黄土、全风化的花岗岩地层的Ⅴ～Ⅵ级围岩及较差围岩。

隧道按左右部分块实施开挖，每块小断面开挖高度大致接近。每块小断面开挖长度为 2～3 m，或不大于该分块断面直径，及时设置临时仰拱封闭，步步成环，尽量缩短成环时间。中隔墙设置为弧形临时支护，隧道左右开挖小断面水平临时支护保持对接一致，螺栓连接牢固。及时进行底部左右小断面开挖封闭支护，并利用回填注浆加固底板。根据监控量测信息，初期支护稳定后拆除中隔壁临时支护，一次拆除长度不超过 15 m，并加强监控量测。临时支护拆除后及时施作隧道仰拱和二次衬砌。

5.单侧壁导坑法

单侧壁导坑法施工与中隔壁法类似，但其导坑开挖断面相对较小。

6.双侧壁导坑法

双侧壁导坑法是采用先开挖隧道两侧导坑，及时施作导坑四周初期支护及临时支护，必要时施作边墙衬砌，然后再根据地质条件、断面大小，对剩余部分采用二台阶或三台阶开挖的方法，其实质是将大跨度的隧道变为三个小跨度的隧道进行开挖。该法施工进度较慢，成本较高，但其在施工安全，尤其是控制地表下沉方面，优于其他施工方法。此外，由于两侧导坑先行，能提前排放隧道拱部和中部土体中的部分地下水，为后续施工创造条件。因此，城市浅埋、软弱、大跨隧道和山岭软弱破碎、有地下水发育的大跨隧道可优先选用双侧壁导坑法。在Ⅴ～Ⅵ级围岩的浅埋、偏压及洞口段，也可采用此法施工。

侧壁导坑形状应近似椭圆形，导坑断面宽度宜为整个断面的1/3。两侧侧壁导坑超前中部10～20 m，可独立同步开挖初支，中部采用台阶法开挖，保持平行作业。导坑开挖后应及时进行初期支护及临时支护，并尽早封闭成环。通过监控量测确定临时支护体系稳定后，拆除临时支护，一次拆除长度不超过15 m，拆除期间加强监控量测。临时支护拆除完成后，及时施作仰拱并进行二次衬砌。

总之，对于硬岩隧道宜采用全断面法与台阶法，分部开挖法适用于软岩隧道。采用台阶法施工时，不宜采用长台阶，因为其不利于初期支护及早封闭成环。在采用分部开挖法的硬岩隧道中，爆破作业将会严重破坏已成形的中隔壁，应采取一定的保护措施。

第二节 山岭铁路隧道洞身爆破开挖

传统矿山法能适应山岭铁路隧道的大多数地质条件，尤其在不便采用锚喷支护时，用于处理坍方也很有效。

一、隧道洞身爆破开挖施工程序及基本原则

（一）隧道洞身爆破开挖施工程序

隧道洞身爆破开挖施工程序可用框图表示，如图 3-1 所示。

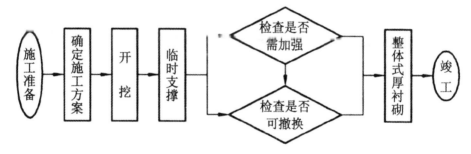

图 3-1　洞身开挖施工程序

（二）隧道洞身爆破开挖施工的基本原则

隧道洞身爆破开挖施工的基本原则是少扰动、早支撑、慎撤换、快衬砌，即"十二字原则"。

1.少扰动

少扰动是指在进行隧道开挖时，要尽量减少对围岩的扰动次数，降低扰动强度，缩小扰动范围，缩短扰动持续时间。采用钢支撑，可以增大一次开挖断面的跨度，减少分部开挖次数，从而达到减少对围岩扰动的次数的目的。

2.早支撑

早支撑是指开挖坑道后应及时施工，制作临时构件予以支撑，使围岩不致因变形松弛过度而坍塌失稳，并能承受围岩松弛变形产生的压力——早期松弛荷载。定期检查支撑的工作情况，若出现严重变形或出现损坏征兆，应及时增设支撑予以加固和加强。作用在临时支撑上的早期松弛荷载的大小，可比照设计永久衬砌的围岩压力的大小来确定；临时支撑的结构设计的计算亦可采用类似于永久衬砌的设计计算方法，即结构力学方法。

3.慎撤换

慎撤换是指拆除临时支撑而代之以永久性模筑混凝土衬砌时应慎重，即要防止在撤换过程中围岩坍塌失稳。每次撤换的范围、顺序和时间要视围岩稳定性及支撑的受力状况而定。使用钢支撑作为临时支撑，一般可以避免拆除支撑的麻烦与不安全。

4.快衬砌

快衬砌是指拆除临时支撑时要及时修筑永久性混凝土衬砌，并使其能尽早参与承载工作。若采用的是钢支撑，则不必拆除。无临时支撑时，亦应尽早施作永久性混凝土衬砌，避免坑道壁裸露时间过长、风化侵蚀围岩、强度降低、变形过大等情况发生。

二、隧道洞身爆破开挖基本要求和掘进方式

隧道洞身爆破施工的基本作业包括隧道开挖、支撑与衬砌。

修筑隧道首先要在隧道穿越的地层内开挖出一个符合设计要求的空间。洞身爆破开挖作业占整个隧道施工工程量的比重较大，是隧道施工中较关键的基本作业，对隧道的施工进度和工程造价有很大影响。

隧道洞身爆破开挖可分为两类：一类是只有一个工作面的导坑开挖，另一类是有多个工作面的扩大开挖。隧道开挖作业（钻眼爆破开挖）包括钻眼、装

药、爆破等几项工作内容。

（一）隧道洞身爆破开挖基本要求

必须先探明隧道工程地质和水文地质情况，才可进行隧道爆破开挖。

断面不宜欠挖。开挖轮廓要预留支撑沉落量和变形量，以防止出现净空不够的情况。

采用先拱后墙程序施工时，下部开挖的厚度及用药量应严格控制，并采取防护措施，避免损伤拱券。

隧道洞身爆破开挖，除完整坚硬岩层外，均应做好支撑，不良地质地段应结合地形开挖侧向安全洞。

合理确定开挖步骤和循环尺寸，保持各开挖工序相互衔接，均衡施工。

开挖断面尺寸应符合设计要求。在开挖作业中，不得损坏支护、衬砌和设备，并应保护好量测用的测点。

岩石隧道洞身开挖的爆破，应采用光面爆破或预裂爆破技术。施工中，应提高钻眼效率和爆破效果，降低工料消耗；爆破后，应对开挖面和未衬砌地段进行检查，对可能出现的险情，应采取措施及时处理。例如，对有瓦斯溢出的隧道，应根据工点的地质情况、瓦斯溢出程度和设备条件，制定合适的施工方案。

隧道双向开挖接近贯通时，两端施工应加强联系，统一指挥。当两开挖面间的距离剩下 15 m 时，应改为单向开挖，直到贯通为止。

上行线与下行线同时开挖时，应根据两洞的轴线间距、洞口里程距离、地质条件及其他自然条件，选择适宜的施工方法，确定好两洞开挖的时间差，并采取措施，防止后行洞开挖对先行洞周壁产生不良的影响。

（二）岩石隧道洞身施工掘进方式

山岭铁路隧道洞身施工的掘进方式是指对坑道设计断面内岩、土体的破碎及挖除的方式。目前，常用的掘进方式有三种，即钻眼爆破掘进、机械掘进和人工掘进。一般山岭铁路隧道最常用的是钻眼爆破掘进配合人工掘进。

钻眼爆破掘进是山岭铁路隧道工程中常用的掘进方式之一，它是用钻眼装炸药爆破场地范围内的岩体的方法。钻眼爆破掘进前首先应进行钻爆设计，钻爆设计应根据地质条件、开挖断面、开挖方法、掘进循环进尺、钻眼机具、爆破材料和出渣能力等因素综合考虑。

钻眼爆破掘进一般只适用于石质隧道。硬岩宜采用光面爆破，软岩宜采用预裂爆破，分部开挖时可采用预留光面层光面爆破。

机械掘进是采用装在可移动式机械臂上的切削头来破碎岩体，并挖除坑道范围内的岩体的方法。机械掘进可连续进行，但只适用于软岩及土质隧道。单臂掘进机可以挖掘任意形状的道坑和任意大小跨度的隧道，并且对围岩的稳定性影响较小，扰动破坏性小。常用的单臂掘进机包括铁盘式采矿机、挖斗式挖掘机和铲斗式装砟机，可用于隧道掘进，机动灵活，适应能力较强。

人工掘进是采用十字镐、风镐等简易工具来挖除岩土体的方法。人工掘进速度较慢，劳动强度很大，一般在不能采用爆破掘进的软弱破碎围岩及土质隧道、工程量不太大的隧道、工期要求不太紧又无机械或不宜采用机械掘进的隧道中使用。在进行人工掘进施工时，应做好安全防护措施，并应安排专人负责工作面的安全观察。

无论采用机械掘进还是人工掘进，均应注意掌握好掘进速度，做到及时支护，不要让围岩暴露时间过长，以免产生风化作用或导致变形过大，若开挖面不能自稳，则应同时采取相应有效的辅助稳定措施——支撑或支护。

在隧道洞身施工中，掘进方式是影响围岩稳定性的重要因素之一。因此，在选择掘进方式时，应根据坑道地质条件、岩体的坚硬程度、围岩的稳定性、不同的掘进方式对围岩的扰动程度、支护条件、机械设备能力、经济性等相关因素进行综合分析，选用较为恰当的掘进方式。

钻眼爆破掘进方式较为经济，较常采用，但对围岩扰动大，尤其对破碎软弱围岩的稳定性不利；机械掘进对围岩扰动小、速度较快，但机械和设备投资较大；人工掘进对围岩扰动最小，但掘进速度很慢、工人劳动强度太大。掘进方式的选择应充分考虑被挖掘岩体的坚固性及围岩的稳定性，应选择经济快速又不会严重影响围岩稳定性的掘进方式。由于洞内地质情况千变万化，所以三种基本掘进方式要配合使用。目前，在山岭铁路隧道工程施工中，尤其是石质岩体时，多采用钻眼爆破掘进。在采用钻眼爆破掘进时，必须做好钻爆设计，采用先进的爆破技术，实施控制爆破，以减少爆破震动对围岩的破坏和对支护、衬砌结构物的影响。

三、隧道洞身爆破开挖的钻爆设计和钻眼机具

（一）钻爆设计

钻爆设计应根据隧道工程地质条件、开挖断面、开挖方法、掘进循环进尺、钻眼机具、爆破材料和出渣能力等因素综合考虑。

1.钻爆设计内容

钻爆设计内容包括炮眼（掏槽眼、辅助眼、周边眼）的布置、数目、深度和角度，装药量和装药结构，以及起爆方法和爆破顺序等。

2.钻爆设计图

钻爆设计图包括炮眼布置图、周边炮眼装药结构图、钻爆参数表、主要技术经济指标及必要的钻爆设计说明书等。

钻爆作业必须按照钻爆设计进行钻眼、装药、接线和引爆。

（二）钻眼机具

钻眼机具的工作原理是利用镶嵌在钻头体前端的凿刃反复冲击和转动破碎岩石而成孔。凿岩机有的可以通过调节冲击功率和转动速度的大小，以适应不同硬度的石质，达到最佳的成孔效果。

1.钻头

钻头直接连接在钻杆前端（整体式）或套装在钻杆前端（组合式），钻头前端镶硬质高强耐磨合金钢凿刃。凿刃起着直接破碎岩石的作用，它的形状、结构、材质、加工工艺水平和质量都直接影响凿岩效率及其本身的抗磨损性能。

凿刃按其形状可分为片状连续刃、柱齿刃（不连续）两类。片状连续刃有一字形、十字形等形式；柱齿刃有球齿、锥形齿、楔形齿等形式。一字形片状连续刃钻头构造简单，对岩体性能的适应能力较强，适用于功率较小的风动凿岩机在中硬度以下岩石中钻眼，但其钻眼速度较慢，在有节理裂隙发育的岩石中容易卡钻；十字形片状连续刃钻头和柱齿刃钻头的制造和修磨较杂，适用于功率较大和冲击频率较高的重型风动或液压凿岩机在各种岩石中钻眼，尤其在高硬度岩石或有节理裂隙发育的岩石中钻眼，其效果好、速度快。

常用钻头的钻孔直径有 38 mm、40 mm、42 mm、45 mm、48 mm 等，用于钻中空孔眼的钻头直径可达 102 mm，甚至更大。钻头和钻杆均有射水孔，压力水通过此射水孔清洗岩粉。钻头构造形式如图 3-2 所示。

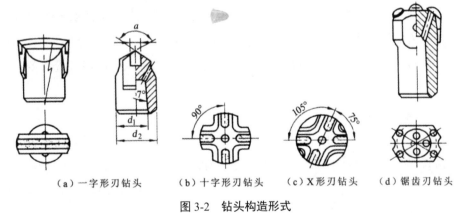

（a）一字形刃钻头　　（b）十字形刃钻头　　（c）X形刃钻头　　（d）锯齿刃钻头

图 3-2　钻头构造形式

影响钻眼速度的主要因素包括冲击频率、冲击功、钻头形式、钻孔直径、钻孔深度、岩石硬度、钻头与钻杆套装紧密程度、钻杆与机头套装紧密程度、钻头和钻杆的质量、钻杆轴线与机头轴线重合程度、凿岩机手的操作水平等。

2.风动凿岩机

风动凿岩机,简称风钻,以压缩空气为驱动力。其优点是结构简单、维修方便、操作容易、使用安全等。但压缩空气的供应设备较复杂,机械效率低、耗能大、噪声大,凿岩速度比液压凿岩机慢。

3.液压凿岩机

液压凿岩机以电力带动高压油泵,通过改变油路,使活塞往复运动,实现冲击作用。液压凿岩具有以下特点:

第一,动力消耗较少,能量利用率高。液压凿岩机动力消耗仅为风动凿岩机的 1/3～1/2;液压凿岩机的能量利用率可达 30%～40%,风动凿岩机的能量利用率仅有 15%～20%。

第二,凿岩速度较快。液压凿岩机比风动凿岩机的速度快 50%～150%,在花岗岩中钻进速度可达到 200 cm/min。

第三,液压凿岩机的液压系统能自动调节冲击频率、扭矩、转速和推力等,能适应不同性质的岩石,且润滑条件好,各种零件使用寿命较长。

第四,生态效益较好。液压凿岩机的噪声比风动凿岩机的噪声低 10～15 dB;液压凿岩机的工作面没有雾气,因此目前液压凿岩机已广泛应用于隧道工程中。

第五,液压凿岩机构造较复杂,造价较高,重量较大,附属装置较多,多安装在台车上使用。

4.凿岩台车

将多台液压凿岩机安装在一个专门的移动设备上,实现多机同时作业,称为凿岩台车。凿岩台车按其走行方式可分为轨道走行式、轮胎走行式及履带走行式;按其结构形式可分为实腹式和门架式两种。工程中应用较多的为实腹式轮胎走行式全液压凿岩台车,如图3-3所示。

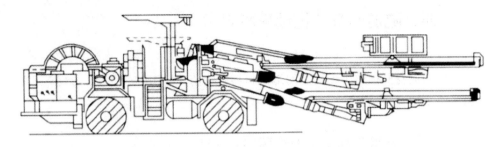

图 3-3　实腹式轮胎走行式全液压凿岩台车

实腹式凿岩台车通常为轮胎走行，可以安装 1～4 台凿岩机及一只工作平台臂，其工作范围可达到宽 15 m、高 12 m，以适应不同断面的隧道。但实腹式凿岩台车占用坑道空间较大，需与出渣运输车辆交会避让，占用循环时间较长，即机械避让占用的非工作时间较长，故实腹式凿岩台车多应用于断面较大的隧道中。

门架式凿岩台车的腹部可以通行出渣运输车辆，可大量减少机械避让时间。门架式凿岩台车通常是轨道走行，可安装 2～3 台液压凿岩机，适用于中等净空断面（20～80 m²）的隧道开挖，开挖断面过小或过大则不宜采用。

按其控制的自动化程度，凿岩台车又可以分为人工控制凿岩台车、电脑控制凿岩台车、电脑导向凿岩台车三种。人工控制凿岩台车是由人工控制操作杆来实现钻机的定位、定向和钻进的，炮眼位置由工程师标出，炮眼方向则由操作手按经验目测确定；电脑控制凿岩台车的所有动作都在电脑程序的控制下进行，必要时也可以由操作手进行干预；电脑导向凿岩台车不仅具有电脑控制功能，而且可在隧道定位（导向）激光束的帮助下自动定位和定向，可以缩短钻眼作业时间、提高钻眼精度、减少超挖或欠挖量等。

四、隧道洞身开挖爆破材料

隧道洞身开挖爆破中使用的爆破材料有炸药、导火索、雷管、导爆索、继爆管及起爆材料等。

（一）隧道工程常用的炸药

隧道工程常用的炸药一般以某种或几种单质炸药为主要成分，另加一些外加剂混合。目前，在隧道爆破施工中，使用最广的是硝铵炸药。硝铵炸药品种很多，但其主要成分是硝酸铵，占 60%以上，其次是梯恩梯或硝酸钠（钾），占 10%～15%。

1.铵梯炸药

在无瓦斯坑道中使用的铵梯炸药，简称为岩石炸药，其中 2 号岩石炸药是最常用的；在有瓦斯坑道中使用的炸药，简称煤矿炸药，它是在岩石炸药中外加一定比例食盐作为消焰剂的煤矿用安全炸药。

2.浆状炸药

这是一种新型安全炸药。由于这类炸药含水量较多，爆温较低，所以比较安全。浆状炸药是以氧化剂水溶液、敏化剂和胶凝剂为主要成分的混合炸药。在浆状炸药的基础上应用交联技术，使之呈塑性凝胶状态，以进一步提高炸药的化学稳定性、抗水性和传爆性能，产生的炸药称为浆状水胶炸药。浆状水胶炸药具有抗水性强、密度高、爆炸威力较大、原料广、成本低、安全性能好等优点，因此常用于露天有水的深孔爆破作业中。

3.乳化炸药

以硝酸铵、硝酸钠水溶液与碳质燃料通过乳化作用形成的乳脂状混合炸药称为乳胶炸药。它具有爆炸性能好、抗水性能强、安全性能好、环境污染小、原料来源较广、生产成本低、爆破效率比浆状炸药及浆状水胶炸药更高的优点，尤其适用于硬质岩石的爆破。

4.硝化甘油炸药

硝化甘油炸药又称胶质炸药。这是一种高猛度炸药，它的主要成分是硝化甘油或硝化甘油与二硝化乙二醇的混合物。硝化甘油炸药抗水性强、密度高、爆炸威力大，因此适用于有水和坚硬岩石的爆破，但它对撞击摩擦的敏感度高，安全性差，价格昂贵，保存期不能过长，容易老化而降低性能甚至失效。因此，硝化甘油炸药宜在有水的爆破中使用。

隧道工程爆破使用的炸药，一般由厂制或在现场加工成药卷形式，药卷直径有 22 mm、25 mm、32 mm、35 mm、40 mm 等，长度一般为 165～500 mm，可按爆破设计的装药结构和用药量来选择使用。各种系列炸药的成分、性能、敏感度（热敏感度、火焰感度、机械感度、爆感度）、爆速、威力、猛度、爆炸稳定性、最佳密度等，详见产品说明书。

（二）起爆材料

设置传爆起爆系统的目的是在装药（药卷或药包）以外安全距离处，通过发爆（点火、通电或激发枪）和传递，使安在药卷或药包中的雷管起爆，并引发药卷或药包爆炸，达到爆破岩石的效果。

1.导火索与火雷管

导火索是用来传递火焰给火雷管，并使火雷管在火焰作用下传爆引发爆炸的材料。炸药爆炸是一种高速化学反应过程，在这个过程中炸药物质成分发生改变，生成大量的气体物质，释放出大量的热能，对周围介质产生冲击、压缩、破坏，并将岩体抛掷出去。

火雷管成本较低，使用比较简单、灵活，不受杂散电流的影响，应用广泛。但其受撞击、摩擦和火花等作用时则会引起爆炸，并且火雷管都是即发雷管，即一点火就爆炸，因此应正确购买、储存、运输、保管及使用。

雷管按其起爆能力的大小分为 10 个等级（号数），号数越大起爆能力越强。隧道工程中常用的是 8 号和 6 号雷管。

2.电雷管

电雷管是在火雷管中加设发电火装置而成的。它是用电线传输电流，使装在雷管中的电阻发热而引起爆炸的。

电雷管分为即发雷管和迟发雷管两种；迟发电雷管按其延期时间差又分为秒迟发雷管和毫秒迟发雷管系列；发爆电源可用交、直流照明或动力电源，也可以用各种类型的专用电起爆器。

在有杂散电流的条件下，应采用抗杂散电流电雷管。目前，电线、电雷管起爆系统在隧道工程施工中已较少采用。

3.塑料导爆管与非电雷管

（1）塑料导爆管的传爆原理及优点

塑料导爆管的传爆原理：塑料导爆管是用来传递微弱爆轰给非电雷管，使之爆炸的传爆材料之一。它是在聚乙烯塑料管的内壁涂一层高能炸药，管壁上的高能炸药在冲击波作用下可以沿着管道方向连续稳定爆轰，从而将爆轰传播给非电雷管使雷管起爆的。弱爆轰在管内的传播速度为 1 600～2 000 m/s，但因其强度微弱，不会炸坏塑料管。

塑料导爆管的优点：抗电、抗火、抗冲击性能好；起爆传爆性能稳定，扭结180°对折、局部断药、管端对接均能正常传爆。它不能直接起爆炸药，应与非电毫秒迟发雷管配合使用。在运输和使用过程中抗破坏能力强，使用方便，价格便宜，且可作为非危险品运输。因此，其在隧道工程中被广泛应用，尤其是在有电条件和炮眼数量较多时使用。

（2）非电雷管的构造和延期时间

非电雷管须与塑料导爆管配合使用，由塑料导爆管、消爆空腔、延期药、正起爆药、金属壳、塑料连接套、空信帽、加强帽、副起爆药组成。

国产非电雷管的延期时间分为毫秒迟发、半秒迟发、秒迟发三个系列，见表3-1。

表 3-1　迟发非电雷管的段别及延期时间

毫秒迟发雷管（第二系列）				半秒迟发雷管		秒迟发雷管	
段别	延期时间/ms	段别	延期时间/ms	段别	延期时间/ms	段别	延期时间/ms
1	≥13	11	460±40	1	≤0.13	1	≤1.0
2	25±10	12	550±45	2	0.5±0.15	2	2.0±0.5
3	50±10	13	650±50	3	1.0±0.15	3	4.0±0.6
4	$75 \pm^{15}_{10}$	14	760±55	4	1.5±0.15	4	6.0±0.8
5	110±15	15	880±60	5	2.0±0.20	5	8.0±0.9
6	150±20	16	1 020±70	6	2.5±0.20	6	10.0±1.0
7	$200 \pm^{20}_{25}$	17	1 200±90	7	3.0±0.20	7	$14.0 \pm^{2.0}_{1.0}$
8	250±25	18	1 400±100	8	3.5±0.20	8	19.0±2.0
9	310±30	19	1 700±130	9	3.8～4.5	9	25.0±2.5
10	380±35	20	2 000±150	10	4.6～5.3	10	32.0±3.0

（3）导爆管的发爆及连接网络

导爆管可用 8 号火雷管、导爆索、击发枪、专用激发器发爆。其连接和分支可集束捆扎雷管继爆，也可以用连通器连接继爆，如图 3-4、图 3-5 所示。

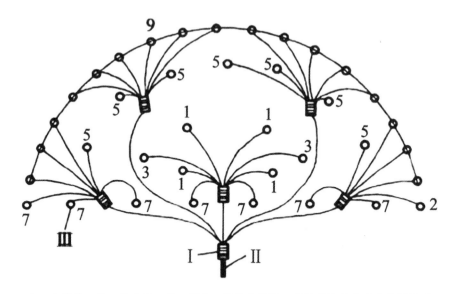

Ⅰ—火雷管；Ⅱ—导火索；Ⅲ—图中 o 符号为炮眼，旁边的数字为毫秒雷管段别

图 3-4　导爆管——非电雷管起爆网络之一

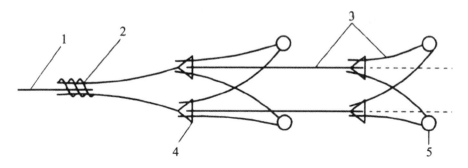

1—导火索；2—8 号雷管胶胶布；3—导爆管；4—连接块；5—炮眼

图 3-5　导爆管——非电雷管起爆网络之二

4.导爆索与继爆管

（1）导爆索

导爆索以单质猛炸药黑索金或太安作为索芯的传爆材料，它经雷管起爆后，可以直接引爆其他炸药。导爆索有普通导爆索和安全导爆索两种。

其中，普通导爆索是目前生产和使用较多的一种，它具有一定的防水性能和耐热性能。但在爆轰传播过程中火焰强烈，所以普通导爆索只能用于露天爆破和没有瓦斯的地下爆破，其爆速不小于 6 500 m/s。

在隧道工程中，采用小直径药卷间隔装药时，常用导爆索将各被动药卷与主动药卷相连接，以使被动药卷均连续爆炸，从而减少雷管数量和简化装药结构，省事省时，实现减少装药量和达到有控制的弱爆破的目的。在计算装药量时，应将导爆索的爆破力计入炸药用量中。

（2）继爆管

继爆管是一种专门与导爆索配合使用的，具有毫秒延迟作用的起爆器材，如图 3-6 所示。有关资料表明，三种起爆系统的费用比例为导爆管系统：电力系统：导爆索系统＝1∶1.2∶3.0。

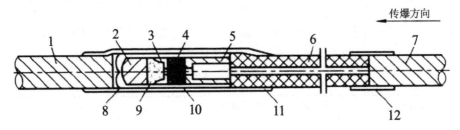

1—导火索；2—副起爆药；3—加强帽；4—缓冲剂；5—大内管；6—消爆管；
7—导爆索；8—雷管壳；9—正起爆药；10—纸垫；11—外套管；12—连接管

图 3-6 继爆管

五、隧道洞身开挖爆破的影响因素

在石质隧道中，采用最多的是钻眼爆破法。在隧道工程中，钻爆作业必须按照钻爆设计进行钻眼、装药、接线和引爆。同时，应满足钻眼爆破施工开挖的质量要求。为此，应充分研究以下因素。

（一）岩石的抗爆破性及分级

1.岩石的抗爆破性（或抗钻性）

岩石的抗爆破性（或抗钻性）是指岩石抵抗爆炸冲击波（或钻头冲击）破坏的能力。岩石的抗爆破性主要取决于其力学性质，特别是岩石在动载作用下的变形性质和内聚力强弱，另外其也受到岩体结构特征和地下水等因素的影响。隧道工程应按岩石的抗爆破性进行钻爆设计，并按其抗爆破性选择凿岩机具。

2.岩石的抗爆破性分级

近年来，国内外有研究资料建议采用岩石爆破性指数 N 作为分级指标，将岩石分为极易爆、易爆、中等、难爆、极难爆五级，见表 3-2。岩石爆破性指标 N 的确定，是在炸药能量和其他条件相同时，进行爆破漏斗试验，根据爆破后的漏斗体积、大块率、小块率、平均合格率和岩体的波阻抗等指标进行计算。

表 3-2 岩石的爆破性分级表

爆破等级		爆破性指数（N）	爆破难易程度	代表性岩石
I	I₁	<29	极易爆	千枚岩、破碎板岩、泥质板岩、破碎白云岩
	I₂	29.001～38		
II	II₁	38.001～46	易爆	角砾岩、绿泥岩、米黄色白云岩
	II₂	46.001～53		
III	III₁	53.001～60	中等	石英岩、大理岩、灰白色白云岩
	III₂	60.001～68		
IV	IV₁	68.001～74	难爆	磁铁石英岩、角闪斜长片麻岩
	IV₂	74.001～81		
V	V₁	81.001～86	极难爆	矽卡岩、花岗岩、矿体浅色砂岩
	V₂	>86		

（二）炸药品种选择及用药量

应根据岩石的抗爆性、炸药性能和价格选择炸药品种及计算用药量，以获得良好的爆破效果，并节省成本。

1.炸药品种选择

炸药品种很多，但应注意越脆或韧性越强的岩体，应选用猛度较高、爆速较高的炸药。目前，在隧道工程中，用于爆破施工最多的炸药是硝铵类炸药。硝铵类炸药品种也很多，但主要成分是硝酸铵、梯恩梯或硝酸钠（钾）等。

2.炸药用量计算

影响炸药消耗量的因素主要有岩体坚硬程度、岩层的构造、炸药的威力、坑道断面积及临空面数目等。隧道开挖面积小、临空面数目少时，只能用小直径炮眼爆破，故应对炸药量进行精确计算和严格控制。从理论上讲，炸药消耗量应按照达到预定爆破效果的条件，爆破功与岩石阻抗相匹配的原则计算确定。

在进行隧道施工开挖的爆破设计或施工材料计划时，炸药消耗量可参考以往施工经验值确定，详见表3-3。

表3-3　单位耗药量表

导坑面积/m²	不同岩石的单位耗药量/（kg/m³）		
	软石（Ⅲ级）	中硬石（Ⅳ级）	坚石（Ⅴ～Ⅵ级）
5～6	1.3	1.5	2.0
7～9	1.15	1.3	1.9
10～12	1.0	1.2	1.7
13～15	0.9	1.05	1.5

需要注意的是，表3-3中单位耗药量是按具有一个临空面导坑计算的；当有两个临空面时，按表列第一横排数值的一半计算；当有三个临空面时，按表列第一横排数值的35%计算。

（三）炮眼直径

1.合理选择炮眼直径

炮眼直径对凿岩速度、炮眼数目、炸药单位消耗量、坑道壁的平整程度和石砟块度等均有影响。当炮眼直径及药卷直径较大时，则可减少炮眼数目，使炸药相对集中。但是若炮眼直径过大，则凿石速度会大大减慢。此外，当炸药相对集中时，石碎块度会较大，洞壁平整度会不好，并且对围岩的爆破扰动较严重。因此，必须根据隧道石质、凿岩能力、炸药性能等条件，确定炮眼直径。

2.药卷直径的选择

为了避免发生管道效应导致药卷拒爆，药卷的直径应与炮眼的直径相匹配。在隧道工程施工爆破中，常用不耦合系数来控制药卷直径，它反映炮眼孔壁与药卷之间的空隙程度。一般应将不耦合系数控制在 1.1～1.4，且药卷直径应不小于该炸药卷的临界直径。实际爆破设计时，对掏槽炮眼及辅助炮眼，应采用较小的不耦合系数值，以提高炸药的爆破效率；对周边炮眼，可采用较大的不耦合系数值，以减少对围岩的扰动破坏。

（四）炮眼布置

钻眼前应定出开挖断面中线、水平线和断面轮廓，标出炮眼位置，经检查符合钻爆设计要求后方可钻眼。炮眼的布置、深度、角度、间距等应按钻爆设计要求确定。

隧道爆破通常采用掏槽爆破，即将开挖断面上的炮眼分区布置和分区顺序起爆，逐步扩大完成一次爆破开挖。按照炮眼的位置、作用，炮眼可分为三种，即掏槽炮眼、辅助炮眼、周边炮眼，如图 3-7 所示。这三种炮眼除共同完成一个循环进尺的爆破掘进外，分别各有其作用，因此各有不同的位置、长度、方向、间距的要求。

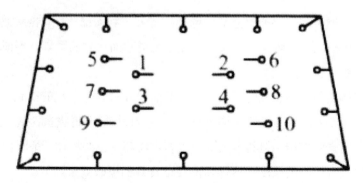

1～4—掏槽炮眼；5～10—辅助炮眼；其余为周边炮眼

图 3-7 三种炮眼

1.隧道洞身开挖轮廓线及预留变形量

因为坑道开挖后围岩由于失去部分约束而产生向坑道方向的收缩变形，所以施工开挖轮廓线应在设计开挖轮廓线的基础上适当加大，称为预留变形量。

预留变形量主要取决于围岩类别、开挖断面、隧道跨度、开挖方法、掘进方式、支撑或支护方法等因素，可以根据实际量测数据分析确定和调整。

2.隧道爆破开挖中的炮眼布置

（1）掏槽炮眼的布置

要合理布置掏槽炮眼，就要掌握好炮眼的深度、密度和斜度，并通过计算确定用药量及放炮顺序等。

在开挖面上适当部位先掏出一个小型槽口，以形成新的临空面，为后爆的辅助炮眼开创更有利的临空面，可以达到提高爆破效率的作用。

掏槽炮眼本身只有一个临空面，且受周围岩石的夹持作用，故常需要采用较大的炸药单位消耗量 K 值和较大的装药系数 α 值，以增大爆破粉碎区，并利用爆炸冲击波及爆炸产物，将岩石抛掷出槽口。为保证掏槽炮眼能有效地将石砟抛出槽口，常将掏槽炮眼比设计掘进尺寸加深 10～20 cm，并采用反向连续装药和用双雷管起爆的方法。

槽口尺寸一般为 1.0～2.5 m²，要与循环进尺、断面大小和掏槽方式相协调。掏槽眼口间距误差和眼底间距误差不得大于 5 cm。

斜眼掏槽可按岩层的实际情况选择掏槽方式和掏槽角度，容易把石砟抛出槽口，且掏槽眼数目较少，但其眼深度受坑道断面尺寸的限制，不便于多台钻机同时钻眼，钻眼方向难掌握准确。

直眼掏槽便于多机同时钻眼，不受断面尺寸对爆破进尺的限制，适用于深孔爆破，从而为加快掘进速度提供有利条件，且掏槽石砟抛掷距离较短。目前现场多采用直眼掏槽。但其炮眼数目较多，耗药量也要增加，炮眼位置和垂直方向需要具有较高的精度，这样才能保证良好的爆破效果。

因地质多变，几种掏槽方式可混合使用。斜眼掏槽和浅眼爆破适用于人工施工或机械设备不足的施工中。选择掏槽方式时，要根据具体的施工条件，因地制宜。

（2）辅助炮眼的布置

辅助炮眼的作用是进一步扩大槽口体积，增加爆破量，并逐步接近开挖断面形状，为周边眼创造有利的爆破条件。

辅助炮眼的布置主要是指炮眼间距 E 值和最小抵抗线长度 V 值的确定，主要根据岩石软硬和用药量多少，由工地试验确定。辅助炮眼应由内向外，逐层布置、逐层起爆、逐步接近开挖断面轮廓形状。

当无试验资料时，辅助炮眼间距 E 值和最小抵抗线长度 V 值的确定可参考实例：

某山岭铁路隧道爆破开挖，使用国产 2 号岩石硝铵炸药；辅助炮眼间距 E 值：软石 100～130 cm；中硬石 80～100 cm；坚硬石 60～80 cm；特硬石 50～60 cm。最小抵抗线长度 $V＝（0.6～0.8）E$。

（3）周边炮眼的布置

周边炮眼是一种辅助炮眼。周边炮眼爆破后，坑道断面达到设计的形状和尺寸。周边炮眼一般是沿着设计轮廓线均匀布置的，周边炮眼间距 E 值和最小抵抗线长度 V 值均比辅助炮眼小，目的是使爆破出坑道的轮廓较为平顺和控制超欠挖量。

当周边炮眼的底端位于岩质较松软或较破碎时，炮眼口应放在设计轮廓线以内，眼底位置则应根据岩石抗爆破性来确定，应将炮眼方向以 3%～5% 的斜率外插，这是为控制超欠挖和便于下一循环钻眼时便于落钻开眼。对于中硬岩层，可将周边炮眼放在设计轮廓线上；对于坚硬岩层，可将周边炮眼放在设计轮廓线以外 10～15 cm 处。此外，为了保证开挖面平整，辅助炮眼及周边炮眼应使其眼底落在同一垂直面上，必要时应根据实际情况调整炮眼的深度。周边炮眼的爆破存在着三个问题：

第一，不能达到按设计轮廓线准确成型的目的，开挖面容易起伏不平；

第二，超挖量较大，一般为 10%～20%；

第三，对坑道外地层（围岩）的扰动较大，较大程度地影响坑道开挖轮廓的质量和降低围岩的稳定性，因此采用周边炮眼爆破应慎重考虑。

（五）装药结构

装药结构是指继爆药药卷和起爆药药卷在炮眼中的布置形式。按起爆药药卷在炮眼中的位置和其中雷管聚能穴的方向，装药结构可分为正向装药结构和反向装药结构；按其连续性，装药结构可分为连续装药结构和间隔装药结构。

1.正向装药结构

将起爆药药卷放在炮眼口第二个药卷位置上，雷管聚能穴朝向眼底，并用炮泥堵塞眼口，即每一个炮眼内从眼底向眼口的装药顺序是：普通药卷→引爆药卷→炮眼泥。

2.反向装药结构

将起爆药药卷放在眼底第二个药卷位置上，雷管聚能穴朝向眼口，即每一个炮眼内从眼底向眼口的装药顺序是：引爆药卷→普通药卷（雷管聚能穴朝向眼口）。反向装药结构能提高炮眼的利用率，降低瞎炮率，减少石砟块度，便于装砟运输，增强抛掷能力和降低炸药消耗量。炮眼越深，反向装药结构的爆破效果越好。

掏槽炮眼和辅助炮眼多采用大直径药卷在孔底连续装药的方式；周边炮眼

可采用小直径药卷连续装药或用大直径药卷间隔装药的方式。

（六）起爆顺序及时差

除预裂爆破的周边炮眼最先起爆外，在同一个开挖断面上，起爆顺序是由内向外逐层起爆。这个起爆顺序可以用迟发雷管的不同延发时间（段别）来实现。

各层（卷）炮之间的起爆时差越小，则爆破效果越好。常采用的时差为40～200 ms，称为微差爆破。

内圈炮眼先起、外圈炮眼后起，这个顺序不能颠倒，否则会导致爆破效果不佳，甚至失败。为此，实际常采用毫秒雷管。但在深孔爆破时，要注意将掏槽炮眼与辅助炮眼之间的时差稍加大，以保证掏槽炮眼在此时差内将石砟抛出槽口，防止槽口堵塞，为后爆辅助炮眼提供有效的临空面。

在内外圈中的同圈炮眼必须同时起爆，尤其是掏槽炮眼和周边炮眼，以保证同圈炮眼共同作用的爆破效果。

延发时间可由孔内控制或孔外控制。孔内控制是将迟发雷管装入孔内的药卷中来实施微差爆破的；孔外控制是将迟发雷管装在孔外，在孔内药卷中装入即发雷管来实现微差爆破的。若一次爆破孔眼数量较多而雷管段数不够用，可采用孔内、孔外混合及串联、并联混合网络实现其微差爆破。

六、隧道洞身开挖爆破的方法

（一）光面爆破法

光面爆破法是通过调整周边眼的各爆破参数，使爆炸先沿各孔的中心连线形成贯通的破裂缝，然后内围岩体裂解，并向临空面方向抛掷的方法。这种爆破方法在围岩中产生的裂缝较少，使爆破后的岩石表面能按设计轮廓线成型，表面较平顺，超欠挖很小。光面爆破法的主要参数及技术措施如下：

第一，根据围岩特点合理选择周边炮眼间距和周边界的最小抵抗线。光面爆破法要求周边炮眼间距比一般爆破的小，周边炮眼的最小抵抗线长度亦要相应减小，即适当加密周边炮眼，调整周边炮眼间距与最小抵抗线长度的比值。周边炮眼的间距偏小值要视岩石的抗爆性、炸药性能、炮眼直径和装药量而定。

第二，严格控制周边炮眼的装药量，应使药量沿炮眼全长合理分布，并合理选择炸药品种和装药结构。周边炮眼宜采用小直径药卷和低爆速炸药，借助传爆线以实现空气间隔装药，即用于光面爆破的炸药与主体爆破的炸药相比，应选择爆速较低、猛度较低、爆力较大、传爆性良好的炸药，而底板炮眼则宜选用爆力大的炸药，可以克服上覆石砟的压制和起到翻砟作用。周边炮眼的装药量与装药密度要减少，并使炸药均匀地分布在整个炮眼内，周边炮眼所装炸药应能够提供破岩所需的能量，又不致对围岩造成严重破坏。周边炮眼的装药结构可采用小直径药卷连续或间隔装药。炮眼、药卷直径不耦合系数控制在1.25～2.0，但药卷直径应不小于炸药的临界直径，以保证稳定传爆，必要时应采用导爆索传爆（孔内串联）。

第三，采用周边炮眼同时起爆的方法。采用毫秒雷管微差顺序起爆，应使爆破时周边产生临空面，同段的周边炮眼雷管起爆时差应尽可能小，使用导爆索或高精度系列迟发电雷管起爆效果最好。因为同时起爆，炮眼间爆炸力共同起作用，爆炸比较容易形成平面。因此，石质稍差的岩石宜采用毫秒迟发电雷管起爆周边炮眼，它既具有同时起爆的爆破威力，又可以减少对轮廓线以外围岩的扰动。

第四，严格掌握钻眼作业，使三种炮眼的位置及方向准确无误，否则光面爆破的效果会明显降低，达不到光面爆破的目的。

第五，各光面爆破参数如周边炮眼间距、最小抵抗线长度、相对间距和装药集中度等，应采用工程类比法或根据爆破漏斗及成缝现场试验确定。

（二）预裂爆破法

预裂爆破法是在光面爆破法的基础上发展起来的。预裂爆破法的分区起爆顺序为周边炮眼→掏槽炮眼→辅助炮眼→底板炮眼。它以预先爆破周边炮眼的方法，沿设计轮廓线（也是周边炮眼之间）炸出一个贯通预裂缝，即预留光面层，从而把开挖部分的主体岩石与其外部围岩分割开，使紧随其后爆炸的掏槽炮和辅助炮眼产生的冲击波（应力波）的破坏作用被预裂面所隔断而受到大量衰减，因而更有效地减少对围岩的扰动。所以预裂爆破法更适用于稳定性较差的软岩或破碎岩层。

预裂爆破法的周边眼间距值、预留内圈岩层厚度和装药量及最小抵抗线长度值均比光面爆破法要小 1/4～1/2，只有周边炮眼的数量和钻眼工作量要相应增加。

总而言之，硬岩宜采用光面爆破法，软岩宜采用预裂爆破法，分部开挖时可采用预留光面层光面爆破法。当使用全断面开挖或台阶开挖时，应用导爆管、毫秒雷管起爆周边炮眼，不得用火花起爆。开挖断面一次起爆时，如果秒雷管的间隔时间小，周边炮眼的雷管应与内圈炮眼的雷管跳段起爆，两段炮眼之间起爆时差可以取 50～100 ms。

（三）毫秒爆破法

毫秒爆破法是隧道施工开挖的一项现代爆破新技术，其以毫秒雷管严格按一定顺序起爆炸药包组，使爆破前后阶段的时间间隔极其短促，以毫秒计算。爆破产生的岩石破坏作用力（应力波或冲击波）可以叠加，促使岩石易于被炸碎。同时，前后段爆破传递到围岩内部的冲击波又相互干扰和相互抵消，使冲击波对围岩的振动破坏大为减弱。该爆破法具有下列优点：

第一，毫秒爆破法能够满足光面爆破法的技术要求，可以取得良好的爆破效果。

第二，毫秒爆破法对围岩的振动破坏最小，同时可以降低滞炮发生的概率，减少滞炮带来的麻烦。

第三，毫秒爆破法把一次爆破的总延长时间控制在 130 ms 以内，即使在有瓦斯的岩层，瓦斯来不及泄出就爆破完毕，可提高掘进速度。

实现毫秒爆破一般有两个方法：一是用毫秒雷管和毫秒起爆器（用延长仪器控制延发时间）；二是使用毫秒雷管起爆。

第三节　山岭铁路隧道洞口段施工

一、洞口开挖

（一）地表处理及截水天沟

在隧道进、出口洞门施工前，应先进行测量放线，根据测量放线做好边坡开挖轮廓线和截水天沟。为有效拦截地表水，避免地表水冲刷危及洞门结构及边仰坡的稳定，以利截排水，应在边、仰坡开挖线外 10 m 处设置一道截水天沟，同时对洞口段范围内的危石等进行处理，防止危岩落石影响隧道安全。

（二）洞口开挖施工

洞口应由外向里、从上至下分层分段开挖，台阶高度 2～3 米。开挖后应及时对边仰坡围岩进行锚喷防护。进入暗洞施工一段距离后，应及早进行洞门施工。

出渣采用装载机和挖掘机配合装渣，18 t 以上自卸汽车运渣。洞口开挖弃渣运至指定弃渣场堆放。为进洞施工方便，洞口 5 m 范围内的土石方先开挖至上断面设计标高，作为进洞施工平台。

（三）边仰坡开挖及防护

边仰坡开挖后及时进行洞口边仰坡防护，以防因围岩风化，雨水渗透而发生滑塌。洞口临时边仰坡采用喷锚支护。永久性边仰坡防护采用带排水槽的拱形骨架护坡进行防护，骨架采用 C25 混凝土结构，骨架内铺空心砖并植草绿化。做好坡面喷混凝土防护层与原坡面的衔接，避免坡面风化引起水土流失，从而导致边仰坡防护受到损坏。

二、暗洞施工

在暗洞施工前应首先对洞口衬砌外 1～3 m 范围内的边仰坡进行锚喷（网）加固。洞口土石方开挖到达明暗洞交界处满足长管棚施作高度时，应形成台阶做超前长管棚施作平台，在平台上施作超前长管棚，在超前长管棚施作完成后进行暗洞洞身开挖。暗洞洞身开挖主要有以下两种施工方法：

（一）台阶法

隧道Ⅲ级围岩一般地段采用台阶法开挖，台阶法施工工艺流程见图 3-8，施工工序见图 3-9。

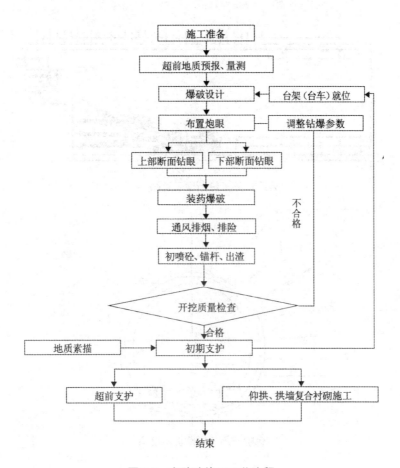

图 3-8　台阶法施工工艺流程

台阶长度一般不超过 1 倍洞直径，上台阶高度根据地质情况、隧道断面大小和施工机械设备情况而定。下台阶在上台阶喷射混凝土达到设计强度的 70% 以上时开挖。台阶形成后，各台阶开挖、支护宜平行作业。

当岩体不稳定时，应减小进尺和台阶长度，必要时上下台阶分成左右两部分错开开挖，并及时施作初期支护和仰拱。

为了保证开挖轮廓圆顺、准确，维护围岩自身承载能力，减少对围岩的干扰，拱部及边墙采用光面爆破法。上台阶可以采用简易工作台架，下台阶可以采用凿岩台车。

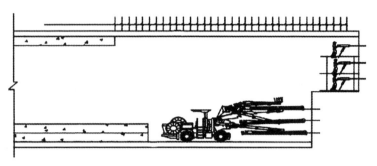

台阶法施工纵断面示意图

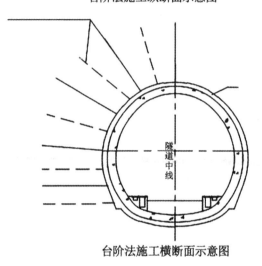

台阶法施工横断面示意图

图 3-9　台阶法施工工序

上断面采用反铲挖掘机或人工扒渣至下断面，下断面由装载机装渣，采用带废气净化装置的自卸汽车运渣。

（二）三台阶法、三台阶临时横撑法

隧道Ⅳ级围岩根据围岩情况采用三台阶法。Ⅴ级围岩采用三台阶临时横撑法。长度一般不超过 1 倍洞径，上台阶高度根据地质情况、隧道断面大小和施工机械设备情况确定。台阶形成后，各台阶开挖、支护宜平行作业。

中、下台阶在上台阶喷射混凝土达到设计强度的 70% 以上时才能开挖。当岩体不稳定时，应缩短进尺和台阶长度，中台阶、下台阶采用挖掘机开挖或控制爆破开挖，中下台阶左、右边墙开挖必须交错进行施工。

严禁两侧同时对挖。上台阶断面采用多功能作业台架；下台阶断面采用风枪钻孔。上台阶及中台阶采用反铲挖掘机或人工扒渣至下台阶，下台阶由装载机装渣，采用带废气净化装置的自卸汽车运渣。

三、明洞施工

明洞施工工艺流程见图 3-10。

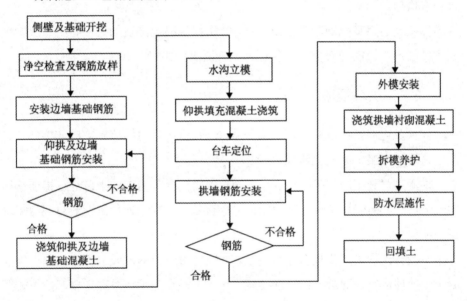

图 3-10 明洞施工工艺流程图

（一）明洞开挖

明洞土石方开挖采取横向分层、纵向分段，人工配合机械刷坡，装载机装渣，自卸汽车出渣的方法。随开挖施作边仰坡防护，完成后进行基底处理，承载力达到要求后施作仰拱。

（二）仰拱及边墙基础施工

仰拱施工采用全幅施工，基础开挖采用挖掘机开挖，自卸汽车运输；钢筋安装前先根据测量放样的水平、中线点，设置定位钢筋，再安装钢筋，保证钢筋位置正确。

堵头模板处及边墙基础面预留接茬钢筋，并长短错开，保证满足钢筋连接需要，钢筋采用套筒机械连接。环向施工缝采用中埋式橡胶止水带加背贴止水带的复合防水措施，纵向施工缝采用中埋式钢边橡胶止水带加背贴止水带的复合防水措施。

仰拱及边墙基础混凝土浇筑过程中，根据混凝土浇筑的进度将拼装式钢模或木模固定在钢筋骨架上方，保证仰拱混凝土的拱形。

（三）拱墙混凝土浇筑

仰拱及边墙基础混凝土浇筑完毕 48 h 后，将边基与拱墙施工缝连接处及时凿毛，清除浮浆，并用高压风吹干净。

拱墙钢筋施工时，搭设钢管脚手架，以模板台车为工作平台进行拱墙钢筋的安装，定位钢筋与模板之间设同标号砂浆垫块。端墙处预留钢筋与洞门端墙钢筋相连。

明洞衬砌均采用模板台车作内模，外模采用组合钢模或木模对拱墙衬砌混凝土一次性浇筑，混凝土由拌和站集中生产，罐车运输，泵送入模，插入式振捣器振捣。洞口衬砌与隧道洞门整体浇筑后进行洞顶回填施工。

（四）防水层施工

明洞衬砌全部施工完毕后，在混凝土养护期满后进行防水施工。衬砌外缘施作 3 cm 砂浆、防水板、无纺布、5 cm 砂浆的防水层，然后进行回填土石，结构回填表面铺设 50 cm 厚黏土隔水层。

（五）明洞回填

明洞回填施工在衬砌施工完毕且混凝土强度达到设计强度后进行。先施作两侧坡脚 C20 混凝土回填，然后按设计左右对称、从下至上分层回填碎石土及碎石过滤层，两侧回填土面高差不应大于 0.5 m，回填料不得带有膨胀性的黏土及全风化花岗岩。采用人工配合机械进行分层夯实、手扶压路机及蛙式打夯机夯实，机械夯实分层厚度不大于 0.3 m，人工夯实分层厚度不大于 0.25 m，施工过程中确保防水层不被破坏。当明洞回填完成后，及时进行洞口及洞顶的绿化及防护工作。

第四节　山岭铁路隧道各种预留洞施工

一、各类洞室的开挖支护

隧道内的各类洞室开挖，在正洞掘进至其位置时一次开挖成形，当施工中发现原定位置地质不良时，施工单位会同设计单位及业主对现场进行调研，确定变更位置。开挖后，预留洞室锚喷支护紧跟，并对正洞连接处加强支护。

二、各类洞室的防、排水工程施工

各类洞室与正洞连接处的防、排水工程与正洞一次完成；

与正洞连接的折角处，防水层根据铺设面的形状平顺铺设，不得出现空鼓。

各类预埋管件、预留孔、槽以及各类洞室二次衬砌施工要点如下所示：

第一，各类洞室衬砌施工与隧道衬砌同时进行，浇筑成一体；

第二，认真检查防、排水工程的质量，只有在防、排水工程符合设计要求时，才可浇筑混凝土；

第三，衬砌中衬砌边墙内的各类洞室按设计位置进行定位，模板架设时将经过防腐与防锈处理的预埋管件绑扎牢固，留出各种孔、槽及边墙内的各类洞室位置，并与模板衬砌台车连为一体，确保在浇筑混凝土时各类孔、槽及边墙内的各类洞室不产生移位。

第四，在一衬浇筑前，还要注意接触网预埋槽道、电缆支架等的预埋件，按设计图纸指定的里程、标高准确无误地预埋。所有预埋件位置偏差应在允许范围内。

第五，电缆槽盖板提前采用洞外预制；沟槽身施工在边拱混凝土完成后现浇。电缆沟槽采用槽钢和角钢制作支架，模板采用定型钢模。捣固采用插入式振动器。施工时注意模板安装顺直、尺寸正确、支撑牢固、捣固密实，净空尺寸及高程符合设计要求，两侧按设计间距设泄水孔。拆模后及时洒水养护，并防止在其他工序施工时被损坏。预制构件安装采用人工配合就位。

第四章　铁路隧道支护结构施工

第一节　锚杆施工技术要求
和施工要点

一、锚杆支护概述

（一）支护机理

锚杆（索）是用金属或其他抗拉性能高的材料制作的一种杆状构件。使用机械装置将其安设在地下工程的围岩或其他工程体中，就可以形成能承受荷载、阻止围岩变形的锚杆（索）支护。

锚杆加固围岩可以根据不同围岩的岩层产状和稳定状况灵活进行，其作用原理主要有：

1.悬吊效应

用锚杆把隧道洞壁附近具有裂隙、节理的不稳定岩体固定在深层的坚固稳定的岩体上，可将不稳定岩体的重量传递给深层坚固的岩体负担，以形成悬吊效应。在安设锚杆时，应考虑不稳定岩体的重量和锚杆在稳定岩体中的锚固承载力，在一部分围岩上布置锚杆即可，如图4-1所示。

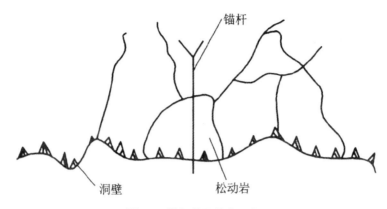

图 4-1 锚杆悬吊效应示意图

2.组合效应

锚杆可将若干层层状岩体或节理发育的岩体串联在一起，增大层间的摩擦阻力，形成组合梁效应，或者锚杆将围岩中不稳定的岩块和岩层联结起来形成整体，以阻止岩层的滑移和坍塌，如图 4-2 所示。

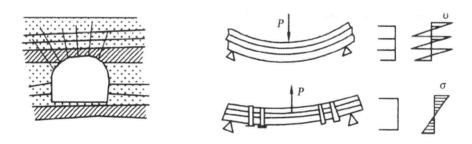

图 4-2 锚杆组合效应示意图

3.加固效应

按一定间距在隧道周边呈放射状布置的成组锚杆（或系统锚杆），可使一定厚度范围内有节理、裂隙的破裂岩体或软弱岩体紧压在一起形成连续压缩带。这种加固效应在使用预应力锚杆时十分明显，如图 4-3（a）所示。在锚杆预张应力 P 的作用下，每根锚杆周围都形成一个两头呈圆锥形的筒状压缩区，各锚杆所形成的压缩区彼此搭接，形成一条厚度为 W 的均匀压缩带。均匀压缩带中产生了径向压应力 $\sigma_r\left(\sigma_r = P/D^2\right)$，给压缩带外的围岩提供了径向支护抗力，使围岩接近三向受力状态，增强了围岩的稳定性。

对于全长黏结式锚杆，虽没有施加预应力，但只要锚杆布置合理，在围岩产生位移时，锚杆单位长度上的承载力 P_s/L 与围岩内切向应力 σ_r 的合力，如图 4-3（b）所示。

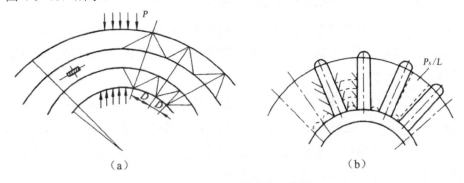

（a）　　　　　　　　　　　　（b）

图 4-3　锚杆加固效应示意图

（二）锚杆的种类

要使锚杆成为洞室开挖中的良好支护工具，锚杆必须满足两个基本条件：第一，锚杆受力后产生变形，且其本身不受破坏；第二，锚杆与围岩保持紧密接触。锚杆种类繁多，我国较为普遍采用的锚杆，按其与被支护锚固的方式大致可分为机械式锚杆、黏结式锚杆、混合式锚杆、摩擦式锚杆等。

机械式锚杆是通过其端部锚头锚固在围岩中的，杆的另一端则由垫板同岩面接触，拧紧螺母使垫板紧压在岩面上，此时锚杆即进入工作状态，对围岩产生预加压应力，以增强围岩的稳定性和阻止围岩变形。机械式锚杆分为楔缝式锚杆和胀壳式锚杆。楔缝式锚杆的结构构造简单，容易加工，施工安装方便，施作后能立即提供支护抗力，并能对围岩施加不大的预应力，故适合于坚硬裂隙岩体中的局部支护和系统支护。但由于爆破震动可能引起锚头滑动，因此当开挖面向前掘进后，应有计划地将螺母重复拧紧，并使其始终处于工作状态。

黏结式锚杆又分为端部黏结式锚杆（如快硬水泥卷端部锚杆、树脂端部锚杆）和全长黏结式锚杆（如水泥砂浆全长黏结式锚杆、树脂全长黏结式锚杆）。我国铁路隧道使用最多的是全长黏结的砂浆钢筋锚杆，这种锚杆一般不带锚头，通常采用先灌后锚式，即通过风动灌浆器向锚杆孔中灌注水泥砂浆（最好为早强水泥砂浆），然后插入锚杆使之与围岩黏结在一起，让杆体牵制围岩的变形，以达到提高围岩稳定性和减少围岩变形的目的。砂浆锚杆的特点是在整个钻孔壁上岩体与杆体紧密连接，具有较高的锚固力，抗冲击和抗振动性能好，对围岩的适应性强，价廉、施作简单，适用于围岩变形量不大的各类地下工程的永久系统支护。

混合式锚杆（见图 4-4）是一种端部锚固方式与全长黏结式锚固方式相结合的锚杆，既可以施加预应力，又具有全长黏结式锚杆的优点。当锚杆较长时，采用先灌浆后插锚杆的安装方式会遇到很大困难，采用混合式锚固可以先把锚杆锚固在岩孔中，再灌浆黏结。但它的安装施工较复杂，一般用于大体积、大范围工程结构的加固，如高边坡、地下洞室等。

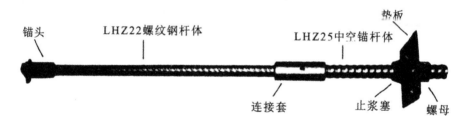

图 4-4 混合式锚杆

当隧道通过软弱围岩、破碎带、断层带、有水地段时，机械式锚杆容易失效，全长黏结式砂浆锚杆施工不便，且不能及早提供支护能力，而摩擦式锚杆则可立即提供抗力，能对围岩施加三向预应力，韧性好。摩擦式锚杆有开缝管式摩擦锚杆和膨胀管式摩擦锚杆两种。其中，开缝管式摩擦锚杆由前端冠部制成锥体的开缝钢管杆体、挡环及托板。由于开缝管式摩擦锚杆的外径一般比软质围岩钻孔直径大 1~2 mm，当开缝管式摩擦锚杆打入围岩钻孔后，管体受到挤压，围岩钻孔壁产生弹性抗力，钻孔与锚杆体之间产生摩擦阻力，能够阻止围岩的松动、变形。

二、锚杆钻孔施工技术要求

（一）孔位允许偏差

孔位应根据设计要求和围岩情况作出标记，孔位允许偏差为±15～50 mm。

（二）钻孔方向

宜沿隧道周边径向钻孔，但钻孔不宜平行于岩层层面。

（三）钻孔深度

锚杆的钻孔深度，应符合下列规定：

①砂浆锚杆钻孔深度偏差不宜大于±50 mm；

②开缝管式锚杆钻孔深度不得小于杆体有效长度；

③楔缝式锚杆钻孔深度不应大于杆体有效长度+30 mm；

④锚杆钻孔应保持圆而直，钻孔方向宜尽量与岩层主要结构面垂直。

（四）锚杆孔径应符合的规定

①水泥砂浆锚杆孔径，应至少比杆体直径大15 mm。

②缝管式摩擦锚杆孔径，应根据设计要求并经过试验确定，锚杆管径与孔径差值的大小，是根据锚杆的管径、长度以及围岩软硬程度而定的，一般应根据现场试验的拉拔结果选择合理的钻头直径，钻头直径应较缝管外径小1～3 mm。开缝管式摩擦锚杆的锚固力与孔、管径差的关系是：径差小，锚杆安装推进阻力小，锚固力也较小；径差大，锚杆安装推进阻力大，锚固力也较大。另外，施工中还应根据钻头磨损导致孔径缩小的影响确定径差。

③楔缝式内锚头锚杆孔径应根据围岩条件及楔缝张拉度确定。一般对于坚硬岩体，楔块的楔角 $d=8°$ 左右为好；对于较软岩体，楔角 $d \leqslant 8°$ 为好。其

他尺寸可根据对锚固力的影响关系及先行试验数据合理选择，否则应修改设计参数，直到满足锚固力的要求为止。

（五）锚杆施工的一般规定

①隧道工程坑道开挖后，应及时安设锚杆，确保施工安全。

②一般宜先喷射混凝土，再钻孔安设锚杆。

③锚杆的孔位、孔径、孔深及布置形式应符合设计要求。

④锚杆杆体露出岩面长度不应大于喷层的厚度。

⑤应确保隧道工程辅助稳定措施中的锚杆施工质量符合设计要求。

三、普通水泥砂浆锚杆施工要点

普通水泥砂浆锚杆是以普通水泥砂浆作为黏结剂的全长黏结式锚杆，如图4-5所示。

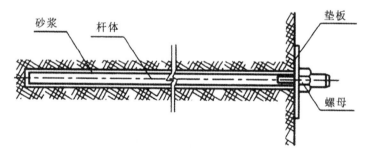

图 4-5　普通水泥砂浆锚杆

其施工要点如下：

砂浆强度等级不低于 M20；砂浆配合比一般为水泥：砂：水＝1：（1～2）：（0.38～0.45）。水灰比宜为 0.45～0.50，砂的粒径不宜小于 3 mm。

杆体材料宜用 20MnSi 钢筋，亦可采用 A3 钢筋；直径以 14～22 mm 为宜，长度以 2～3.5 m 为宜，为增加锚固力，杆体内端可以劈口叉开。

钻孔方向宜尽量与岩层主要结构面垂直。钻好孔后用高压水枪将孔眼冲洗干净（若是下钻孔，须用高压风吹净水），并用塞子塞紧孔口，以防止石砟或泥土掉入钻孔内。

锚杆及黏结剂材料制作应符合设计要求，锚杆应按设计要求的尺寸截取，外端不用垫板的锚杆应先制作弯头。

黏结砂浆应拌和均匀，并调整其和易性，随拌随用，一次拌和的砂浆应在初凝前用完。

注浆作业应遵守以下规定：先注浆后插杆体时，注浆管应先插到钻孔底；开始注浆后，徐徐均匀地将注浆管往外抽出，并始终保持注浆管口埋在砂浆内，以免浆中出现空洞；注浆开始或中途停止超过 30 min 时，应用水润滑注浆罐及其管路，注浆孔口的压力不得大于 0.4 MPa；注浆时应堵塞孔口，注浆管应插至距孔底 5～10 cm 处，随水泥砂浆的注入缓慢匀速拔出，随即迅速将杆体插入，若孔口无水泥砂浆溢出，应将杆体拔出重新注浆；锚杆杆体宜对中插入，插入后应在孔口将杆体固定，锚杆杆体插入孔内的长度不宜小于设计规定；注浆体积应略大于需要体积，将注浆管全部抽出后迅速插入杆体，并可锤击或通过套筒用风钻冲击，使杆体强行插入钻孔；杆体插入孔内的长度不得短于设计长度的 95%，实际黏结长度亦不应短于设计长度的 95%。注浆是否饱满，可根据孔口是否有砂浆挤出来判断；杆体到位后，要用木楔或小石子在孔口卡住，防止杆体滑出；砂浆未达到设计强度的 70%时，不得随意碰撞，一般规定 3 天内不得悬挂重物；锚杆安设后，不得随意敲击。

四、早强水泥砂浆锚杆施工要点

早强水泥砂浆锚杆的施工与普通水泥砂浆锚杆的施工基本相同，不同的是早强水泥砂浆锚杆的黏结剂是由硫铝酸盐早强水泥、砂、Ⅱ型早强剂和水组成的。因此，它具有早期强度高、承载快、安装较方便等优点，可弥补普通水泥砂浆锚杆早期强度低、承载慢的不足。尤其是在软弱、破碎、自稳时间短的围岩中，使用早强水泥砂浆锚杆能显示出其优越性。

另外，以树脂或快硬水泥作为黏结剂的全长黏结式锚杆也具有以上优点，但因费用高，所以在一般隧道工程中较少使用。

早强水泥砂浆锚杆的施工，除应遵守前述普通水泥砂浆锚杆的施工规定外，在注浆作业开始或中途停止超过 30 min 时，应测定砂浆坍落度，其值小于 10 mm 时不得注入罐内使用。

早强水泥砂浆锚杆，采用硫铝酸盐早强水泥所掺入的早强剂具有早强、缓凝、减水与防锈的效果，其掺量是：亚硝酸钠掺量为 1%～3%，缓凝型糖蜜减水剂掺量为 0.2%。

五、早强药包锚杆施工要点

早强药包锚杆是以快硬水泥卷，或早强砂浆卷，或树脂卷作为内锚固剂的内锚头锚杆，其施工除应遵守普通水泥砂浆锚杆的施工规定外，还应符合以下规定：

①药包使用前应检查，要求无结块、未受潮。药包的浸泡宜在清水中进行，随泡随用，药包必须泡透。

②药包应缓慢推入孔底，不得中途爆裂，应配备专用的装药包工具。

③药包直径宜较钻孔直径小 20 mm 左右，卷长度一般为 20～30 cm。锚杆杆体插入时应注意旋转，使药包充分搅拌。锚杆药包主要有硅酸盐与硫酸盐两个系列，分速凝型、早强型、早强速凝型三种。

④锚杆药包也可自行生产。中国铁道科学研究院集团有限公司研制并生产的 ZM-2 型早强锚杆药包，采用硫铝酸盐水泥加速凝剂和阻锈剂，属速凝早强型。速凝剂含锂盐，具有速凝早强作用，掺量为 4%～6%。阻锈剂为亚硝酸钠，掺量为 0.5%。药包的浸水时间是施工的关键，应根据产品试验确定，一般为 1～

2 min。

⑤采用快硬水泥卷内锚头锚杆的施工要点：钻眼要求同前所述，但孔眼应比锚杆长度短 4～5 cm；用直径 2～3 mm、长 150 mm 的锥子，在快硬水泥卷端头扎两个排气孔，然后将水泥卷竖立放于清洁的水中，保持水面高出水泥卷约 10 cm；浸水时间以不冒气泡为准，但不得超过水泥的初凝时间，可作浸水后的水灰比检查；将浸好水的水泥卷用锚杆送到眼底，并轻轻捣实，若中途受阻，应及时处理，若处理时间超过水泥终凝时间，则应换装新水泥卷或钻眼作废；将锚杆外端套上连接套筒（带有六角旋转头的短锚杆，断面打平后对中焊上锚杆螺母），装上搅拌机（如 TJ-9 型），然后开动搅拌机，带动锚杆旋转搅拌水泥浆，并用人力推进锚杆至眼底，再保持 10 s 的搅拌时间（搅拌时间为30～40 s）；轻轻卸下搅拌机头，用木楔楔紧杆体，使其位于钻眼孔中心处，自浸水后 20 min，快硬水泥具有足够的强度时，再用扳手卸下连接套筒（一般可以多准备几个套筒周转使用）。

⑥接排采用树脂药包时，还应注意：搅拌时间应根据现场气温决定，20 ℃时固化时间为 5 min；温度每下降 5 ℃，固化时间大约会延长 1 倍，即 15 ℃时为 10 min，10 ℃时为 20 min。因此，地下工程在正常温度下，搅拌时间约为 30 s，当温度在 10 ℃以下时，搅拌时间可适当延长为 60 s。

六、管缝式摩擦锚杆施工要点

管缝式锚杆可根据需要和机具能力，选择不同直径的钻头和管径，通过现场试验确定最合理的径差。其杆体一般要求材料具有较高的弹性极限。

采用一般风动凿岩机时应配备专用冲击器，宜随钻眼随安设锚杆，也可集中钻孔、集中安设锚杆，此时不得隔班、隔日安设锚杆，凿岩机的工作风压不应小于 0.4 MPa。

安设锚杆前应吹孔，并核对孔深是否符合设计要求，安设前应检查风压，风压不得小于 4 MPa。

安装时先将锚杆套上垫板，将带有挡环的冲击钎插入锚管内（锚杆应在锚管内自由转动），锚杆尾端套入凿岩机或风镐的卡套内，锚头导入钻孔，调正方向、开动凿岩机，即可将锚杆打入钻孔内，至垫板压紧围岩为止。停机取出钎杆即完成。2.5 m 长的锚杆一般用 20～60 s 即可安装一根。

在安设推进锚杆的过程中，要保持凿岩机、锚杆、钻孔的中心线在同一轴线上，在推进凿岩机的过程中，适当放水冷却冲击器。锚杆推到末端时，应降低推进力，当垫板抵紧岩石时应立即停机，以免损坏垫板和挡环。

若作为永久支护，则应作防锈处理，并灌注有膨胀性的砂浆。

七、楔缝式锚杆施工要点

在安设锚杆前，应将楔子与锚杆组装好，送入孔内时不得偏斜。楔缝式锚杆的安装是先将楔块插入楔缝，轻轻敲击使其固定于缝中，然后插入眼底，并以适当的冲击力冲击锚杆尾，至楔块全部插入楔缝为止。打紧楔块时应注意丝扣不被损坏。为了防止杆尾受冲击力发生变形，可采用套筒保护。

一般要求锚杆具有一定的预张力，可采用测力矩扳手或定力矩扳手来拧紧螺母，以控制锚固力。楔缝式锚杆安设后应立即上好托板，并拧紧螺母。

若要求在楔缝式锚杆的基础上再注浆加固，则除按砂浆锚杆注浆外，应在砂浆初凝前使锚杆具有相应的预张力，并注意减少砂浆的收缩率。

若只要求作为临时支护，则可改楔缝式锚杆为楔头式锚杆或胀壳式锚杆。楔头式锚杆及胀壳式锚杆的杆体均可以回收，但锚头加工制作较复杂，故一般多应用在煤矿或其他坑道中。

第二节 钢拱架的构造、制作、安设及施工

在围岩软弱破碎较严重、自稳性差的隧道地段（Ⅳ～Ⅵ级围岩中的软岩），坑道开挖后要求早期支护必须具有较大的刚度，以阻止围岩过度变形和承受部分松弛荷载。钢拱架具有整体刚度较大的力学性能，可以提供较大的早期支护刚度；钢架支撑可以很好地与锚杆、钢筋网、喷射混凝土合理组合，构成联合支护，增强支护功能，且受力条件对隧道断面变形的适应性好。

一、钢拱架的构造和制作

（一）钢拱架的构造

用作支护结构的钢拱架的形式较多，可采用 H 形、V 形钢，工字钢，钢管或钢轨加工制作的支护钢架。一般在现场采用钢筋加工制作的格栅钢拱架较多。

（二）钢拱架的制作

钢拱架一般在现场制作，采用冷弯或热弯加工焊接而成。钢筋格栅钢拱架的腹部八字单元可以在工厂压制，装运到隧道施工现场，按比例为 1：1 的胎模热弯加工及焊接或铆接而成。钢拱架加工后要进行试拼，拼装允许误差为沿隧道周边轮廓线的误差不应大于±3 cm，平面（翘曲）误差应小于±2 cm。接头连接要求采用冷弯、冷压、热弯、热压、电焊加工制作钢拱架构件时，要求尺寸准确、弧形圆顺、结构安全可靠；钢拱架的截面尺寸应满足强度、刚度稳

定性的要求，故应按设计计算要求进行选材、加工、制作及检算验收等。

二、钢拱架的安设与施工

（一）钢拱架的安设

钢拱架应按设计位置安设，钢架之间必须用钢筋纵向连接，拱脚必须放在特制的基础上或原状土上，钢拱架与围岩之间应尽量接近，留 2～3 cm 间隙作为保护层，在安设过程中当钢拱架与围岩之间有较大的间隙时，应设垫块垫紧。

钢拱架应垂直于隧道中线，上下左右偏差应小于±5 cm，钢拱架倾斜度应小于±2°。当拱脚高程不准确时，不得用土回填，而应设置钢板调整，使拱脚位于设计高程位置；钢拱架的安设应在开挖后 2 h 内完成；拱脚高度应设在低于上半断面底线以下 15～20 cm；当承载力不足时，钢拱架向围岩方向可加大接触面积。

（二）钢拱架的施工

第一，钢拱架应位于隧道横向竖直平面内，其垂直度允许误差为±2°。

第二，钢拱架的拱脚应有一定的埋置深度，并必须落到原状土上，才能保证拱脚的稳定（沉降值很少）。一般可以采取用垫石、垫钢板、纵向加托梁或锁脚锚杆等措施。

第三，钢拱架的截面高度应与喷射混凝土厚度相适应，一般为 10～20 cm，且要有保护层，应在初喷混凝土后安装钢拱架，初喷混凝土厚度约为 4 cm。钢拱架应尽可能多地与锚杆露头及钢筋网焊接，以增强其联合支护的效果。

第四，可缩性钢拱架的可缩性节点不宜过早喷射混凝土，应待其收缩合拢后，再补喷混凝土。

第五，在喷射混凝土时，应注意将钢拱架与岩面之间的间隙喷射饱满，达到密实。

第六，混凝土应分层、分次、分段喷射完成，初喷混凝土应尽早进行"早喷锚"，复喷混凝土应在量测指导下进行，以保证混凝土的复喷适时、有效等。

第三节　铁路隧道超前支护施工

一、超前支护施工控制要点

在铁路隧道开挖施工中，支护是极为重要的环节。在超前支护操作阶段，施工单位需要以施工方案作为依据，根据铁路隧道施工现场的地质条件，认真进行勘查和分析。同时，对工程现场的施工情况进行实时监测，对开挖面的情况有所了解，明确其稳定性能否满足隧道工程建设的标准。在正式施工期间，应结合施工前期勘查获得的数据资料，对建设场地地基土进行拟建，涵盖砂质黄土、冲积砂质黄土等。因为隧道工程施工比较特殊，施工环境非常恶劣，存在很多不良地质，如破碎带等，从而增加了工作难度，影响了施工效率。通常，对超前支护施工作业，应用导管注浆方式，促进施工效果的提升。在对小导管材料进行选择时，直径参数应控制在 40 mm 左右，长度尽可能控制在 2.5～3 m，搭接长度在 1.5 m。在对浆液材料进行选择应用时，要将地质条件作为参考依据，保证材料应用的合理性。此外，在作业阶段，应加大试验力度，科学地对浆液进行配比，以便所应用的材料都能与铁路隧道施工建设标准和需求相一致。

二、超前长管棚施工

（一）管棚布置

洞口段超前长管棚采用每节长 5 m 的 ϕ108 mm 热轧无缝钢花管，壁厚均为 6 mm，布置于隧道拱部。管棚外插角为 3°，环向间距为 40 cm。

（二）施工工艺

超前长管棚施工工艺流程详见图 4-6。

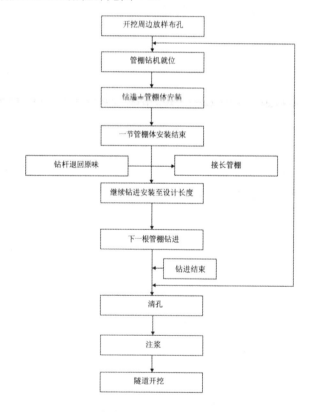

图 4-6　超前长管棚施工工艺流程

根据管棚施工的机械设备情况，在开挖至管棚施工段时，预留下台阶不开挖，作为管棚和混凝土导向墙施工平台。施工平台宽度为 2.5 m，高度为 2.0 m，平台两侧宽度为 1.5 m。

三、超前小导管施工

（一）小导管结构

小导管前端加工成锥形，以便插打，并防止浆液前冲。小导管中间部位钻 $\phi6$ mm 的注浆孔，注浆孔呈梅花形布置（防止注浆出现死角），间距为 15 cm，尾部 1 m 范围内不钻孔以防漏浆，末端焊直径为 6 mm 的环形箍筋，以防打设小导管时端部开裂，影响注浆管的连接。

（二）小导管布置

超前小导管采用 $\phi42$ mm、壁厚 3.5 mm 的热轧无缝钢管；纵向水平搭接长度为 1.0 m，外插角为 10°～15°。

（三）施工工艺

1.钻孔

先将小导管的孔位用红漆标出，钻孔的方向垂直于开挖面，仰角为 10°～15°。采用风枪或凿岩台车成孔。钻孔钻进避免钻杆摆动，保证孔位顺直。钻至设计孔深之后，用吹管将碎渣吹出，避免塌孔。

2.顶管

在钻孔内插入钢花管，在管尾后段 30 cm 处，将麻丝缠绕在管壁上呈纺锤状，并用胶带缠紧。开动钻机，利用钻机的冲击力将钢花管顶入围岩中，钢管顶进长度不小于 90%管长。

3.固定

顶管至设计孔深后,用水泥、水玻璃胶泥将钢花管与孔壁之间的缝隙封堵住。孔口露出喷射混凝土面 30 cm,安装钢拱架后与拱架焊接在一起。

第四节　铁路隧道衬砌施工

一、铁路隧道衬砌施工的一般规定

①铁路隧道衬砌施工时,其中线、高程、断面尺寸和净空大小均须符合铁路隧道设计要求。

②模筑衬砌的模板放样时,允许将设计的衬砌轮廓线扩大 5 cm,确保衬砌不侵入铁路隧道建筑限界。

③在严寒地区,整式衬砌、锚喷衬砌或复合衬砌,均应在洞口和易受冻害地段设置伸缩缝。衬砌的施工缝应与设计的沉降缝、伸缩缝结合布置,在有地下水的铁路隧道中,所有施工缝、沉降缝和伸缩缝均应进行防水处理。

④衬砌施工时,应与设计单位密切配合,对衬砌完成的地段,应继续观察和监测铁路隧道的稳定状态,注意衬砌的变形、开裂、侵入净空等现象,并作出长期稳定性评价。当在施工中发现工程地质及水文地质情况与设计文件不符,需进行变更设计时,应履行正式变更设计手续。

⑤凡属隐蔽工程,经质量检查验收合格后,方可进行隐蔽工程作业。

二、铁路隧道衬砌施工要点

（一）整体式衬砌施工要点

1.施工前的准备工作

在整体式衬砌施工开始前，应清理场地，进行中线和水平施工测量，检查开挖断面是否符合设计要求，对欠挖部分加以修凿，然后放线定位，架设衬砌模板支架或架立拱架等。同时，准备衬砌材料、机具，组织劳动力。

2.拱（墙）架与模板施工

整体式衬砌拱（墙）架的间距应根据衬砌地段的围岩情况、铁路隧道宽度、衬砌厚度及模板长度确定，一般可取 1 m，最大不应超过 1.5 m。

整体式衬砌所用的拱架、墙架和模板宜采用金属或其他新型模板结构，应式样简单、装拆方便、表面光滑、接缝严密，有足够的刚度和稳定性。

在整体式衬砌施工中，根据不同施工方法，可使用衬砌模板台车或移动式整体模架，并配备混凝土泵车或混凝土输送器浇筑衬砌。中、小长度铁路隧道可使用普通钢模板或钢木混合模板。

当围岩压力较大时，拱（墙）架应增设支撑或缩小间距，拱架脚应铺木板或方木块。架设拱架、墙架和模板，应位置准确，连接牢固，严防走动，并应认真做好以下工作：

第一，拱架、曲墙架使用前应先在样台上试拼装，重复使用时应注意检查，如有变形超限应及时修理、调整。在拱架外缘沿径向用支撑与围岩顶紧，以防止浇筑过程中拱架变形。

第二，架设前应按铁路隧道中线、高程及允许施工误差和预留沉落量，对开挖断面进行复核，围岩突出部位应清除、整修。

第三，模板接头应整齐、平顺。

第四，挡头板应按衬砌断面制作，挡头板与围岩岩壁间隙应嵌堵紧密。

第五，拱架应在垂直于铁路隧道中线方向架设。架设的夹板、螺栓、拉杆等应安装齐全。

第六，考虑到测量和施工都有误差，以及浇筑混凝土时拱脚内挤，为保证设计净空，拱架（包括模板）的拱脚每侧应加宽 5～10 cm，拱顶应加高 5 cm。

第七，拱架一般多采用钢拱架，用废旧钢轨加工制成。模板也逐渐用钢模代替木模。钢拱架的间距由地质条件、衬砌厚度、拱架质量等因素决定，一般为 1.0 m。

第八，要检查钢拱架的尺寸，并检查模板是否清洗干净、接头是否严密、拱脚基底是否平整等。立墙架时应做好以下工作：采用先墙后拱法施工，按铁路隧道中线确定墙架位置；采用先拱后墙法施工，经复核检查拱部中线及净空无误后，可由拱脚挂线定位；立墙架时，检查墙基高程；不得利用墙架兼作脚手架，防止模板走动变形及脱落。

（一）二次衬砌混凝土施工要点

二次衬砌混凝土施工应符合下列要求：

①混合料必须同时输入搅拌机。

②采用混凝土搅拌楼、搅拌车及泵车送混凝土时，输送混凝土时不得停拌，自混凝土进入拌和机至卸出的时间，不得超过混凝土初凝时间的一半。

③支护基本稳定后，应及时修筑二次衬砌，当混凝土强度达到 2.5 MPa 时即可脱模。

第五章 铁路隧道施工技术管理

第一节 复杂地质条件下

铁路隧道施工技术

复杂地质条件是指地球地质构造、地球物理特征、地貌形态、地质历史等具有多样性和复杂性，通常存在许多不同地质现象，以及多样的岩石类型和地层组合。复杂地质条件可能涉及以下几个方面：

地壳是地球最外层的固体壳层，包括陆地地壳和海洋地壳。某些地区的地壳构造非常复杂，存在多个地壳板块的碰撞、挤压、极限带和断层等现象，如地震带的存在和山脉的形成。

地球的内部由核心、地幔和地壳组成，每个部分都具有不同的物理特征和化学组成。复杂地质条件可能涉及地球内部构造的复杂性，如地幔对流、地幔柱、地表板块构造等。

地球的地质历史是指地球上各种地质过程和事件的演化和变化。某些地区具有复杂的地质历史，经历了多次地质作用，如火山喷发、岩浆侵入、变形和隆升等，形成了多样的岩石类型和地层序列，使地质条件更加复杂。

一、不同地质条件下的铁路隧道施工技术

（一）岩溶条件下的施工技术

岩溶地貌也被称为喀斯特地貌，地表径流与地下水持续对可溶性岩石施加化学溶蚀作用，有可能引发突泥、塌陷与突水等问题，进而影响到工期进度，存在安全隐患。工程现场存在岩溶地质条件时，需要根据现场地质勘查报告，组合采取引排、堵塞、跨越、绕行等施工技术。

第一，引排技术适用于溶洞存在水流的工程背景，需要明确掌握水源流向情况与分布位置，在溶洞与暗河部位设置暗管、小桥、泄水洞等排水设施，直接将溶洞内部水流排出洞外，或是通过引水槽将洞内水流引至隧道底部进行引排处理。

第二，堵塞技术适用于溶洞无水条件和停止发育的铁路隧道工程，正确掌握溶洞内部情况，在洞内灌注适量的混凝土浆料或回填十砌片石进行封闭处理，必要时对边墙基础结构进行加深处理，对岩石破损较为严重的溶洞进行锚喷支护。

第三，跨越技术多用于溶洞面积与深度较大的铁路隧道工程，在稳定基岩部位安装梁端和拱座，使得铁路隧道结构跨越溶洞部位，如果溶洞内部存在流水，则在隧道底部修筑浆砌片石支墙起到支承作用，在墙内设置涵管用于引排溶洞内部流水。

第四，绕行技术多用于岩溶地质问题过于复杂的工程中，对方案中的铁路隧道走向加以调整，使隧道迂回绕过岩溶区域，并在隧道施工期间同步处理溶洞问题，综合分析溶洞形状、地下水流通情况、面积大小等因素来制订相应的处理方案。

（二）浅埋偏压条件下的施工技术

当工程现场存在浅埋偏压地质条件时，如果采取常规的铁路隧道施工技术，由于隧道埋设值较小，加之上部覆盖层较薄，有可能出现地层严重变形的现象，进而引发地面塌方、地面位移等工程事故，不利于隧道独立成拱作业的开展。因此，对于浅埋偏压地质条件，需要在铁路隧道施工方案中同时采取洞外处理措施和洞内处理措施。

洞外处理措施包括削坡排水、减载反压、地表注浆、围护支挡、地表砂浆锚杆、管棚超前支护、回填反压平衡等。例如，管棚超前支护是指沿隧洞开挖面在上半断面四周设置厚壁钢管、搭设钢拱架来形成临时性承载棚支护结构，在厚壁钢管内灌注适量水泥砂浆，起到抑制围岩松动、降低地表沉降量的作用，适用于现场存在软弱围岩等复杂地质条件的工程中。而回填反压平衡是指在沿偏压段隧道外纵向修筑挡土墙体，在隧道和挡土墙体间隔部位回填、夯实土石，从而起到控制隧道两侧土压力偏差值、预防山体滑坡问题出现的作用，适用于隧道进出口段存在偏压条件的铁路工程。具体的技术参数需要结合工程情况与地质条件来设定，如在应用地表砂浆锚杆法时，采取破裂面法进行计算，根据计算结果来设定加固宽度、纵向加固范围、拱部加固与两侧加固深度、锚杆长度与间距等参数。

洞内处理措施包括隧道分部开挖、注浆加固与模筑衬砌等，旨在最大限度地减小偏压地质条件对隧道施工及结构稳定性造成的影响，以及改善隧道结构与地基的承载性能。例如，隧道分部开挖是指将大断面开挖任务分解为若干小断面开挖任务，采取台阶法、单/双侧壁导坑法等施工方法，按顺序先后开挖隧道偏压一侧与另一侧部位，分阶段开展隧道开挖作业，以此来减小隧道开挖活动对围岩结构造成的扰动。注浆加固是指根据铁路隧道结构情况，在隧洞结构上设置若干数量的注浆孔，在孔内持续注入水泥砂浆或混凝土，重点控制注浆厚度和注浆范围，待浆液凝结固化后，即可起到隧洞加固的作用。而模筑衬砌是指在边墙施工完毕后于隧洞内部支设拱架或模板结构，在其基础上修筑隧道衬砌，使其形成闭环回路，起到承受外部围岩压力与上部荷载的作用。应根据现场情况选择具体的衬砌结构形式，如在围岩压力较大时采用钢筋混凝土衬砌结构，在铁路隧道采用全断面开挖工艺时则选取整体灌注混凝土衬砌结构。

（三）软弱围岩条件下的施工技术

当工程现场存在软弱围岩地质条件时，施工面临的主要难题为土层松软且围岩结构稳定性差，受施工扰动，有可能出现洞口堵塞、地表塌陷与裂缝、洞顶仰坡坍塌等工程事故。早期铁路隧道工程中普遍采取黏土填充、设置截水沟等处理措施，但实际处理效果并不理想。因此，针对软弱围岩地质条件，可采取环形导坑法、交叉中隔壁法（CRD 法）和短台阶七步平行流水作业工法。其中，环形导坑法指是先完成隧洞口处浅埋段施工任务，沿铁路隧道环状轮廓线开挖高度在 2.5 m 左右的导坑，并在施工初期搭设支护结构，按照"循环进尺"方法，依次开展上台阶开挖、左右墙开挖支护、下台阶开挖、仰拱开挖浇筑与全断面衬砌作业。交叉中隔壁法主要用于铁路隧道穿越断层破碎带部位和滑坡地段，根据现场情况，将铁路隧道断面分割为若干数量的小工作面，对各处工作面进行封闭处理，搭设环形支护结构，以起到隧道拱部下沉控制和收敛控制的作用。而短台阶七步平行流水作业工法将铁路隧道施工过程分解为七个步骤，依次开展隧道拱部上部断面开挖支护、拱部下半断面作业、右侧开挖支护、边墙左侧开挖支护、边墙右侧开挖支护、仰拱开挖施作封闭环、全断面整体二次衬砌作业。与其他工法相比，这项工法的开挖、支护形式较为灵活，可以根据工程现场情况选择最佳方式。此外，在工程现场存在软弱围岩地质条件的施工背景下，还需要重点控制洞口段与正洞施工质量，采取相应处理措施。例如，在铁路隧道洞口段施工环节，如果存在洞口埋深值小、围岩不具备自然拱起条件的情况，应采取套拱方法，提前清理仰坡部位，对仰坡进行封闭处理，打入超前锚杆并挂靠钢筋网，设置大拱脚来支撑开挖外侧轮廓线，起到围岩加固的作用。

（四）地表滑坡条件下的施工技术

针对地表滑坡问题，需要综合采取滑坡病害整治措施，具体包括锚杆加固、裂缝处理、地表平整。其中，锚杆加固措施是在隧道衬砌结构上钻设若干数量的孔洞，在洞内打入多节锚杆，采取螺栓连接方式连接相邻节段的锚杆，向孔内高压灌注水泥浆，直至垫板及螺母完全嵌入泥浆中，再使用速凝膨胀水泥混凝土对锚杆尾部进行嵌补处理。裂缝处理措施是对隧道结构及周边地层的裂缝分布情况加以调查，根据裂缝宽度和深度，采取表面封闭法或内部修补法进行处理。表面封闭法是指在宽度不超过 5 mm 的裂缝表面均匀涂刷环氧树脂砂浆，内部修补法是指在宽度超过 5 mm 的裂缝内部高压灌注环氧树脂浆液，再使用膨胀水泥对裂缝表面进行嵌补处理。而地表平整措施是对工程现场地表分布的低洼、错台等区域开展夯实整平与回填作业，用于提高地表平整度、结构稳定性和土层压实度，避免地表土层因承受过大上部荷载和受施工扰动而出现沉降、塌方现象。此外，还可选择对铁路隧道的进洞施工技术进行优化，采取抗滑桩施工、偏压墙施工、分布台阶开挖、双层注浆小导管施工、明洞施工、超前大管棚施工等措施。

（五）膨胀性围岩条件下的施工技术

膨胀性围岩有着土体强度随外部环境气候条件发生变化的特征，有可能出现浸水膨胀、风化开裂、围岩变形、洞壁位移等现象。例如，当膨胀性围岩结构吸收过量水分、长时间浸泡在水中时，岩体将在干湿交替期间出现吸水膨胀与失水收缩现象，使得围岩结构状态由块间联结改变为裂隙结合，从而丧失一部分强度，最终破坏结构稳定性，产生压力叠加作用。在这一工程背景下，应根据地质勘查报告来确定施工思路，如根据围岩贮存应力值来选取施工方法、设定结构支护参数，并遵循"围岩加固、改善洞形、先柔后刚"的施工原则。其中，在围岩加固方面，可采取预应力锚杆、自进式锚杆的支护方法，严格控制锚杆长度，使锚杆长度超过塑性区厚度。而在改善洞形方面，采取增大边墙及仰拱曲线率的方法，将铁路隧道开挖断面轮廓保持为圆形。

二、复杂地质条件下的铁路隧道施工策略

（一）做好现场地质勘查工作

目前来看，在部分铁路隧道工程中，普遍存在隧道施工技术选择不当、未采取有效施工措施的现象，归根结底，问题在于现场地质勘查工作开展得不到位，勘查报告没有真实、全面地反映工程现场水文地质条件，对后续施工技术方案的制订产生了一定的误导。因此，必须着重提高现场地质勘查工作质量，做好技术、设备、人员层面的准备工作。

在技术准备层面，测绘单位应积极引进全新的工程地质勘查技术手段，包括使用 GIS（地理信息系统）、GPS（全球定位系统）、RS（遥感）等技术，从而更为准确、直观地描述工程现场地层构造与水文地质条件，锁定岩溶、软弱围岩、地表滑坡等复杂地层的具体位置及分布范围，提高图像清晰度和分辨率。

在设备准备层面，既要配置功能完善的新型经纬仪、激光测距仪等测量设备，凭借精密仪器的性能优势来提高地质勘查质量，减小测量误差；同时又要做好仪器设备的调试检查和维护保养工作，发现并解决设备的隐性故障，始终维持仪器设备的最佳运行状态，如在工程地质勘查前后重复开展设备维护保养工作。

而在人员准备层面，须预先做好勘查人员的专业培训、技术交底工作，重点培育勘查人员的实践工作能力，使其积累工作经验，深入了解全新勘查技术和掌握新型仪器设备的正确操作方法。

唯有如此，方可最大限度地减少各方面因素对工程地质勘查成果质量造成的影响，为铁路隧道施工技术选择和施工方案优化提供准确依据。

（二）做好施工过程监管与监控量测

在复杂地质条件下开展铁路隧道施工，将面临外部环境变量因素多、现场环境过于复杂、人员往来频繁和密集分布的施工难题，存在质量安全隐患。例如，在工程现场存在岩溶、地表滑坡等复杂地质条件时，尽管采取了相应的处理措施，但由于受到施工扰动因素影响，仍有可能会出现隧洞坍塌、滑坡等工程事故。同时，施工人员出现违规操作行为也会影响到隧洞结构稳定性和施工质量。因此，需要在铁路隧道施工期间做好施工过程监管与监控量测工作。

一方面，由管理人员协同监理工程师，组合采取远程监控、旁站监理和现场巡查等方式，对铁路隧道施工过程进行监督管控，确保施工技术方案得以有效落实。例如，在隧洞内部采取注浆加固技术时，检查注浆层厚度、注浆角度、注浆压力、注浆孔数量等参数是否符合方案内容，要求施工班组对不达标部位进行返工处理。同时，及时纠正违规操作等不规范行为，追究相关人员责任，向施工人员提供现场技术指导，并在出现地表滑坡、隧洞坍塌、围岩松动变形等突发事件时维持现场秩序，将问题上报反馈，必要时组织人员及施工设备退场。

另一方面，为及时发现无法通过肉眼观察到的环境变量因素，施工单位要组合采取监控量测与信息反馈技术，在现场布置若干数量的测点，在施工期间持续观测围岩结构、隧洞结构的稳定状态，以及地表沉降量等参数，用于评估施工效果和现场情况。当实时观测值超过质量控制范围时，系统将自动发送报警信号，施工单位要根据出现的突发事件采取相应措施，包括额外采取围岩结构与隧洞结构的加固措施、调整铁路隧道施工技术方案等。

（三）做好通风管理

在铁路隧道施工期间，为追赶工期进度，往往会应用到钻爆法等施工技术，在岩体结构中钻设孔洞、装入起爆药包，从而改变岩体结构。在钻爆施工期间，会产生一些有毒、有害气体，现场环境情况较为复杂，有可能出现现场人员吸入过量有毒气体等安全事故。因此，必须在隧道施工期间做好现场通风管理工作，组合采取机械通风以及自然通风的形式，在现场安装风机设备，持续向隧道结构中吹入新鲜空气，及时排出有毒、有害气体。此外，当遇到瓦斯环境时，隧道围岩结构上会游离一些瓦斯气体，瓦斯与明火接触时易造成爆炸，存在安全隐患。因而在铁路隧道施工前，必须做好现场地质勘查工作，如果隧道施工现场周边区域分布煤层与瓦斯气体，应依次开展工作面瓦斯含量测定、瓦斯气体来源分析工作，采取加强隧道通风、安装防爆型洞内照明与配电设备、改进隧道开挖方法等措施。例如，某铁路隧道工程在开挖期间出现瓦斯异常涌出的情况，工作面揭露出煤矸石夹层，少量瓦斯沿围岩结构破损部位向外涌出，检测发现，工作面拱顶部位瓦斯浓度超过 1.65%。施工单位就此采取加大隧道通风量、使用侧壁导坑开挖法取代全断面一次开挖法、使用细水泥砂浆并掺入适量水玻璃浆液来堵塞隧道围岩结构孔隙、在掌子面喷射混凝土层进行封闭的施工措施，在后续施工期间并未出现瓦斯泄漏问题，施工安全得到保障。

综上所述，为减小复杂地质条件对铁路隧道施工安全及质量造成的影响，更好地实现工程预期建设目标，保证施工活动顺利开展，施工单位应做好工程现场地质勘查与监控量测工作，重点监管施工过程，根据现场水文地质条件，对铁路隧道施工技术方案加以优化调整，选择最佳施工工法，持续推动铁路隧道施工技术体系的创新发展。

第二节　铁路隧道施工环节
常见缺陷及改进措施

铁路隧道施工工序较为复杂。铁路隧道工程施工作业涵盖多种工序与作业段，这些工序之间相互配合衔接，是确保隧道建设稳定实施的关键。此外，隧道作业区域的工作面十分狭窄，区域内部作业器械众多，开挖以及衬砌铺设环节涉及大规模进料、出渣等运输活动，这就使得现场施工难度进一步增加。此外，铁路施工工程的进度控制与质量控制标准较高，施工单位需结合现场作业环境以及施工建设标准，提前做好相关规划，但隧道作业具有很强的不可控性，作业段经常会出现突发危险，这也同样加大了施工作业安全管理的难度。

铁路隧道施工作业现场环境恶劣。在铁路隧道施工建设环节，岩层、水文等条件因素的变化将直接改变现场作业秩序。此外，隧道内部空间狭窄，无论是空气流动水平还是光照条件，均难以得到有效保障，这进一步加大了现场作业以及质量管理工作的难度。在隧道开挖环节，作业人员要对隧道坍塌、涌水、瓦斯泄漏等问题进行防范。一旦出现突发情况，就很容易造成施工人员伤亡，严重影响铁路隧道建设作业的整体发展。

在铁路隧道施工建设现场，衬砌背后脱空、衬砌密实度不足、施工缝破损或错台等问题时有发生。因此，工程建设者应采取更为有效的施工控制手段，尽可能提高建设环节的作业水平，避免因后续的缺陷修复而消耗大量时间与成本。

一、铁路隧道施工环节常见缺陷

（一）衬砌结构厚度不足或存在脱空以及密实度不足

导致衬砌结构厚度不足或脱空以及密实度不足等现象出现的因素有很多，依照铁路施工作业工序与技术应用现状，主要可分为以下几种：

1.隧道作业面爆破设计存在缺陷

在隧道开挖作业过程中，为保证建设进度，施工人员经常需要在作业掌子面进行爆破。一旦爆破设计存在缺陷，工程人员未能对作业面以及周边围岩的岩石结构进行精确分析，岩石完整度不足，或遭遇软弱围岩地段，而现场爆破管理人员来不及进行具体的参数调整，就很容易造成隧道开挖轮廓平整度较差，存在凹凸不平的现象。

2.初期支护技术不够规范

在隧道开挖环节，若工程团队对隧道初期支护工序的控制力度不够，支护技术不够规范，或喷射混凝土前未能进行测量复核，没有对欠挖部位进行有效处理，没有及时对隧道轮廓凹凸不平区域进行喷射混凝土处理，则后续衬砌铺设环节的质量与结构强度将很难保证。

3.防水板未能及时固定

隧道工程作业期间，若防水板固定强度不够，没有按照要求预留足够的松铺系数，则混凝土浇筑完成后，防水板与初支面之间的贴合度将会受到影响，密实度不足，最终影响隧道防水效果，破坏工程建设稳定性，甚至会造成隧道使用寿命削减。

4.混凝土浇筑控制不合理

隧道混凝土浇筑期间，工程人员应对浇筑技术进行科学管控，若未能按照要求进行振捣，或混凝土输送环节出现堵管现象，都会影响到混凝土浇筑质量。此外，当用混凝土浇筑隧道拱顶位置时，如果没有对混凝土坍落度进行调整，则拱顶位置的混凝土密实效果将受到影响，衬砌背后脱空问题将难以避免。

5.拱顶压浆作业控制不合理

在混凝土浇筑环节，拱顶压浆作业意义重大。若现场施工人员技术水平不足，作业经验欠缺，当混凝土浇筑到拱顶位置时，未能及时向混凝土拌和站提供相应的补方数据，或在未仔细分析的情况下主观认为已浇筑完成，则拱顶位置二衬厚度将无法满足设计规范，脱空现象随之出现。

6.过早拆管导致二衬脱空

二衬混凝土未初凝前，工程人员过早拆管，此时混凝土自身稳定性很差，拆管后混凝土将会下落并形成漏斗，这种作业行为也会导致二衬脱空问题。因此，应合理控制拆管时间，针对混凝土配比参数，做好初凝试验工作，依照现场作业环境选择更为合理的初凝时间点。

7.混凝土配合比不佳

在混凝土浇筑环节，不同位置的混凝土在水灰比以及坍落度等方面的要求存在一定差异，若混凝土施工配合比、水灰比超出设计规范，混凝土坍落度过大，或混凝土浇筑振捣不足，就会导致混凝土因自重下沉，其收缩形变也将超出工程质量标准，最终导致衬砌后部以及混凝土内部出现空隙。

8.混凝土内部空气未能及时排出

混凝土内部空气问题也是影响混凝土浇筑质量的关键因素，尤其是在拱顶浇筑期间，拱顶的混凝土所处的空间十分狭小，混凝土内部气泡很难通过常规手段排出，若施工人员未能采取有效措施，则混凝土内部空隙现象将普遍存在，无论是结构强度还是防水能力都将受到很大破坏。

（二）施工缝错台或破损

施工缝错台或破损也是当前铁路隧道施工的常见弊病。现场作业期间，施工缝位置未能按照要求设置钢筋，施工缝模板端头存在少筋问题，或是混凝土浇筑环节振捣控制不当，施工缝位置的混凝土密实度不满足要求，都会导致施工缝出现破损现象。此外，铁路隧道施工作业空间狭小，现场作业器械众多，若施工管理不当，则施工缝处理环节也很容易出现人为破坏问题。从技术以及现场作业角度分析，铁路隧道曲线下，衬砌台车与上一板二衬搭接时没有紧密贴合，或是工程人员在使用衬砌台车时没有进行精准定位与测量，在混凝土浇筑前也没有进行校核作业，则衬砌作业环节的精度控制将成为隐患。同时，模板台车固定不牢，混凝土浇筑环节也会出现模板移位现象，在此条件下，施工缝控制将很难满足初始预期与设计标准。

（三）隧道衬砌结构出现裂缝问题

在铁路隧道衬砌结构建设期间，导致衬砌结构出现裂缝的原因有很多，根据当前铁路隧道建设模式，可分为以下几种：

1.混凝土水化控制不佳

在混凝土浇筑后，伴随着水化反应的持续发生，混凝土内部将产生大量热能，混凝土水分散失速度加快，加之混凝土导热性能很差，很容易出现干缩裂缝与温度裂缝。

2.现场操作与施工技术存在问题

衬砌施工期间，若作业人员未能根据现场实际情况对混凝土配合比以及相关作业技术手段进行调整，或在混凝土输送环节随意加水，在混凝土浇筑过程中振捣不规范，就会导致混凝土自身性质出现改变，匀质性差。

二、铁路隧道施工环节常见缺陷的改进措施

（一）针对初期支护表面不平整区域进行改良

在施工建设环节，针对初期支护表面不平整区域，工程团队可采用混凝土喷射法进行修补，必要时可搭设锚杆、挂网等，确保混凝土喷射环节的作

业水平，并同步控制个别岩石突出现象，其欠挖数据不能超过 5 cm，从而保证后续防水板铺设工作的稳定进行，避免因隧道轮廓凹凸不平而出现衬砌背后脱空问题。

（二）改进二衬混凝土浇筑到拱顶位置时的技术工艺

二衬混凝土浇筑到隧道拱顶位置时，现场作业管理人员应及时调整混凝土坍落度，可采取液位继电法，在衬砌模板台车拱顶位置设置五组液位继电器防空洞装置，并沿着拱顶均匀布置。当衬砌混凝土浇筑到指定位置时，因混凝土自身也是一种导电材料，相连位置将会连通，液位继电器进入工作状态，配合声光报警器，可及时提醒现场工作人员。此外，在作业环节，可在拱顶位置设置观察孔，实时观察混凝土浇筑高度，帮助作业人员判断混凝土浇筑结束时间，并保证拱顶位置混凝土的填充效果。

（三）强化施工作业人员管理

工程建设经验表明，人为因素是导致铁路隧道施工出现质量问题的首要因素，因此建设单位应采取合理的奖惩措施，注重激发现场施工人员与管理人员的责任心，增强他们的质量意识。例如，在衬砌作业期间，若后续质量审查环节未发现任何质量问题，则建设单位应给予现场工作团队一定的奖励，反之则要给予必要的惩罚，以经济利益为切入点，让铁路隧道现场作业的每一名人员均具备必要的规范理念与作业积极性，尽可能减少因隧道出现缺陷而产生的后期处理工作量。

（四）针对部分作业缺陷进行科学处理

①铁路隧道作业期间，若部分区域存在欠厚或强度不足的问题，则质量审查人员应根据具体的欠厚程度，实施分级验证，以确保隧道整体结构强度与使用功能为最终目标，在修复缺陷的同时，避免出现衬砌大量拆换现象。

②针对衬砌背后脱空以及密实度不足的作业区域，若判定为二衬欠厚或强度不满足设计规范，则要进行拆除作业。若拱顶位置存在脱空现象，则衬砌拆除时应以拱顶144°为标准范围，对旧混凝土进行拆除，并重新进行混凝土浇筑，确保其厚度与结构强度满足标准。如果存在二衬欠厚，但是混凝土强度满足设计标准，衬砌背后存在脱空、空洞，则工程人员可通过注浆补充处理，若发现空洞体积超过 1.5 m³，则要依照工程所处区域的地质状况以及工程建设标准，具体制定改进与补充措施。

③隧道施工冷缝存在缺陷时，其处理方式应根据混凝土结构以及冷缝储量进行判定。如果衬砌拱顶位置存在一条施工冷缝缺陷，则应依照非结构性缝隙整治方案进行优化。若存在两条或两条以上施工冷缝缺陷，则要拆除旧混凝土并重新浇筑。

④隧道施工缝应采取无损检测技术，依照具体情况落实相应的处理对策。如果施工缝存在错台，但是其结构不存在裂缝或净空现象，强度也满足设计标准，则该处缺陷可不进行拆除处理，只要对缺陷位置进行打磨即可。

⑤若隧道施工缝存在破损现象，则其修复过程应按照具体的检测结果进行调整，应主要检查隧道结构性与功能性层面的要求，如果这两项满足设计规范，只是观感质量方面存在不足，则工程人员可将破损位置凿除，并使用打磨机对松动混凝土块或砂浆块进行打磨。若破损深度较大，缝隙宽度超过20 cm，则须有针对性地进行拆换作业，对缺陷位置进行彻底修复。

⑥在衬砌裂缝处理环节，工程人员要判断裂缝是否为结构性裂缝。如果是，则衬砌的整体性以及后续使用期间的安全性将受到严重影响，工程人员必须对其进行拆除重建工作。如果不是，则要针对裂缝的具体宽度与深度进行检测分析。如果宽度不超过 0.2 mm，则可通过涂抹渗透性防水材料进行修补；如果超过 0.2 mm，则应采用环氧树脂或水泥砂浆等渗透材料，沿着缝隙边缘钻孔灌注。衬砌裂缝整治完成后，需要在其表面涂抹与周边混凝土同色的涂料，从而保证整体美观度。

综上，铁路隧道施工建设所面临的挑战众多，施工难度很大，若某一环节存在问题，则隧道建设质量将受到巨大影响。因此，工程团队应结合当前铁路隧道建设的常见问题，广泛落实相关技术的改进策略，注重现场作业的规范性，强化人员与作业秩序管控，并对已存在的缺陷进行具体分析，寻找更为恰当的修补方式，提高铁路隧道的建设水平以及运营使用期间的社会经济价值。

第三节 浅埋暗挖法隧道施工技术

在铁路隧道工程建设中，浅埋暗挖法隧道施工技术的应用较为常见。与传统的施工方法不同，浅埋暗挖法主要对地层进行加固和处理，根据工程实际情况，对围岩部分的重量进行科学调整，然后与初期支护结构形成完整的支护体系，起到承担负荷载重的作用。在利用浅埋暗挖法进行隧道施工时，地层和环境会对其产生一定干扰。为提升施工效果，在具体施工环节，施工单位需要根据监测到的信息数据，制订有针对性的施工方案，保证工程设计能与实际施工需求一致，保证施工质量。

在传统隧道工程建设中，明挖法的运用比较广泛，但由于铁路隧道工程规模较大，包含内容颇多，使得该方法在应用过程中经常出现各种各样的问题，对施工进度和质量影响很大。因此，行业人员进行了深入研究，通过对施工技术进行改进和优化，提出了浅埋暗挖法隧道施工技术。将该技术运用到铁路隧道施工中，不仅可以提升施工效率，还能提高施工质量。因此浅埋暗挖法隧道施工技术值得进一步推广应用。

一、浅埋暗挖法隧道施工的技术要点

辅助施工措施的选择直接影响工程的施工速度和造价,在安全条件得到保证的前提下,应优先选择简单易行的方法或采用几种方法综合处理。浅埋暗挖法的辅助施工措施较多,常用的有以下几种:

①环形开挖预留核心土。

②喷射混凝土封闭开挖工作面。

③超前锚杆或超前小导管支护。

④超前小导管周边注浆加固地层。

⑤设置上半断面临时仰拱。

⑥深孔注浆加固地层。

⑦长管棚超前支护或注浆加固地层。

⑧用特殊地层的冻结法加固地层。

⑨用水平旋喷法超前支护。

⑩地面锚杆或高压旋喷桩加固地层。

⑪降低洞内、洞外地下水位。

⑫洞内超前水平降排水。

其中,注浆加固地层和超前小导管支护是最常用的辅助施工措施,但运用时应注意:

第一,注浆设计应以满足施工工序为主,以从开挖到施喷混凝土的时差作为注浆设计原则,取消为了增加围岩承载力而进行注浆的设计原则。围岩的固结强度和时间要满足施工工序的要求,以便提高施工速度,降低工程造价。

第二,长管棚超前支护在穿越公路、铁路等相对较短的隧道施工中具有明显的防塌限沉作用,但在相对较长的隧道(如多循环管棚)和含水地层施工中,由于施作管棚形成过水通道以及多次扰动地层等原因,对限制沉降所起的作用不大,反而会增加沉降(已通过实测得到证实),应多考虑小导管超前支护及其他辅助措施的综合应用，以提高施工速度，降低工程造价。

二、浅埋暗挖法隧道施工的关键技术

在实际的铁路隧道施工作业中，难免会遇到非常多的复杂地质环境，这在一定程度上加大了施工难度。施工单位要根据工程实际情况，合理制订施工计划，保证施工效果和效率。

（一）沉降控制技术

要充分发挥浅埋暗挖法的作用，就应该做好工程监测。由于铁路隧道施工环境通常比较复杂，在施工阶段如果出现地面沉降问题，而施工人员重视程度不足，不可避免地会引发很多安全问题。因此，在实际施工期间，一旦发现有地面沉降情况出现，必须第一时间制定应对办法，科学地进行处理，确保沉降不再蔓延，并采取措施适当增加地层硬度，降低地层运动问题出现的概率。在浅埋段大管棚段施工操作阶段，如果由于受到应力释放、水土流失等因素影响，导致沉降问题出现，则须根据施工现场状况，有针对性地制定管控办法；要做好现场测量以及作业管理，控制成孔精度及误差，采取施工监测措施，根据获得的参数进行注浆压力及注浆量的调整，保证沉降问题能得到良好控制。

（二）远程监控技术

若想进一步促进施工效果和质量的提升，可以利用远程监控技术，做好隧道施工作业的实时监控，强化对施工质量的把控，及时掌握支护强度及沉降变形量参数的变化情况，控制安全事故的发生。从以往的工程实践来看，做好监控量测工作，对优选作业方法、辅助施工作业有着积极的作用。在工程作业全过程落实监测工作，能够及时发现沉降量变化异常情况并进行补救处理，及时控制沉降问题。

（三）降水技术

铁路隧道工程建设期间，水文地质质量的差异对工程质量会产生非常大的影响。从工程建设的角度分析，在水文地质不能满足既定的标准和要求的情况下强行施工，不仅会降低施工的整体质量，还会引发一系列的问题，无法保证施工安全，若情况严重，还有可能出现安全事故。因此，应从根源上加大对降水的控制和利用，在满足施工用水需要的同时保证施工安全。

在铁路隧道施工建设期间，利用浅埋暗挖法隧道施工技术，可以弥补传统明挖法存在的不足，也能促进施工效率的提高，对工程施工质量的提高有很大促进作用。因此，为保证隧道施工作业有序进行，应该在充分考量工程实际建设情况的基础上，强化对浅埋暗挖法隧道施工技术的应用和推广。

三、浅埋暗挖法隧道施工技术的优势分析

与传统的施工技术不同，浅埋暗挖法隧道施工技术对施工质量的提升有很大促进作用。其技术优势主要表现在以下几个方面：

（一）适应性强

与普通的工程项目相比，在隧道工程施工建设期间，施工条件比较恶劣，面临的地质条件类型多种多样，施工操作难度很大。因此，如果不能依照实际情况，有针对性地制订施工计划，必然会在一定程度上对施工质量及安全产生影响。实践得知，在隧道施工中应用浅埋暗挖法，可以适应各种复杂地质环境，能保证隧道工程顺利完成。

（二）操作简单、便利性强

利用浅埋暗挖法开展隧道工程施工工作，对技术没有太高要求，施工操作简单，施工效率高。在利用浅埋暗挖法进行施工期间，首先要将勘查工作做到位，结合工程项目的具体建设要求，以采集的数据信息为基础，合理地进行降水分析，科学制订施工计划，保证后续施工工作有序进行。在进行隧道施工期间，应严格控制水位，以便开挖施工能在一个良好的环境下进行，坚决不能有反水现象存在。

四、浅埋暗挖法隧道施工技术的应用原则

要充分发挥浅埋暗挖法的作用，应该结合工程的具体建设情况，严格依照施工技术规范进行。

第一，围绕浅埋暗挖施工作业现场的地层情况以及施工机械设备配置现状，结合现有建筑物特征，对开挖方式进行科学选择，合理利用。针对较为常见的大地层断面或者地质条件比较差的情况，可以将分部正台阶开挖法与辅助工法整合起来，高效应用。若地层断面不大且地层的条件非常好，应该优先选择全断面开挖法，以提高施工效率。

第二，在开挖操作期间，需要重视辅助工法的运用，根据具体情况，有侧重地对大断面开挖工法加以利用。

第三，在铁路隧道开挖时，施工技术人员要加大对通风状态的监测力度，对施工内部和外部环境进行协调，分配好施工人员，以便施工作业能顺利且有序地实施。

第四，在现场开挖施工阶段，要加强对现代化信息技术的利用，根据对施工现状信息的掌握和分析，对施工工序及进度进行调整，促进隧道施工作业质量的提升。

第四节　水下盾构隧道施工安全风险管理

一、水下盾构隧道施工安全风险源与辨识方法

相比于地面结构工程而言，隧道是在地表以下的岩土体中进行的，其开挖地层条件不确定及周围环境条件复杂等特点，导致其施工安全风险较高。与其他隧道相比，水下盾构隧道具有更加突出的未知性和复杂性，在水下盾构隧道施工过程中极易发生开挖面失稳、管片裂损、渗漏水、钢筋锈蚀、混凝土剥落、掉块等工程事故。因此，我们需要辨识水下盾构隧道施工过程中可能遇到的安全风险，并通过采取相应措施减小风险事故的发生，确保水下盾构隧道施工的安全。

（一）水下盾构隧道施工安全风险源

施工安全风险源包含了所有可能会造成人员伤亡、经济损失或社会影响的安全事故。隧道施工安全风险源往往与隧址区工程地质条件、隧道设计概况、施工管理水平等因素息息相关。而在水下盾构隧道施工过程中，因水下的地质环境复杂，其施工安全风险因素与其他隧道工程安全风险因素有着明显的区别，安全风险因素出现的概率也有所区别。通过对国内外水下盾构隧道的事故分析发现，水下盾构隧道施工过程中的安全风险源主要有：

1.地质勘探风险

由于水下地质环境复杂，我们无法对水下工程地质条件进行准确预报，所以容易出现水下盾构掘进过程中掘进参数控制不当的情况，容易发生开挖面失稳、渗漏水等诸多事故。

2.管片破损风险

水下盾构隧道管片衬砌结构需要承受几十米甚至上百米高水头的渗透压力，致使管片衬砌结构长期处于一种损伤状态，容易造成管片的破损。

3.管片上浮风险

当水下覆盖土层厚度较小，隧道结构自重与上部压载重量难以平衡地下水引起的浮力时，在盾构隧道施工中常出现管片局部或整体上浮的现象。而管片上浮容易导致管片出现错台、破损，甚至掘进轴线偏离等不同程度的危害，进而严重影响隧道的施工安全。

4.盾构机密封性风险

当水下盾构隧道在高水压条件下施工时，容易出现盾尾密封系统失效的问题，进而导致盾构隧道出现渗漏水问题，严重影响盾构机的正常掘进。

5.掌子面坍塌风险

当地下水位较高、隧道掌子面支护力过小时，掌子面前方围岩压力无法与渗透水压力相平衡，极易诱发水下盾构隧道掌子面坍塌事故。另外，高孔隙水压力和饱水岩体强度软化使得地层稳定性变差，最终也会导致围岩发生失稳事故。

（二）水下盾构隧道施工安全风险源辨识方法

目前，对施工安全风险源进行辨识主要有定性、定量和定性定量综合辨识方法三种。定性辨识方法是一种依赖受邀专家的分析论证与主观判断来确定风险源的方法，该方法具有简明扼要、可操作性强等优点，但主观性较强；定量辨识方法是一种基于室内试验数据或现场量测数据来确定风险源的方法，该方法科学、合理、客观，但计算过程相对复杂；定性定量综合辨识方法将前两种方法的优点进行有机结合，主要有层次分析、模糊综合评价等。

二、水下盾构隧道施工安全风险分析与应对措施

近年来，随着我国经济发展的水平不断提高，交通基础设施建设水平得到了提升，水下盾构隧道施工技术也取得了巨大进步，人们积累和总结了大量的成功经验和失败教训，研制出许多先进的施工设备和施工工法，安全性能得到极大提升。但由于自然环境的复杂性、社会环境的不确定性、施工现场环境以及项目管理方法等风险因素的影响，水下盾构隧道施工过程中不可避免地会出现一些风险事件，给隧道施工建设带来极大的挑战。因此，保障现场施工人员的安全和项目整体的经济效益，降低水下盾构隧道施工安全风险成为目前研究的重点方向。下面结合已有案例重点研究水下盾构隧道施工安全风险的类型及发生原因，对可能存在的潜在风险进行归纳总结，并提出相应的应对措施。

（一）水下盾构隧道施工安全风险分析

由于水下盾构隧道项目施工所处环境较特殊，与常规陆地隧道不同。除去隐蔽性高、施工作业面小、突发事件较多等一般隧道具有的特点，水下盾构隧道施工会涉及不同的水文特性及地质环境。虽然施工环境比较复杂，但水下盾构隧道仍具有一定的优势：在钢材等材料用量上及土地拆迁上相较于其他建筑能节约一定的成本；受恶劣气候影响较小且有较强的抵抗力。

但它的缺点也是突出的：

①由于水下盾构隧道所处环境的特殊性——整体环境处于水下，给地质勘查工作增加了难度，同时勘查结果的准确性也较难保证。

②围岩中存在较大的孔隙水压力是水下盾构隧道建设的特点之一，这一特点会使施工受高水压作用，影响隧道的成拱作用从而进一步影响地层的稳定性。此外，在隧道穿越断层破坏带时，这一特点使保持洞室围岩稳定性的难度加大。

③涌水的发生会给工程带来致命性的损坏，造成不可挽回的损失。而涌水

在水下盾构隧道建设时更易发生，同时水下的腐蚀作用和水的长期浸泡对施工的各方面提出了更高的要求。

④水下盾构隧道所处位置的特殊性，对施工安全造成较大威胁，因此施工单位要有完备的透水事故应急预案和防排水及止水的有效手段。

⑤因为水下盾构隧道施工作业环境具有局限性以及隧道自身较长，所以整体施工周期较长、进度较慢。

根据上述分析，水下盾构隧道施工安全风险可以归纳为人员风险、物风险、人工操作风险、自然环境风险、人文和社会环境风险以及施工工法风险六种，下面将结合工程实际对这六种主要风险指标进行分析。

1.水下盾构隧道施工人员风险分析

人员风险指标的主要风险点有技术能力、防护措施、身心状态、安全意识及其培训、操作资质、现场组织管理协调、安全监管落实等。

人员的技术能力除了与学历相关，还与他们在工作中接受培训的主观意愿、个人学习能力及氛围密切相关。目前，建设项目对施工人员的要求越来越高，工艺流程逐渐向工业化和规模化方向发展，实际作业的施工人员的技术能力已经成为制约工程项目发展的因素之一。

人员的防护措施是决定现场施工人员切身利益的关键，妥善的防护措施是施工人员生命安全的保障，是"安全线""生命线"。

人员的身心状态包括施工人员的生理状态和心理状态。根据统计数据分析，上下班阶段是施工人员安全生产意识容易出现漏洞的时间，主要是由于上班前未进入状态，下班前存在疲惫、懈怠心理，以及交接工作时容易出现纰漏等，此时人员的注意力不够集中，事故发生概率较高。

人员的安全意识是指施工人员在进行生产建设时在内心建立的必须安全生产的信念，以及对随时可能出现的危险和对自身及他人产生生命威胁的因素的防范意识。人员安全意识的缺乏是造成现阶段安全生产事故频发的直接原因，开展安全意识培训是各级主管单位在项目建设开始前的首要任务，同时也是规避人员风险的有力措施。因此，对人员风险因素的研究中，安全意识的培训一直是重点研究对象。

人员的操作资质是施工人员在进行安全生产时的必要前提，人员的操作资质应与实际工作相匹配。

人员的现场组织管理协调对于整个项目来说是十分重要的，一个建设项目的绩效一方面取决于参与项目的各单位、各部门的项目组织管理水平，另一方面取决于各方的有机协调和密切配合。从某种意义上来说，现场组织管理的优劣决定工程项目的成败。

安全生产的观念必须贯穿工程建设的整个过程，保证安全监管的落实处于安全生产的首要地位。强化安全责任观念，加强监管力度，明确安全生产的主要责任和各单位的监督责任，提高事故管控能力以及完善风险防范手段，对安全生产具有重要作用。

2.水下盾构隧道施工物风险分析

物风险指标的主要风险点有机械设备点检、机械设备故障、机械设备养护、构件材料质量和设备安装等。

机械设备点检是保证机械设备正常运转和施工步骤有序进行的必要准备工作。对机械设备进行预防性周密检查便于发现机械设备的隐患，使设备始终保持良好的工作状态，减少检修、维修时间，延长设备使用周期，保证设备的正常运转，提高生产建设效率。

机械设备故障是导致事故发生的常见原因，如盾构机身滚动问题、通风机故障、凿岩机水压问题、搅拌机故障问题以及盾尾漏浆等。

机械设备养护可以降低风险发生率，有利于施工作业及安全生产的顺利进行。

保证构件材料质量是防范风险的关键。应严格执行构件材料的管理制度，妥善安置施工材料，避免材料损失、锈蚀、变质等。

设备安装主要包括盾体及盾尾的安装、刀盘的焊接与组装、机电设备的安装以及支护设备（如混凝土喷浆设备、锚护设备，以及喷射混凝土机械手等）和衬砌设备（如混凝泵送设备、隧道衬砌台车等）的安装等。

3.水下盾构隧道施工人工操作风险分析

人工操作风险指标的主要风险点有开仓换刀和带压换刀、密封装置处理不当、千斤顶的选择、泥水压力选择、掘进参数控制、轴线控制，以及注浆配比、压力及速度控制。

在开仓换刀和带压换刀方面，需根据不同土层的地质条件制订完备的作业方案，换刀作业时严格检查刀具品质，且刀具的配备要有富余和能力储备；切忌在掘进至水域下方时更换刀具或者停机检查等，尽量选择地层状态较好的地方开仓换刀。

密封装置处理不当通常会导致洞门底部密封失效、始发井内水量激增、泥水舱压力异常和循环系统发生故障。此时密封性无法保证正常施工的安全进行，无法继续满足泥水平衡，从而使土体大量流失而失稳，引起地表沉降值增加甚至塌陷等情况。

千斤顶的选择是盾构设计内容的重点之一，每个千斤顶推力和千斤顶数量是确定设计方案的关键。断面的大小不一，选用的千斤顶的数量也不同。若未选择合适的千斤顶，那么当盾构土层前方的阻力过大时，极有可能造成地表隆起等现象。

在泥水平衡理论中，泥膜是关键，其形成的必要条件之一就是要保证泥水压力高于地下水压力。在泥水条件处于较优状态时，泥水压力可以得到相应的增强，从而提高掌子面开挖时的安全性和稳定性。

盾构机的典型优点就是自动化程度高、适用的范围较广，所以对于不同工程、不同地质条件下的盾构掘进参数设定，不能一概而论。掘进参数控制不当，会使盾构推进过程中开挖面的平衡压力发生异常波动，与理论值或设定应力值产生较大偏差。

盾构轴线控制是盾构施工的重点环节，盾构隧道轴线偏差与土质强度和选用拼装管片类型等因素密切相关。

注浆配比、压力及速度控制对控制轴线偏差具有显著影响。当同步注浆量不能满足要求或浆液的质量未达到施工使用标准时，施工完毕后会出现明显的泌水现象，从而导致隧道局部沉降的产生，进而影响盾构掘进方向和掘进姿态的控制，而浆液因其他原因而出现不固结的现象也会使盾构隧道施工在遭遇较大推进阻力的作用下出现局部变形。

4.水下盾构隧道施工自然环境风险分析

自然环境风险指标的主要风险点有天气条件变化、水文地质条件、地下管网及周边建筑、作业环境、施工区域冲刷情况以及自然灾害。

天气条件变化是影响隧道施工的外部因素之一，主要考虑平均气温、极端天气概率、降雨等气候因素对施工的影响。

水文地质条件是产生自然环境风险的重要因素。在不良地质条件下施工时事故发生的概率明显提高，地面塌陷、突涌及隧道塌方等常见工程事故的直接或间接原因均为不良的地质条件。常见的隧道不良地质现象有富水断层破碎围岩、膨胀岩、挤压性岩石、黄土地质、岩溶地质以及岩爆现象等。

地下管网及周边建筑受隧道施工的影响较大，是隧道工程施工时需要重点考虑的因素之一。大量工程事故的原因均为施工时超出施工界限或产生较大扰动，对周围燃气管道、供水管等地下管道或周边重要建筑物造成不同程度的破坏。

作业环境是对施工人员自身安全产生威胁的主要因素之一，风险源主要来自对周围机械设备的处置不当或者操作不当，如触电伤人、吊物坠落、倒塌、火灾及中毒窒息等。

施工区域冲刷情况关乎水下盾构隧道施工的进度与工程量大小，动工前应实地测量和监测流域的冲刷量和沿岸构筑物的变动趋势。

自然灾害是导致自然环境风险产生的又一重大安全风险因素。自然灾害主要包括地震、台风及泥石流等对现场施工产生重大威胁的极端因素。

5.水下盾构隧道施工人文和社会环境风险分析

人文和社会环境风险指标的主要风险点有周边交通情况、传统风俗、经济发展水平及相关政策支持。

周边交通情况的复杂性和发达程度是决定项目工期长短和整体效益的关

键点之一，交通运输不畅会延误工期，造成一定的经济损失。传统风俗是项目施工所处区域的特色文化，是影响施工人员日常生活环境的重要因素之一。经济发展水平及相关政策支持是项目施工顺利完成的保障。

6.水下盾构隧道施工工法风险分析

工法风险指标的主要风险点有盾构方案变化、设计变更、安全监测和预测误差。

盾构方案是盾构施工的实施标准，盾构方案的变化决定施工项目整体的方向。

设计变更是指项目自初步设计批准后至项目竣工验收之前，当项目现场遇到不可避免的情况需要规避风险或降低成本而进行修改、完善的变更决议。

安全监测是项目全过程的安全保障，主要包括对人员、机械设备及施工现场的监测等。建筑施工现场立体交叉作业多，结构复杂，人员意识和经验差异较大，管理难度较大，是事故多发的原因之一。机械设备长时间工作，对其磨损及故障情况进行实时监测，出现问题后及时检修，有利于避免事故的发生。对构筑物的监测是安全监测中最重要的一环，通过监测可掌握并及时发现构筑物的沉降、隆起以及倾斜等一系列异常情况。监测水位的高低、水压的大小等水文地质条件，了解邻近构筑物在施工之前、之时、之后的变形程度和安全性能，确定科学完备的施工应急预案，可以在保证工程顺利竣工的同时提高工程质量。

整个项目的建设过程是漫长而复杂的，由于各种不可控因素与潜在风险均会导致施工现场的实际状态与设计时的期望状态或者理想状态存在一定程度的误差，对这种误差的预测成为控制施工风险的重要手段之一。

（二）水下盾构隧道施工安全风险应对措施

根据对各种潜在风险的归纳及分析，水下盾构隧道施工安全风险可以分为主要风险评价指标和次要风险评价指标。其中，主要风险评价指标包括人工操作风险和自然环境风险两项，次要风险评价指标包括人员风险、物风险、人文和社会环境风险和工法风险四项。

1.主要风险应对措施

针对人工操作风险的应对措施主要有：

①在复杂地层中掘进时，若刀盘损耗严重，已经达到必须更换的条件，则应尽可能采用加压换刀和高压气仓内部换刀的技术。

②隧道盾尾的水密封压力必须保证不小于1 MPa，且盾构机上应设置四排密封刷和一个紧急止水装置。若盾尾处注浆之后存在浆液泄漏的情况，则应在保证掌子面稳定的条件下适当降低盾构机向前推进的切口水压。

③千斤顶的数量是根据断面大小确定的，应保证千斤顶群推力大于盾构机推进时所受到的阻力，保证盾构施工的正常掘进。当盾构机掘进时，如果前方土层的阻力过大而影响掘进速度，则应适当增加千斤顶的数量来提升盾构机的总推力。

④在泥水条件良好，能够满足施工需求时，适当提升泥水压力能够保障掌子面开挖的稳定推进。

⑤正确设置盾构机向前掘进时的参数，保证盾构机行进速度与螺旋机的出土能力处于同一级别，通过施工的实时反馈来调节和优化土压力值和控制系统的主要参数。

⑥通过现场反馈动态调节平衡土压力，使盾构时螺旋机的出土量与设计环节的计算理论值相匹配，严格保证盾构姿态处于正常状态，减少超挖、欠挖现象。

⑦注浆工作会对盾构施工产生较大的影响，应保证注浆的浆液品质和质量，在进行注浆时应充分搅拌来保证浆液达到最佳状态。

针对自然环境风险的应对措施主要有：

①重点关注极端气象灾害的产生时间与影响区域，做好应急措施和预案。

②在施工前进行详细的补充地质勘探，全面掌握隧道洞身和上覆构筑物所处的水文地质条件；根据不同地质条件并结合各类刀具的破岩特点合理配置刀

具；盾构向前推进时应对掘进参数保持实时记录与分析，结合监测数据的反馈对其进行不断完善。

③实时监测地下管网及周边构筑物的变形与沉降变化，沉降超限时应通过注浆加固地基来控制沉降，在变形稳定之前应进行重点监测。

④施工现场做好照明通风措施并设置应急装置，实时监测并严格控制隧道内的空气质量，不定期检查基础设施、机电设备的安全性。

⑤实时监测水位、流量及流速，做好水位和流速出现异常状况时的应急预案，紧急情况下可以在隧道进水通道的前方设置挡墙等。

⑥做好自然灾害防范工作的组织，出现险情时及时组织抢险工作，加强各方配合与协调，将不利影响降到最低。

2.次要风险应对措施

针对人员风险的应对措施主要有：

①定期对施工人员进行专业技能的培训，邀请具有丰富经验的专家开展技术分享会。

②完善现场管理制度，严格要求现场工作人员随时佩戴安全防护用具。

③安排员工进行定期体检，制订合理的工作和休息计划。因为施工人员可能存在文化等方面的差异，可以针对不同地方的群体，给予一定的差异化安排。

④加强关于安全法规的普及宣传工作，加强安全事故警示教育。

⑤严格管理现场人员的工作范围，使其各就其位、各司其职。

针对物风险的应对措施主要有：

①对材料设备进行定期预防性周密检查，施工期间应对机械设备和用料进行不定期的现场抽查，防止设备出现突发性故障或材料因存放不当致使性能降低。

②设备进场前应严格检查，严格按照设备使用说明进行操作。使用人员必须经过专业培训和考核后方可持证上岗。

③定期做好设备的维修保养工作，保证设备功能的完好性。对于精密仪器，需要定期派专业人员测定精度，以保证施工的安全性。

④加强对材料的采购管理，对材料的进货渠道等各个环节进行严格把控，完善材料检验制度。如果施工建设材料不符合国家标准，则应一律杜绝使用。

⑤设备必须由专业人员按照设备使用说明正确安装到位，避免安装错误。

针对人文和社会环境风险的应对措施主要有：

①注意周围居民生活区域的密集程度，合理安排施工作业时间及施工进度。

②施工前与施工区域管理部门进行协商，避免对既有交通设施或其他已有构筑物造成过大扰动。

针对工法风险的应对措施主要有：

①一线施工单位与设计公司在对工程设计进行商讨变更时应严格规范其内容与程序，在向项目主管部门审批时应说明变更的必要性和重要性及相应的经济效益和社会效益，并保证变更后的方案或设计可在计划周期内顺利完成。

②施工监测采用实时监测和跟踪监测相结合的方式，根据现场工程实际，因地制宜地开展隧道安全监测的现场安装工作。当遇到突发情况而导致监测数据不正常时，监测频率应增加到 4～5 次/d。随着施工的推进，监测项目的范围应不断扩大。

第二部分　铁路轨道施工

第六章　铁路轨道概述

第一节　轨道的功用及特点

铁路轨道是铺设在路基上，用以支承机车车辆并引导其运行的结构物。

一、铁路轨道的功用

轨道结构是列车行驶的基础，其主要功用是引导列车运行，直接承受车轮的动压力，并将其传递到路基或桥隧建筑物上。在电力牵引或自动闭塞区段，铁路轨道还兼作轨道电路。

二、铁路轨道的主要特点

（一）受多种因素影响

铁路轨道是一个由不同力学性能材料组成的工程结构物，受到多种运营条件和自然界各种环境因素的共同影响。

（二）各部件受力相当复杂

铁路轨道承受的力包括各种垂直力、横向水平力和纵向水平力等。作用力的主要特点是具有随机性和重复性。

（三）几何形位须符合规定

为了保证列车按规定的速度在铁路轨道上运行，铁路轨道不仅要满足强度、稳定性的要求，其几何形位也必须符合有关要求。如果轨道的几何形位不符合有关规定，是无法保证行车安全的。

第二节　钢轨

一、钢轨的功用、断面及类型

（一）钢轨的功用

钢轨是铁路轨道的重要部件，其功用是引导机车车辆运行，直接承受车轮的荷载和冲击，并将其传递到轨枕上。因此，钢轨必须为车轮提供连续、平顺和阻力最小的滚动表面。在电气化铁路或自动闭塞区段，钢轨还可兼作轨道电路。

钢轨的工作条件非常复杂，车轮作用于钢轨上的力有垂直力、横向水平力和纵向水平力。此外，气候和其他环境因素也对钢轨的使用性能有一定的影响。钢轨除承受基本弯曲应力外，还承受接触应力、残余应力、局部应力和温度应力等，这些力使钢轨产生压缩、伸长、弯曲、扭转、压溃、磨损、断裂等问题，因此钢轨必须具有足够的强度、刚度、韧性和耐磨性等。

首先，钢轨要有足够的强度，以延长其使用寿命，也要具有一定的塑性，以防脆性折断，同时需要有一定的硬度增加其耐磨性，并且还要有适当的韧性；其次，要有适当的刚度，抵抗挠曲，又要有可挠性，以减轻轮轨的冲击；最后，钢轨踏面应粗糙，以增加轮轨间的黏着力，又要光滑，以减少行车阻力。以上矛盾的性能要求使钢轨的设计及制造成为一个非常复杂的问题。

（二）钢轨的断面

钢轨的力学模型是支承在连续弹性基础上的无限长梁，钢轨断面采用抵抗弯曲最佳的工字形断面。断面由轨头、轨腰和轨底三部分组成。轨头为车轮提供滚动表面，其外形应与车轮踏面相匹配，应有耐磨和抵抗压溃的能力，宜大且厚。支承在轨枕上的轨底宜宽一些，以保证钢轨的稳定性，并具有一定的厚度，以增加刚度和抵抗锈蚀的能力。为了使钢轨有较大的承载能力和抗弯能力，轨腰要有足够的高度和厚度，钢轨要保证有足够的惯性矩和断面系数米承受垂直动荷载。但钢轨过高，又影响其横向水平稳定性，因此轨高与轨底宽之比一般为 1.15～1.20。此外，轨头、轨腰和轨底各部分面积应比例适合，以保证在轧制过程中冷却均匀。

（三）钢轨的类型

钢轨类型一般以取整后的每米钢轨质量（kg/m）来分类。我国目前使用的标准钢轨有 75 kg/m、60 kg/m、50 kg/m、43 kg/m、38 kg/m 五种类型。

随着铁路向高速重载的方向发展，钢轨正在向重型化发展，目前世界上特重型钢轨已达到 77.5 kg/m。我国的铁路干线已经铺设了 75 kg/m 重型钢轨，以强化繁忙干线的轨道结构。

60 kg/m 和 50 kg/m 钢轨是目前我国铁路的主型钢轨，铁路正线和新建的城市轨道大多采用 60 kg/m 钢轨，年通过总质量等于或接近 25 Mt 的线路，均应铺设 60 kg/m 钢轨，并有计划地发展 75 kg/m 特重型钢轨的轨道结构，一般干线应以 50 kg/m 钢轨代替 43 kg/m 钢轨。采用重型钢轨可延长其使用寿命，减小轮轨接触应力、附加动应力和轨道的残余变形。虽然铺设投资大，但日后的经济效益高。

钢轨类型的选择要根据运输条件综合考虑。在技术上应保证强度、韧性、耐磨性和稳定性；在经济上要保证合理的大修周期，以减少养护维修的工作量。

①钢轨的标准长度：我国钢轨标准长度为 12.5 m 和 25.0 m 两种，近年又出厂了 50.0 m、75.0 m 和 100.0 m 等长度的定尺轨。在客运专线上使用的定尺轨长度分别为 50.0 m 和 100.0 m。对于 75 kg/m 钢轨，只有 25.0 m 一种长度。短于标准轨长度钢轨的称为短尺轨或短轨。

②标准缩短轨：在曲线上还需要使用标准缩短轨。对 25.0 m 和 12.5 m 标准长度的钢轨都分别有三种相应的标准曲线缩短轨。

③钢轨的长度公差：我国铁路规定，标准轨的长度是钢轨在 20 ℃条件下测量的长度。12.5 m 钢轨的长度公差为 ±6 mm；25.0 m 钢轨的长度公差为 ±10 mm。

二、钢轨用钢的钢号

钢轨从材质的角度看，主要是 U71Mn 钢轨、U74 钢轨以及近年开发使用的 PD2 钢轨、PD3 钢轨、稀土钢轨和合金轨。其中 PD3 钢轨在强度、硬度和使用寿命上都占优势，近年来得到了广泛应用。根据钢的化学成分及其强度级别（最低抗拉强度），钢轨可分为碳素钢轨（780 MPa、880 MPa）、微合金钢轨（980 MPa）、低合金钢轨（1 080 MPa）。按交货状态，钢轨可分为热轧钢轨和热处理钢轨（热轧钢轨热处理后强度为 1 180～1 280 MPa）。热处理钢轨按其工艺条件又可分为离线热处理钢轨（钢轨轧制冷却后再进行热处理）及在线热处理钢轨（利用轧制余热对其进行热处理）。一般强度为 1 080 MPa 及以上的钢轨被称为耐磨钢轨或高强度钢轨。

U71Mn 钢轨、U74 钢轨中的 U 表示钢轨的符号，71、74 表示钢轨含碳量为 0.71%、0.74%，其他符号如 Cu（铜）、Mn（锰）、Si（硅）表示这种钢轨中钢的合金成分，序号 1～3 为普通碳素钢轨，4～6 为低合金钢轨。中锰钢轨的质量较高，可延长钢轨的使用寿命；高硅钢轨的耐磨性是碳素钢轨的 2～4 倍。

三、钢轨材质、热处理及力学性能

为了使钢轨有足够的强度、刚度、韧性及良好的耐磨性和硬度，除了选用适当的钢轨类型，还应注重钢轨的材质、生产工艺和热处理等方面的问题。钢轨的化学成分是影响其力学性能、焊接性能和其他使用性能的基本因素，也是钢轨材质纯净度的指标。

钢轨的主要成分是 Fe（铁）、C（碳）。随着含碳量的增加，钢轨的抗拉强度、耐磨性及硬度均迅速增加，但含碳量越高，钢轨越脆，钢轨的延伸率、断面收缩率和冲击韧性反而下降。所以，含碳量一般不超过 0.82%。钢轨的其他成分还有 Mn（锰）、Si（硅）、P（磷）、S（硫）等。锰可以提高钢的强度和韧性，除去氧化铁和硫夹杂物。硅易与氧化合，能除去钢中的气泡，增加密度，使钢轨密实而细致。钢中含有限的硅能提高钢的强度、硬度，而不影响塑性。磷的含量过高，则钢轨具有冷脆性，在冬季严寒地区易突然折断。硫与铁会发生反应，不论其含量多少，均生成硫化铁，使金属在 800～1 200 ℃时发脆，因而在轧制及热加工时易产生次品。

对钢轨进行淬火处理可以提高钢材的硬度，改善钢材的机械性能。目前，我国 U71Mn 钢轨和 U74 钢轨采用轨端淬火，PD3 钢轨和稀土钢轨可不进行轨端淬火。淬火层长度从轨端算起为 30～70 mm；75 kg/m 钢轨为 50～80 mm；淬火过渡区长度不小于 80 mm。踏面部分淬火层深度应大于或等于 10 mm，下颚部分淬火层深度应大于或等于 6 mm，75 kg/m 钢轨淬火层深度轨头踏面部分应大于或等于 10 mm。

此外，大于或等于 60 kg/m 的钢轨宜采用全长淬火钢轨，新建铁路曲线半径小于或等于 700 m 地段的重型、特重型轨道，新建和改建铁路曲线半径小于或等于 450 m 地段的次重型轨道，应采用全长淬火钢轨或耐磨钢轨。铺设无缝线路的曲线地段宜采用全长淬火钢轨。

四、钢轨接头

在铁路轨道上钢轨与钢轨之间用夹板和螺栓联结，这个联结处称为钢轨接头。钢轨接头是由钢轨、夹板和螺栓组成的，是铁路轨道的薄弱环节之一。据统计，在铺设 12.5 m 标准轨的线路上，整治接头病害的费用约占线路维修费用的 40%，增加行车阻力约 25%。

我国铁路轨道的钢轨接头采用相对悬空式接头。曲线地段外股应使用标准长度钢轨，内股应使用厂制缩短轨调整钢轨接头位置。剩余少量相错量，应利用钢轨长度误差量在曲线内调整，有困难时可在直线上调整。直线地段应按钢轨长度误差量配对使用。在每节轨上，相差量不应大于 3 mm，并应前后、左右抵消，在两股钢轨上累计相差量不得大于 15 mm。

（一）钢轨接头的分类

我国钢轨接头的种类，从结构上来分可有普通接头和尖轨接头两种，从用途上可分为普通接头、异型接头、导电接头、绝缘接头、冻结接头、胶结绝缘接头等。

普通接头：我国普通线路、无缝线路普遍采用的接头形式，按相对于轨枕的位置，其可分为悬空式和双枕承垫式两种；按两股钢轨接头的相互位置，其可分为相对式和相错式两种。

尖轨接头：用尖轨和弯折基本轨组成的接头，常用于特大钢桥上和无缝线路上。尖轨接头允许接头处钢轨随轨温变化有较大的伸缩，我国设计的尖轨接头最大伸缩量可达 1 000 mm，因此这种接头又称伸缩接头或温度调节器。在我国,尖轨接头除在温度跨度大于或等于 100 m 的钢桥上使用外,在寒冷地区自动的放散应力式无缝线路也曾使用过,以适应接头处有较大伸缩量的需求。

异型接头:用于联结不同类型断面的钢轨。异型接头可分为焊接的异型接头和用接头联结零件联结的异型接头两种。

导电接头:用于自动闭塞区段及电力牵引地段,供传导轨道电流或作为牵引电流回路。轨间传导联结装置由两根直径 5 mm 左右的镀锌铁丝组成。

绝缘接头:用于自动闭塞区段闭塞分区两端的钢轨接头。钢轨、夹板与螺栓之间,螺栓孔四周以及轨端之间均用尼龙绝缘套管和尼龙绝缘垫片,以将电流隔断。

冻结接头:最早是指用月牙垫片填塞螺栓孔的方法阻止钢轨自由伸缩的接头。

胶结绝缘接头:用高强度胶黏剂,将钢轨和夹板胶合成一个整体的接头。胶合层由胶黏剂与玻璃布组成,具有黏结和绝缘性能。

(二)钢轨接头位置的相关规定

《铁路线路修理规则》规定,下列位置不应有钢轨接头,否则应将其焊接、冻结或胶接。

①明桥面小桥的全桥范围内。

②钢梁端部、拱桥温度伸缩缝和拱顶等处前后各 2 m 范围内。

③设有温度调节器的钢梁的温度跨度范围内。

④钢梁的横梁顶上。

⑤道口范围内。

(三)预留轨缝

普通线路上钢轨与钢轨之间留有一定的缝隙,称为轨缝。每节钢轨通过夹板和接头螺栓将轨缝联结起来,但随着轨温的变化,钢轨会发生一定程度的伸缩，伸缩量由钢轨螺栓孔、夹板螺栓孔与螺栓杆之间的间隙来提供，构造本身所具有的最大轨缝值，称为构造轨缝。如果轨缝超过构造轨缝，接头螺栓就要承受剪力。在铺轨施工时，如需要预留一定的轨缝（称为预留轨缝），其大小也要适当。

第三节　轨枕

一、枕轨的功用与分类

轨枕的功用是保持钢轨的位置、方向和轨距，并将它承受的钢轨力均匀地分布到道床上。轨枕要有一定的坚固性、弹性和耐久性，并能便于固定钢轨，抵抗轨道框架的纵向和横向位移，并且应具有价格低廉、制造简单、易于铺设养护的特点。

从材质上看，轨枕可分为木枕、混凝土枕和钢枕；从用途上看，轨枕可分为普通枕、桥枕和岔枕；从构造和铺设方法上看，轨枕可分为横向轨枕、纵向轨枕、短轨枕和宽轨枕。

我国铁路使用的轨枕主要有木枕和混凝土枕两种。

二、木枕

木枕即木制轨枕。木枕富有弹性，便于加工、运输和维修，有较好的电绝缘性能。但是，目前木材缺乏，价格很高，而且易腐朽、磨损，使用寿命短，不同种类木材的木枕弹性也不一致，造成轨道不平顺。因此，在我国木枕已逐渐被混凝土枕所代替。

（一）木枕的分类

木枕按用途可分为普通木枕、道岔木枕和桥梁木枕，其中普通木枕简称为枕木，道岔木枕简称为岔枕，桥梁木枕简称为桥枕。

（二）使用木枕的有关规定

使用木枕应遵守下列规定：

①木枕宽面在下，顶面与底面同宽时，应使树心一面向下。

②接头处应使用质量较好的木枕。

③劈裂的木枕，铺设前应捆扎或钉组钉板。

④使用新木枕，应预先钻孔，孔径 12.5 mm，有铁垫板时孔深应为 110 mm，无铁垫板时孔深应为 130 mm。使用螺纹道钉时，应比照普通道钉办理。

⑤改道用的道钉孔木片规格应为长 110 mm、宽 15 mm、厚 5～10 mm，并应经过防腐处理。

（三）木枕的失效标准

木枕失效标准：

①腐朽失去承压能力，钉孔腐朽无处改孔，不能持钉。

②折断或拼接的接合部分离，不能保持轨距。

③机械磨损，经削平或除去腐朽木质后，允许速度大于 120 km/h 的线路，其厚度不足 140 mm，其他线路不足 100 mm。

④劈裂或其他伤损，不能承压、持钉。

（四）木枕失效的主要原因

木枕失效的原因很多，其中主要是腐朽、机械磨损及裂缝，三者互为因果，裂缝与磨损会加速木枕腐朽，腐朽会加剧磨损与裂缝扩大。

（五）防止木枕失效的主要措施

1.防止木枕腐朽的措施

防止木枕腐朽的措施主要是对木枕进行防腐处理。木枕防腐剂很多，主要有油类和水溶性防腐剂两大类，其中以油类防腐剂为主，适用于大工厂浸注木枕。我国木枕防腐工厂多采用防腐油与煤焦油混合的油剂（简称混合油）。煤焦油含煤沥青，可以防止木枕开裂，也可以起到防水作用。

2.防止木枕机械磨损的措施

在一些运量大的线路上，机械磨损影响木枕的使用寿命，所以为防止木枕机械磨损，可以采取的措施主要包括：①扩大垫板面积或在铁垫板下加胶垫，降低木枕表面单位面积的压力；②道钉孔应预先钻好，钻孔须经防腐处理；③采用分开式扣件。

3.防止木枕劈裂的措施

防止木枕劈裂的措施主要是在开裂处打入C钉、S钉（其形状像C和S）或"组钉板"。组钉板是比木枕断面稍小的钢板，能冲出许多尖钉，使用时将钉板钉在开裂处（或预防开裂表面），可以起到预防开裂的作用。另外，还可将木枕端部用铁丝或其他金属部件捆扎起来，以防木枕端部开裂。为了节省木材、进行废物利用，将失效木枕中完好的部分胶结拼合在一起，可用于次要线路上。

三、混凝土枕

混凝土枕全称是预应力混凝土轨枕。混凝土枕的优点是质量大（200～500 kg）、稳定性好，有利于提高无缝线路的稳定性；不受气候影响，使用寿命长（一般为 50 年左右）；材源较多，能保证均匀的几何尺寸，轨道弹性均匀，平顺性好；扣件易于更换；设计、铺设的空间大，制造相对简单，可以满足铁路高速、大运量的要求。其缺点是弹性差、绝缘性能低、更换较困难。

（一）混凝土枕的分类

1.按结构形式分类

目前使用的混凝土枕有整体式、短枕式、组合式（或称双块式）。其中，整体式混凝土枕整体性强、稳定性好，易于生产；组合式混凝土枕由 2 个钢筋混凝土块和 1 根钢杆联结而成，整体性不如整体式混凝土枕，但能充分发挥材料的力学性能。我国以及大部分国家采用整体式混凝土枕，法国等个别国家采用组合式混凝土枕。

2.按用途分类

我国有用于一般线路的普通混凝土枕，还有用于桥梁的混凝土桥枕和用于道岔的混凝土岔枕。

3.按施加预应力的方式分类

混凝土枕按施加预应力的方式可分为先张法生产混凝土枕和后张法生产混凝土枕两种类型。我国采用先张法生产混凝土枕，配筋材料有钢丝或钢筋。

（二）混凝土枕的外形尺寸

混凝土枕断面为梯形，上窄下宽，梯形断面便于脱模，底面宽一些是为了保证有足够的支承面积，以减少对道床的压力。为适应轨底坡要求，承轨槽是

1∶40 的斜面。轨枕底面支承在道床上，在两端承轨槽处，因要直接传递钢轨上的压力，轨枕要宽一些，以增加支承面积和道床阻力、减少道床压力。

为了增加轨枕与道床之间的相互接触摩阻力，提高轨枕下的道床阻力，轨枕底面制有凹形花纹。

（三）混凝土枕使用的有关规定

下列地段不宜铺设混凝土枕：①铺设木岔枕的普通道岔两端各 5 根轨枕，铺设木岔枕的提速道岔两端各 50 根轨枕；②铺设木枕的有砟桥和无砟桥的桥台挡砟墙范围内及其两端各不少于 15 根轨枕（有护轨时应延至梭头外不少于 5 根轨枕）。

下列地段不宜铺设混凝土宽枕：路基有翻浆冒泥、不均匀下沉、冻害等病害的地段。

轨枕应按设计技术条件规定的标准铺设，非同类型轨枕不得混铺（道岔内专用钢枕除外）：①混凝土枕与木枕、混凝土枕与混凝土宽枕的分界处，距钢轨接头不得少于 5 根轨枕，木枕与混凝土宽枕之间，应用混凝土枕过渡，其长度不得小于 25 m；②提速道岔铺设木岔枕时，应用 2 600 mm×260 mm×160 mm 的木枕过渡，两端过渡枕均不得少于 50 根；③铺设混凝土岔枕时，应用Ⅱ型混凝土枕过渡；④同一岔区道岔与道岔之间应铺设与过渡枕同规格的轨枕。

（四）混凝土枕失效标准

混凝土枕（含混凝土宽枕、混凝土岔枕及短轨枕）失效标准：

①明显折断。

②纵向通裂：挡肩顶角处缝宽大于 1.5 mm；纵向水平裂缝基本贯通（缝宽大于 0.5 mm）。

③横裂（或斜裂）接近环状裂纹（残余裂缝宽度超过 0.5 mm 或长度超过 2/3 枕高）。

④挡肩破损，接近失去支承能力（破损长度超过挡肩长度的 1/2）。

⑤严重掉块。

（五）混凝土枕严重伤损标准

①横裂裂缝长度为枕高的 1/2～2/3。

②两螺栓孔间纵裂（挡肩顶角处缝宽不大于 1.5mm），纵向水平裂缝基本贯通（缝宽不大于 0.5 mm）。

③挡肩破损长度为挡肩长度的 1/3～1/2。

④严重网状龟裂和掉块。

⑤承轨槽压溃，深度超过 2 mm。

⑥钢筋（或钢丝）外露（钢筋未锈蚀，长度超过 100 mm）。

⑦斜裂长度为枕高的 1/2～2/3。

（六）混凝土枕失效的主要原因

①在运输、装卸过程中摔伤。

②在线路养护维修过程中违章作业，造成混凝土枕挡肩。

③捣固方法不正确，造成混凝土枕斜裂。

④捣固长度不符合规定要求，造成混凝土枕出现上挠、下挠裂纹。

⑤Ⅰ型混凝土枕掏空长度不符合要求，造成混凝土枕出现上挠、下挠裂纹等。

第四节　联结零件

联结零件是指联结钢轨与钢轨、钢轨与轨枕的各种联结部件。联结钢轨与钢轨的联结零件称为钢轨接头联结零件；联结钢轨与轨枕的联结零件称为中间联结零件，简称为扣件。

一、钢轨接头联结零件

钢轨接头联结零件由夹板、螺栓、螺母和垫圈等组成。钢轨接头联结零件的作用是保持轨线的连续性，并传递和承受弯矩和横向力，还要满足钢轨伸缩的要求。

（一）接头夹板

接头夹板的作用是承受弯矩、传递纵向力、阻止钢轨伸缩，要求有一定的垂直和水平刚度，也要有足够的强度。我国目前广泛使用的是双头式夹板，其特点是具有较强的抵抗挠曲和横向位移的能力。

在异型接头处，需要用异型夹板来固定两端不同型号的钢轨。异型双头夹板有内外左右之分，其中一半与同端的钢轨断面吻合，另一半与另一端的钢轨断面吻合，以使两轨顶面及工作边平齐。

接头夹板伤损达到下列标准时应及时更换：①折断；②中间两螺栓孔范围内有裂纹，即正线、到发线有裂纹，其他站线平直及异型夹板超过 5 mm，双头及鱼尾型夹板超过 15 mm；③其他部位裂纹发展到螺栓孔。

（二）接头螺栓、螺母及垫圈

接头螺栓、螺母是在钢轨接头处用以夹紧夹板和钢轨的配件，以使夹板联结牢固，阻止钢轨部分伸缩。螺栓由螺栓头、颈、杆组成，颈为长圆形，与夹板长孔相对应。螺杆长度、直径与钢轨型号相适应。

接头螺栓及垫圈伤损达到下列标准时，应及时更换：①螺栓折断、严重锈蚀、丝扣损坏或杆径磨耗超过 3 mm；②垫圈折断或失去弹性。

二、中间联结零件

中间联结零件应具有足够的扣压力，将钢轨稳固固定在轨枕上，保持正确的轨距，具有足够的阻力阻止钢轨的纵、横向位移，这在无缝线路上尤为重要；应具有绝缘性能（在混凝土枕和钢枕线路上）；应具有足够的强度、耐久性；应具有一定的弹性，能起到缓冲减振作用；应具备零件少及便于装卸、维修的特点；必要时应具有调节轨距和轨面高度的能力。

（一）木枕扣件

按扣件联结钢轨、垫板与轨枕三者之间的关系，木枕扣件可分为混合式木枕扣件和分开式木枕扣件。混合式木枕扣件是木枕线路普遍使用的扣件形式，该扣件主要由道钉和五孔双肩垫板组成。为了加强扣压力，桥上、道岔上、无缝线路的伸缩区和缓冲区采用分开式木枕扣件，分开式木枕扣件用 4 个螺纹道钉联结垫板与木枕，两个底脚螺栓扣压钢轨与垫板，其道钉和底脚螺栓构成"K"形。其优点是扣压力大，不易松动，但结构相对复杂，用钢量大。

（二）混凝土扣件

我国铁路目前使用的混凝土轨枕扣件主要有Ⅰ型弹条扣件、Ⅱ型弹条扣件、Ⅲ型弹条扣件、扣板扣件和 67 型拱形弹片式扣件。扣件类型应与轨枕类型相匹配，以满足施工要求。

1.Ⅰ型弹条扣件

Ⅰ型弹条扣件主要由ω形弹条、螺旋道钉、轨距挡板、挡板座及弹性橡胶垫板组成。因为弹条形状像ω，所以又称ω扣件。Ⅰ型弹条扣件分 A、B 两种，使用时应按规定选择。

Ⅰ型弹条扣件性能虽优于扣板和拱形弹片式扣件，但对于铺设 60 kg/m 钢轨的重型、特重型轨道来说，Ⅰ型弹条扣件的强度储备小，弹条易断裂，扣压力不足，疲劳强度低。

2.Ⅱ型弹条扣件

针对Ⅰ型弹条扣件的不足，我国又开发了Ⅱ型弹条扣件，除弹条采用新材料（优质弹簧钢 $60Si_2CrVA$）重新设计外，其余部件与Ⅰ型弹条扣件通用，仍为有挡肩、有螺栓的扣件，扣压力大于等于 10 kN。Ⅱ型弹条扣件具有扣压力大、强度安全储备大、残余变形小等优点，适用于Ⅱ型和Ⅰ型混凝土枕的 60 kg/ m 钢轨线路。

3.Ⅲ型弹条扣件

Ⅲ型弹条扣件是无螺栓、无挡肩的弹性扣件，由弹条、预埋铁座、绝缘轨距块和橡胶垫板组成。Ⅲ型弹条扣件一端套入预埋在轨枕中的铁座上（铸铁挡肩），另一端通过绝缘轨距块扣压在钢轨轨底顶面。目前，我国的秦沈客运专线、提速线路的一些区段、道岔以及一些轻轨线路都在大量使用Ⅲ型弹条扣件。Ⅲ型弹条扣件的扣压力大（不小于 11 kN）、弹性好、保持轨距能力强，由于取消了螺栓联结，易于更换，养护维修工作量小，特别适用于高速、重载和高密度的运输条件。

4.扣板扣件

目前扣板扣件在一些等级较低的线路上还在使用，它由螺纹道钉、螺母、平垫圈、弹簧垫圈、扣板、铁座、橡胶垫板、垫片和衬垫等零件组成。扣板扣件是通过扣板扣住钢轨的，属于刚性扣件，弹性差。扣板可以调整钢轨的位置，即一个扣板翻边使用，就可以调整 2 mm 的轨距。扣板分中间扣板和接头扣板，接头扣板用于接头处轨枕。中间扣板和接头扣板各有 5 种型号，可根据相关规定选择使用。铁座的作用是支承扣板并传递横向水平力，分普通铁座和加宽铁座，普通铁座用于直线轨道上，加宽铁座用于曲线轨道上。

5.67 型拱形弹片式扣件

67 型拱形弹片式扣件采用弹片扣压件，混凝土轨枕设挡肩，采用锚固在混凝土轨枕中的螺栓紧固弹片。为适应冻害地段大调高量的要求，我国开发了弹片 I 型调高扣件。这种扣件扣压件弹性较差，而且螺栓孔处存在应力集中，易造成弹片断裂，因而采用较少。

第七章　铁路轨道施工技术

第一节　铁路轨道施工中的
道床处理技术

一、道床设计与选材

（一）设计考虑因素与标准

道床设计是铁路轨道施工中的关键环节，道床设计的质量直接关系到轨道的整体性能。在设计过程中，设计人员需要综合考虑多种因素，如地质条件、气候条件、列车运行速度、轴重、轨道类型等；还需遵循相关标准和规范，确保道床设计的科学性和合理性。

（二）道床材料的选择与特点

道床材料的选择对于道床的性能和寿命具有重要影响。常见的道床材料包括混凝土、碎石、砂土等。混凝土道床具有较高的强度和稳定性，适用于高速、重载铁路；碎石道床具有良好的排水性能和抗冻性能，适用于寒冷地区；砂土道床则具有较低的成本和较好的塑形性能，适用于一些特殊场景。在实际应用中，应根据具体需求和条件选择合适的道床材料。

（三）国外典型铁路道床设计案例

1.德国铁路道床设计

德国铁路采用了混凝土道床。这种道床具有较高的强度和稳定性，能够承受高速列车产生的巨大动荷载。同时，混凝土道床还具有良好的耐久性和抗冻性能，能够确保轨道的长期安全运营。

2.日本新干线道床设计

日本新干线采用了碎石道床。日本地区气候寒冷，碎石道床具有良好的抗冻性能和排水性能，能够有效防止轨道因冻胀而变形。此外，碎石道床还具有较好的减震性能，能够降低列车运行时的噪声和振动。

3.法国高速铁路道床设计

法国高速铁路采用了混凝土与碎石混合使用的道床。这种设计结合了混凝土和碎石的优点，既保证了轨道的强度和稳定性，又使道床具有良好的排水性能和抗冻性能。同时，混合道床还能够有效降低列车运行时的噪声和振动，提高乘客的舒适度。

二、道床平整与压实

在铁路轨道施工中，道床平整与压实是至关重要的环节，对于确保列车的平稳运行和延长轨道的使用寿命具有重要意义。

（一）道床平整工艺流程及关键步骤

道床平整是铁路轨道施工中的基础性工作，其主要目的是为轨道提供一个平整、稳定的基础。整个道床平整工艺流程包括准备工作、基底处理、测量放样、道砟铺设、整平、夯实等多个步骤。首先，准备工作阶段需要清理施工现场，确保无杂物、积水等，并对基底进行必要的处理，如排水、加固等。接下来，进行测量放样，根据设计图纸和测量数据，确定道床的位置、高程等参数。在基底处理完成后，开始进行道砟的铺设，道砟的选择应符合相关标准，确保其质量稳定、粒径均匀。铺设完成后，进入整平阶段，通过专业的整平设备对道砟进行初步整平，使其表面平整、坡度符合要求。在整平过程中，需要不断检查和调整，确保道床的高程和平整度满足设计要求。最后，进行夯实操作，利用压实设备对道床进行压实，提高其密实度和稳定性。在夯实过程中，需要注意压实设备和操作方式的选择，以确保压实效果达到最佳。

（二）压实设备与技术的应用与发展

压实设备是道床平整与压实过程中的关键设备之一，其性能和技术水平直接影响道床的整体质量。随着科技的不断进步，压实设备也在不断更新换代，从传统的静力压路机到现代的振动压路机、轮胎压路机等，压实效率和质量得到了显著提升。在压实技术方面，除了传统的静压和振动压实，近年来还出现了如高频振动、强夯等新型压实技术。这些技术的应用，进一步提高了道床的密实度和稳定性，有效延长了轨道的使用寿命。此外，随着智能化技术的发展，压实设备也逐渐实现了自动化和智能化。智能压实系统可以通过实时监测和分析压实过程中的数据，对压实设备进行智能调控，从而实现更加精准、高效的压实作业。

（三）道床平整与压实质量控制方法

道床平整与压实质量控制是确保轨道施工质量的重要环节。为实现有效的质量控制，需要从以下几个方面入手：

①制定科学的质量管理体系和标准，明确各项施工参数和验收标准，确保施工过程中的每一个环节都符合质量要求。

②加强施工现场的监控和管理，确保施工过程的规范性和标准化。对于施工过程中的关键步骤和环节，需要实施严格的监控和检测，如道砟的铺设、整

平、夯实等过程，都需要进行实时检查和记录。

③加强施工人员的培训和管理，提高其技能水平和质量意识。通过定期的培训和考核，确保施工人员能够熟练掌握施工技术和质量要求，从而确保施工的稳定性和可靠性。

④建立完善的质量评估和反馈机制。对于施工过程中出现的质量问题，需要及时进行分析和处理，找出原因并采取相应的措施进行改进。同时，通过定期的质量评估和反馈，施工人员可以及时发现潜在的质量隐患和风险点，从而采取相应的措施进行预防和控制。

三、道床防水

（一）道床防水材料与技术选择

在铁路轨道施工中，道床防水是确保轨道稳定和安全的重要环节。道床防水的材料有很多，包括高分子防水材料、防水涂料、防水卷材等。这些材料具有良好的防水性能、耐候性能和耐化学腐蚀性能，能够满足不同环境和工程要求。

在技术选择方面，铁路轨道施工注重防水技术的创新和应用。例如，采用高分子防水材料铺设防水层，通过特殊的施工工艺和流程，确保防水层与道床紧密结合，形成一道有效的防水屏障。同时，采用防水涂料对道床表面进行处理，增强防水效果。这些技术的应用，不仅提高了道床的防水性能，还延长了轨道的使用寿命。

（二）防水施工工艺与流程

在铁路轨道施工中，防水施工工艺通常包括防水材料的准备、防水层的铺设、防水涂料的涂刷等步骤。在施工过程中，需要严格控制施工温度、湿度等环境因素，确保防水材料和防水层的质量。

具体而言，防水施工工艺的流程如下：首先，对道床表面进行清理和预处理，确保表面平整、干燥、无油污等杂质。然后，按照设计要求铺设防水层，确保防水层与道床紧密结合，无空鼓、气泡等现象。接着，使用防水涂料对道床表面进行涂刷，确保涂刷均匀、无遗漏。最后，对防水层进行质量检查和验收，确保防水效果符合要求。

在施工过程中，还需要注意以下几点：一是严格控制施工温度和湿度，避免在高温或潮湿环境下施工，以免影响防水效果；二是加强施工现场管理，确保施工过程的规范性和安全性；三是定期对防水层进行维护和检查，及时发现并处理防水层破损或老化等问题。

（三）道床防水质量检测与评估

在铁路轨道施工中，施工单位通常采用多种方法对道床防水质量进行检测和评估。这些方法包括外观检查、厚度测量、拉伸强度测试、吸水率测试等。

外观检查是指对防水层表面进行目视检查，观察是否有空鼓、气泡、裂缝等缺陷。厚度测量是指采用专门的测量工具对防水层的厚度进行检测，确保防水层厚度符合设计要求。拉伸强度测试是指对防水层的抗拉性能进行检测，评估防水层的强度和稳定性。吸水率测试是指通过将防水层浸泡在水中一定时间后测量其吸水率，评估防水层的耐水性能。

除了以上常规检测方法，还可以采用无损检测技术对道床防水质量进行检测和评估。无损检测技术包括超声波检测、红外线检测等，这些技术可以在不破坏防水层的情况下对其内部结构和性能进行检测和分析。

通过对道床防水质量的检测和评估，施工人员可以及时发现并处理防水层存在的问题和隐患，确保防水效果和使用安全，还可以为防水材料的选择和技术应用提供反馈和参考，推动防水技术的不断创新和发展。

四、道床温度与湿度控制

（一）道床温度与湿度对施工的影响

在铁路轨道施工中，道床的温度与湿度是两个至关重要的参数。道床作为轨道的基础，其性能直接影响轨道的稳定性和列车的运行安全。因此，对道床温度与湿度的控制不仅关乎施工质量，更关乎列车的长期运营安全。

道床温度的变化会对轨道的线性稳定性产生影响。在极端高温下，道床材料可能发生膨胀，导致轨道变形，影响列车运行的平稳性；在低温条件下，道床材料可能收缩，产生裂缝，同样会对轨道的完整性造成威胁。此外，温度的变化还可能引起道床内部应力的重新分布，进一步影响轨道的稳定性。

道床的湿度同样对施工质量有着重要影响。过高的湿度会导致道床材料的强度降低，增加轨道的变形风险。同时，过高的湿度还可能引起道床内部水分的蒸发和迁移，导致轨道的沉降和变形。相反，湿度过低则可能导致道床材料干燥收缩，产生裂缝，影响轨道的耐久性。

因此，在铁路轨道施工中，对道床温度与湿度的控制至关重要。合理地监测与控制温度与湿度，可以确保道床材料处于最佳的工作状态，提高轨道的稳定性和耐久性，从而保障列车的安全运行。

（二）道床温度与湿度的控制方案

在铁路轨道施工中，有多种道床温度与湿度的控制方案可供选择。这些方案各有优缺点，需要根据具体工程条件和需求进行选择。

一种常见的温度与湿度控制方案是调整施工环境和材料。例如，在低温条件下，可以通过加热施工环境或采用对低温适应性强的材料来控制道床的温度。在高温条件下，则可以通过喷水或覆盖遮阳网等方式来控制道床的温度。对于湿度的控制，可以通过调整施工过程中的用水量和时间，以及使用保湿剂或防水剂等方式来实现。

另一种温度与湿度控制方案是主动控制系统。这种方案通常包括温度与湿度传感器、控制系统和执行机构等部分。温度与湿度传感器负责实时监测道床的温度与湿度变化，控制系统则根据传感器数据进行分析和决策，通过执行机构对道床的温度与湿度进行主动调节。这种方案可以实现更加精确和高效的温度与湿度控制，但成本相对较高。

（三）道床温度与湿度控制的实际应用与效果评估

在国内外铁路轨道施工中，道床温度与湿度控制技术已经得到了广泛的应用。这些应用实践不仅证明了温度与湿度控制技术的重要性和有效性，也为后续工程提供了宝贵的经验。

例如，在某铁路项目施工过程中，施工单位采用了先进的温度与湿度监测与控制技术，对道床的温度与湿度进行了精确控制，通过实时监测和数据分析，及时发现了道床温度与湿度的异常变化，并采取了相应的调整措施。这不仅保证了施工质量，也有效缩短了施工周期，降低了工程成本。

在实际应用中，对道床温度与湿度控制技术效果的评估至关重要。对施工前后道床温度与湿度进行对比分析，可以评估控制技术的实际效果。例如，可以比较施工前后道床的温度波动范围、湿度变化情况等指标，来评价控制技术的稳定性和可靠性。同时，还可以通过列车运行平稳性、轨道变形情况等指标来间接评估温度与湿度控制技术对轨道性能的影响。

第二节　铁路轨道施工中的
线路调整与固定技术

一、线路调整概述

（一）线路调整的基本原理与目的

线路调整在于对轨道线路进行微小调整，以达到优化列车运行条件、提高运行效率、确保行车安全的目的。在铁路的运营过程中，由于各种因素的影响，如温度变化、列车运行磨损、地基沉降等，轨道线路会发生一定的变形和位移。为了确保列车运行的平稳性和安全性，必须定期对轨道线路进行调整。

线路调整的目的主要包括以下几个方面：一是保证列车运行的平稳性，减少列车在运行过程中的振动和摇晃，提高乘客的舒适度；二是保证列车运行的安全性，避免轨道线路出现过大的偏差，防止列车脱轨等事故的发生；三是提高列车的运行效率，通过优化轨道线路，减少列车运行时的阻力，提高列车的速度和加速度，缩短旅行时间；四是延长轨道设备的使用寿命，通过及时的线路调整，减少轨道设备的磨损，延长其使用寿命。

（二）常见的线路调整方法及其适用场景

线路调整的方法多种多样，根据不同的情况和需求，可以选择不同的调整方法。以下是一些常见的线路调整方法及其适用场景：

1.轨道几何尺寸调整

对轨道的几何尺寸进行调整，如轨道高低、水平、轨距等，以达到优化列车运行条件的目的。这种方法适用于轨道线路出现轻微变形或位移的情况，通过简单的调整即可恢复轨道的几何尺寸。

2.轨道道岔调整

轨道道岔是列车从一条轨道转向另一条轨道的关键设备，其调整对于列车运行的平稳性和安全性至关重要。道岔调整主要包括道岔开度、道岔方向、道岔高低等方面的调整。这种方法适用于道岔设备出现磨损、变形或位移的情况。

3.轨道线路加固

当轨道线路出现严重的变形或位移时，可能需要进行轨道线路加固。加固方法包括增加轨道支撑结构、加固轨道连接部位等。这些方法可以有效提高轨道线路的稳定性和安全性，但施工难度和成本也相对较高。

（三）线路调整后的效果评估与调整方案优化

线路调整完成后，需要对调整效果进行评估。评估的内容主要包括列车运行的平稳性、安全性、效率等方面。应收集列车运行数据、乘客反馈等信息，对线路调整的效果进行全面评估。如果发现存在问题或不足之处，需要对调整方案进行优化和改进。优化方案可能包括进一步调整轨道几何尺寸、加强轨道道岔设备的维护和管理、提高施工质量和安全等方面的措施。

二、线路固定材料与设备

（一）线路固定所需材料的分类与特性

线路固定材料主要包括道砟、轨道板、扣件等。道砟是轨道基础的主要组成部分，其主要作用是分散轨道上的荷载，保证轨道的稳定性和平顺性。道砟主要根据其材质和粒径大小进行分类，常见的有碎石道砟和砂砾道砟。碎石道砟具有较好的排水性和稳定性，适用于铁路等重载线路；而砂砾道砟则具有较好的密实性和抗震性能，适用于地震多发地区。

轨道板是轨道的直接承载部件，其材质多为混凝土或钢筋混凝土。轨道板的特性主要包括强度、耐久性和稳定性等。为了满足高速列车对轨道平顺性和稳定性的要求，轨道板需要具备较高的抗弯强度和抗冲击性能。

扣件是连接轨道板和道砟的重要部件，其作用是将轨道板固定在道砟上，防止轨道板的移动和变形。扣件主要根据其结构形式和使用材料进行分类，常见的有弹性扣件和刚性扣件。弹性扣件具有较好的减震性能，适用于对轨道平顺性要求较高的线路；而刚性扣件则具有较高的连接强度和稳定性，适用于重载线路。

（二）常用线路固定设备及其功能

在铁路建设中，线路固定设备的应用已经相当成熟。其中，无砟轨道和有砟轨道是铁路中最为常见的线路固定方式。

无砟轨道是一种采用预制轨道板进行铺设的轨道形式，其特点是轨道板与道砟之间没有散粒体道床。无砟轨道的优点在于轨道几何形状稳定性好、维护工作量小、列车运行平稳等。在铁路中，如德国的 ICE（Inter City Express，城际特快列车）、法国的 TGV（Train à Grande Vitesse，高速列车）等，都广泛采用了无砟轨道技术。其中，德国的 Rheda 2000 无砟轨道系统因其高精度、高稳定性和高耐久性等特点，受到了国际铁路界的广泛关注。

有砟轨道则是一种传统的轨道形式，其道砟层由散粒体材料组成。有砟轨道的优点在于其适应性强、造价相对较低等。在铁路中，如日本的新干线、中国的高铁等，都采用了有砟轨道技术。其中，日本的板式有砟轨道以其独特的结构和优良的性能，成为铁路有砟轨道的典范。

（三）不同材料与设备在线路固定中的应用优缺点

在铁路轨道施工中，不同的线路固定材料和设备具有各自的优缺点。对于道砟材料而言，碎石具有较好的排水性和稳定性，但容易受到环境因素的影响；

而砂砾则具有较好的密实性和抗震性能，但在重载条件下容易发生变形。对于轨道板而言，混凝土轨道板具有较高的强度和耐久性，但自重大、维护成本高；而钢筋混凝土轨道板则具有较轻的自重和较好的抗震性能，但造价相对较高。

在扣件方面，弹性扣件具有较好的减震性能和舒适性，但连接强度相对较低；而刚性扣件则具有较高的连接强度和稳定性，但减震性能较差。因此，在选择线路固定材料和设备时，需要综合考虑工程要求、环境条件、经济成本等多方面因素，选择最适合的材料和设备。

三、线路调整后的质量检验

（一）质量检验内容

在铁路轨道施工中，线路调整是确保列车平稳运行、提高乘客舒适度的关键环节。因此，线路调整完成后的质量检验显得尤为重要。质量检验的内容主要涵盖轨道几何尺寸检验、轨道平顺性检验、道岔精度检验等方面。

①轨道几何尺寸检验是确保轨道线路符合设计要求的基础。检验内容包括对轨道高度、轨距、超高、轨向等的检验。这些参数的准确性直接关系列车运行的稳定性和安全性。根据国内外相关标准，轨道几何尺寸的允许偏差范围通常被严格限定，以确保列车在高速行驶过程中不会出现脱轨、晃动等安全问题。

②轨道平顺性检验是评估列车乘坐舒适度的重要指标。轨道平顺性主要体现在轨道表面的平整度、轨道接头的平顺过渡等方面。轨道平顺性不佳会导致列车在行驶过程中产生颠簸、摇晃，给乘客带来不好的乘坐体验。因此，在质量检验过程中，需要采用专业的检测设备对轨道平顺性进行全面检测，确保轨道线路满足设计要求。

③道岔精度检验是确保列车在道岔区域安全、顺畅运行的关键。道岔是轨道线路的重要组成部分，其精度直接关系到列车能否准确、快速地通过道岔。

道岔精度检验的内容包括道岔开口尺寸、辙叉心轨与翼轨的相对位置等。这些参数的准确性对于保证列车在道岔区域的安全运行至关重要。

（二）质量检验结果的评估与处理

质量检验完成后，需要对检验结果进行评估和处理。评估的主要目的是判断轨道线路是否满足设计要求和相关标准，以及是否存在潜在的安全隐患。处理的主要目的是针对存在的问题制定相应的整改措施。

在评估过程中，需要综合考虑各项检验指标的合格率和偏差范围等因素。如果某项指标的合格率低于规定标准或偏差超出允许范围，就需要对该项指标进行重点关注和分析。同时，还需要结合实际情况和工程经验，对可能存在的安全隐患进行预判和评估。

针对存在的问题和安全隐患，相关单位需要制定相应的整改措施。整改措施主要包括对不合格部分进行返工、修复或更换等处理。改进方案则着重从源头上提高施工质量和效率，如优化施工工艺、提高施工人员素质、加强施工现场管理等。

此外，在对质量检验结果的评估与处理过程中，还需要注重与其他环节的协同配合，如与设计单位沟通优化设计方案、与监理单位共同监督施工质量、与施工单位协商改进施工方法等。这样可以形成合力，共同推动铁路轨道施工质量的提高。

四、线路固定的技术要点

（一）线路固定施工中的关键技术要点

线路固定技术主要包括轨道铺设、轨道连接、轨道调整以及固定装置的设置等多个方面。这些技术要点的实施，对于确保线路的稳定性和安全性具有至关重要的作用。

1.轨道铺设

在铺设过程中，需要确保轨道的直线度和水平度，以及轨道间的间距和高度差等参数符合设计要求。此外，在铺设过程中，还需注意轨道的防腐、防锈等问题，以延长轨道的使用寿命。

2.轨道连接

轨道连接的质量直接影响列车的运行平稳性和安全性。因此，在连接过程中，需要采用合适的连接方式和紧固力矩，确保轨道之间的连接牢固可靠。

3.轨道调整

在施工过程中，有很多可能导致轨道的位置、高度等参数出现偏差的因素。这时，就需要使用轨道调整技术，对轨道进行微调，以确保轨道的几何参数符合设计要求。

4.固定装置的设置

固定装置的主要作用是防止轨道在列车运行过程中发生位移或变形。因此，在设置固定装置时，需要充分考虑列车的运行特性、轨道的受力情况等因素，以确保固定装置的合理性和有效性。

（二）各项技术要点的具体实施方法

针对上述关键技术要点，下面将详细介绍各项技术要点的具体实施方法。

1.轨道铺设的实施方法

在轨道铺设过程中，首先需要对铺设基础进行清理和平整，确保基础坚实、平整、无杂物。然后，按照设计要求进行轨道的定位和安装。在定位过程中，需要使用专业的测量设备和方法，确保轨道的直线度和水平度符合要求。在安装过程中，需要注意轨道的间距和高度差等参数的控制，以确保轨道的平稳性和安全性。

2.轨道连接的实施方法

在轨道连接过程中，需要选择合适的连接方式和紧固件。常见的连接方式有焊接、螺栓连接等。在选择连接方式时，需要综合考虑连接强度、施工方便性、维护成本等因素。在连接过程中，需要严格控制连接质量和紧固力矩的大小，以确保连接的牢固性和可靠性。

3.轨道调整的实施方法

在轨道调整过程中，需要采用专业的调整设备和工具，对轨道进行微调。在调整过程中，需要根据实际情况选择合适的调整方法和步骤，确保轨道的几何参数符合设计要求。同时，在调整过程中，需要注意对轨道的保护，避免对轨道造成损伤或破坏。

4.固定装置设置的实施方法

在设置固定装置时，需要充分考虑列车的运行特性、轨道的受力情况等因素。首先，需要对固定装置的类型和规格进行选择，确保固定装置能够满足实际需求。其次，按照设计要求进行固定装置的安装和调试。最后，在安装过程中，需要注意固定装置的位置和对紧固力的控制，以确保固定装置的有效性和安全性。

五、线路调整与固定的安全措施

（一）线路调整与固定过程中的安全风险

由于铁路具有速度快、列车密度大、运营要求高等特点，线路调整与固定的安全性直接关系到列车的运行安全和乘客的生命财产安全。因此，对线路调整与固定过程中的安全风险进行深入分析，是确保施工安全的首要任务。

线路调整与固定过程中的安全风险主要包括但不限于以下几个方面：一是施工过程中可能出现的设备故障，如起重机械、紧固设备等出现故障，可能导致施工人员受伤或设备损坏；二是施工过程中的误操作，如误触高压线、误操作紧固件等，可能直接导致严重的安全事故；三是施工环境的不安全因素，如施工现场存在的坑洼、积水、障碍物等，可能给施工人员带来安全隐患；四是自然灾害的影响，如大风、雷电、暴雨等恶劣天气条件可能对施工安全造成不利影响。

为了有效应对这些安全风险，必须在施工前进行充分的风险评估和安全分析，确保所有施工人员都明确安全风险和相应的应对措施。

（二）安全措施的制定与落实

针对线路调整与固定过程中的安全风险，必须制定详细的安全措施并确保其得到有效落实。安全措施的制定应遵循科学性、合理性和可操作性的原则，确保措施既能有效预防安全风险，又符合实际施工条件。首先，要建立健全安全管理制度，明确各级管理人员的安全职责和工作流程。其次，要对施工人员进行严格的安全培训，提高他们的安全意识和应急处理能力。此外，还应加强对施工现场的安全监管，确保所有施工人员都遵守安全规定和操作规程。在安全措施的具体落实上，要采取多种手段进行监督和检查。例如，可以设立安全检查小组，定期对施工现场进行巡查，及时发现和纠正安全隐患。同时，还可以通过安装监控设备、建立安全信息报告系统等方式，实现对施工安全的实时监控和预警。

（三）安全培训与应急预案演练

安全培训是提高施工人员安全意识和应急处理能力的重要手段。在施工前，应对所有施工人员进行系统的安全培训，包括安全操作规程、危险源识别、应急处理措施等内容。在培训过程中，应注重理论与实践相结合，通过案例分析、模拟演练等方式，使施工人员更好地掌握安全知识和技能。此外，还应定期组织应急预案演练，在演练过程中模拟真实场景，设置多种突发情况，以检验施工人员在突发情况下的应急反应和处置能力。演练结束后，要及时总结经验、教训，对不足之处进行改进和完善。

（四）安全监督与事故处理的责任与流程

安全监督是确保施工安全的重要措施。在施工过程中，应建立健全安全监督体系，明确各级监督人员的职责和工作流程。监督人员应定期对施工现场进行检查，及时发现和纠正安全隐患。同时，还应加强对施工人员操作行为的监督，确保他们遵守安全规定和操作规程。

在事故处理方面，应建立完善的事故处理机制和流程。一旦发生安全事故，相关部门应立即启动应急预案，组织救援力量进行紧急处理。同时，要对事故进行深入调查和分析，找出事故原因和责任方，依法、依规进行处理。此外，还应及时总结经验教训，对安全措施进行改进和完善，防止类似事故再次发生。

第三节　铁路轨道施工中的
轨枕铺设与固定技术

一、选择轨枕要考虑的因素及需符合的标准

（一）选择轨枕要考虑的因素

在选择轨枕时，需要考虑以下因素：

1.承载能力

铁路轨道需要承受列车的重压和高速运行产生的冲击力，因此要求轨枕具有足够的强度和耐久性。

2.环境条件

铁路轨道所处的环境条件对轨枕的耐久性和使用寿命有重要影响。例如，潮湿、腐蚀等恶劣环境会对轨枕造成损害，因此需要选择具有较好的耐腐蚀性能的轨枕。

3.经济性

在选择轨枕时，需要考虑其成本效益。不同类型的轨枕在制造、运输、安装和维护等方面的成本不同，因此需要根据具体情况进行综合评估。

（二）选择轨枕需符合的标准

基于以上因素，在选择轨枕时，应符合以下标准：

①满足轨道的承载要求，具有足够的强度和耐久性。

②具有较好的耐腐蚀性和绝缘性能，能适应不同的环境条件。

③具有良好的经济性，成本效益高，易于维护和管理。

二、轨枕的发展趋势

随着铁路技术的不断发展和进步，轨枕也在不断演变和改进。未来轨枕的发展趋势可以概括为以下几点：

（一）轻量化

铁路列车运行速度不断提高，对轨枕的轻量化需求也越来越迫切。轻量化轨枕不仅可以降低轨道的自重和减少能源消耗，还可以提高轨道的平稳性和舒适性。

（二）环保化

随着人们环保意识的日益增强和国家对于环保的日益重视，轨枕制造更需要减少对环境的影响和污染。采用环保材料和生产工艺是轨枕制造未来发展的重要方向之一。

（三）智能化

随着智能化技术的不断发展，轨枕的制造、安装和维护过程也可以实现智能化管理。智能化轨枕可以提高轨道的安全性和稳定性，降低维护成本和提高运行效率。

三、轨枕铺设与布局

（一）轨枕铺设前的准备工作与规划

在铺设轨枕前，首先要对铺设现场进行充分的勘查与评估，包括对地形地貌、地质条件、气候条件等进行详细调查，以确保轨枕铺设的可行性。此外，还需要对铺设线路的走向、长度、曲率等进行精确测量，为后续轨枕布局提供准确的数据支持。

在准备工作完成后，需要进行轨枕铺设的规划。在规划过程中，要充分考虑铁路的运营需求、安全性能以及经济效益等因素。例如，在规划轨枕间距时，要根据列车的运行速度、轴重以及轨道的弹性等因素进行综合分析，确保轨枕间距既能满足列车运行的平稳性，又能降低轨道的维护成本。

（二）轨枕铺设的布局原则

轨枕铺设的布局应遵循一定的原则。首先，要确保轨枕铺设的连续性和稳定性，避免出现断轨、错轨等现象。其次，要合理控制轨枕间距，以减小列车运行时的振动和噪声。最后，要考虑轨枕的受力分布，确保轨道在承受列车荷载时能够均匀受力，降低轨道磨损和维修成本。

（三）轨枕布局的优化与调整

轨枕布局的优化与调整是确保轨道施工质量和运营安全的重要手段。在轨枕铺设过程中，要根据实际情况对轨枕布局进行不断优化和调整，以满足铁路的运营需求和安全性能要求。

具体来说，轨枕布局的优化可以从以下几个方面入手：一是根据列车的运行特点和轨道的受力状态，对轨枕间距、间隔和排布方式进行合理调整；二是结合先进的轨道检测技术和数值模拟方法，对轨枕布局进行精细化设计；三是充分考虑轨道的维护成本和运营效益，对轨枕布局进行优化选择。

四、轨枕固定方法

根据固定方式的不同，轨枕固定方法可分为传统固定方法和现代固定方法两大类。

传统固定方法主要包括木榫固定、铁钉固定和混凝土枕木固定等，这些方法具有简单易行、成本低廉的特点。但在铁路的运营过程中，由于列车的高速运行和重载作用，传统固定方法往往容易出现松动、断裂等问题，影响轨道的稳定性和安全性。

现代固定方法则主要采用预应力混凝土轨枕和弹性扣件等新型材料和技术。预应力混凝土轨枕具有高强度、高稳定性、长寿命等优点，能够有效抵抗列车的冲击和振动，提高轨道的承载能力和稳定性。弹性扣件则通过弹性连接轨枕和轨道，能够减少列车运行时对轨道的冲击，提高轨道的平顺性和舒适性。

因此，在选择轨枕固定方法时，需要综合考虑各种因素，包括铁路线路的运营速度、运输量、地理环境、气候条件、施工条件等。同时，还需要结合具体的技术和经济条件进行评估和比较，以选择最佳的轨枕固定方法。

五、轨枕固定质量检验

（一）轨枕固定质量检验的目的与意义

轨枕固定质量检验的主要目的在于确保轨枕在铁路轨道上的稳定性和安全性。轨枕作为支撑铁轨的重要部件，其固定质量直接关系到轨道的几何形状、列车运行的平稳性和安全性。通过严格的轨枕固定质量检验，可以及时发现和解决轨枕固定存在的问题，提高轨道的整体质量，为列车的安全、稳定运行提供有力保障。

轨枕固定质量检验有助于提高铁路建设的整体水平。在铁路的建设过程中，轨枕固定是轨道施工的重要环节之一。制定科学、合理的质量检验标准，可以规范施工流程，提高施工质量，推动铁路建设的专业化、标准化和规范化。

（二）轨枕固定质量检验的基本流程与方法

轨枕固定质量检验的基本流程包括前期准备、现场检测、数据分析与处理以及结果反馈等环节。第一，在前期准备阶段，需要明确检验的目的、标准和方法，准备好必要的检测设备和工具。第二，在现场检测阶段，需要对轨枕的固定情况进行全面、细致的检查，包括轨枕与铁轨之间的连接情况、固定件的安装情况等。第三，在数据分析与处理阶段，需要对检测数据进行统计、分析和处理，找出可能存在的问题和隐患。第四，在结果反馈阶段，需要将检验结果及时反馈给相关部门和人员，以便及时采取措施进行整改。

在轨枕固定质量检验过程中，可以采用多种方法进行检测。例如，可以通过目视检查、敲击检查、振动测试、超声波检测等方法来检查轨枕的固定情况。

此外，还可以采用无损检测技术来检测轨枕内部可能存在的缺陷和损伤，根据实际情况和需要选择适合的方法，以确保检测结果的准确性和可靠性。

（三）轨枕固定质量检验标准与规范

在铁路轨枕固定质量检验方面，国外已经形成了比较完善的标准和规范，这些标准和规范通常涵盖轨枕的材料、尺寸、安装工艺、固定件的选用和安装等多个方面。

铁路轨枕固定质量检验还要注重采用先进的技术手段和方法进行检测。例如，一些国家采用激光全息扫描技术、红外热成像技术等非接触式检测方法来检测轨枕的固定情况。这些方法具有检测速度快、精度高等优点，可以大大提高检测效率和准确性。

第四节　铁路轨道施工中的扣件连接技术

一、扣件连接原理、分类及特点

（一）扣件连接的原理

扣件连接，顾名思义，是通过扣件将轨道的各个部分紧密连接在一起，确保列车在高速运行时轨道的稳定性和安全性。扣件连接的基本原理主要包括扣件的力学性能和连接方式的设计。扣件需要具备足够的强度和刚度，以承受列车运行时产生的巨大动态荷载，同时还需要具有良好的韧性和耐久性，以应对长期运营过程中的疲劳和磨损。

在连接方式的设计上，扣件连接通常采用预紧力连接或自锁式连接。预紧力连接通过在扣件和轨道之间施加一定的预紧力，使两者紧密结合在一起，形成稳定的连接。自锁式连接则通过扣件自身的结构设计，使其在连接过程中自动锁定，防止列车运行时产生的振动和冲击导致连接松动。

（二）扣件连接的分类及特点

根据扣件的结构和连接方式，扣件连接可以分为多种类型，如弹条扣件、扣板式扣件、扣压式扣件等。这些不同类型的扣件连接各有其特点和应用场景。

弹条扣件是一种常用的扣件连接方式，其特点是通过弹条的弹性变形实现扣件与轨道之间的紧密连接。弹条扣件结构简单、安装方便，适用于各种轨道类型和地理条件。然而，弹条扣件的弹性变形会受到温度、湿度等环境因素的影响，长期运营后可能会出现松动或失效的情况。

扣板式扣件则通过扣板与轨道之间的摩擦力实现连接。扣板式扣件具有较高的连接强度和稳定性，适用于重载和高速列车运行的轨道。但是，扣板式扣件的结构相对复杂，安装和维护成本较高。

扣压式扣件是一种通过扣压力实现连接的扣件类型。扣压式扣件具有连接紧密、稳定性好等特点，适用于对连接要求较高的轨道。然而，扣压式扣件的安装需要满足较高的精度和技术要求，操作难度较大。

二、扣件连接工艺流程

（一）扣件连接前的准备工作及安排

在扣件连接之前，必须做充分的准备工作，以确保连接过程的顺利进行。首先，要对扣件进行严格的检查，确保其质量符合标准要求。这包括对扣件的尺寸、材料、外观等进行详细检查，以确保其无裂纹、无锈蚀、无变形等问题。同时，还需要对扣件进行性能测试，如抗拉强度测试、抗压强度测试等，以确保其性能满足使用要求。其次，要做好施工现场的准备工作。这包括清理施工现场，确保其无杂物、无积水等，为扣件连接提供良好的作业环境。同时，还要对施工现场进行安全检查，如检查电源、气源等是否安全可靠，确保施工过程中不发生安全事故。最后，要做好施工人员的培训和安排工作。施工人员是扣件连接的关键，他们的技能水平和操作经验直接影响连接质量。因此，必须对施工人员进行专业的培训，使其熟练掌握扣件连接的操作技能和安全知识。同时，还要合理安排施工人员的工作时间和任务，确保施工过程的顺利推进。

（二）扣件连接的具体操作步骤与流程

一般来说，扣件连接包括以下几个步骤：

1.定位与标记

在轨道上准确标记出扣件的位置。这需要使用专业的测量工具，如经纬仪、水准仪等，确保扣件位置的准确性。

2.安装扣件

在标记好的位置上安装扣件。在安装过程中，要注意扣件的方向和角度，确保其与轨道的贴合度。同时，还要使用专用的紧固工具，如扳手、螺丝刀等，确保扣件的紧固度。

3.调整与校正

安装完成后，要对扣件进行调整和校正。这包括对扣件的垂直度、水平度等进行检查和调整，以确保其符合设计要求。同时，还要对扣件的连接状态进行检查，确保其牢固、可靠。

4.质量检测

对扣件连接的质量进行检测，包括对扣件的尺寸、位置、紧固度等进行检查，确保其符合标准要求。同时，还要对轨道的平稳性和安全性进行检测，确保扣件连接的质量符合使用要求。

（三）扣件连接中常见问题及解决方法

在扣件连接过程中，常常会遇到一些问题和困难。这些问题不仅会影响扣件连接的质量，还可能对轨道的平稳性和安全性造成威胁。因此，必须及时采取有效的解决方法，确保扣件连接的顺利进行。

常见的扣件连接问题包括扣件松动、扣件断裂、扣件位置偏差等。针对这些问题，可以采取以下解决方法：

对于扣件松动问题，可以采取增加紧固力矩、更换紧固件等方法进行解决。同时，还要加强对扣件的日常检查和维护工作，确保其始终处于良好的工作状态。

对于扣件断裂问题，需要对扣件的材料、结构等进行详细分析，找出断裂的原因，并采取相应的措施进行改进。例如，可以采用优化扣件的材料配比、改进扣件的结构设计等措施。

对于扣件位置偏差问题，需要加强施工过程中的测量和控制工作。同时，还可以采用一些先进的定位技术，如激光定位、机器人定位等，提高扣件位置的准确性。

三、扣件连接质量控制要点

（一）扣件连接质量的评估指标

扣件连接质量的评估指标主要包括扣件的紧固力、扣件与轨道的匹配度、扣件材料的力学性能等。这些指标不仅关系扣件连接的安全性，还直接影响着铁路的稳定性和运行效率。

例如，我国铁路扣件连接的紧固力通常要在一定范围内，以确保不会因为扣件松动而影响轨道的稳定性。此外，扣件与轨道的匹配度也是一个重要的评估指标，必须确保扣件与轨道的尺寸、形状等相匹配，以保证连接的紧密性和稳定性。

（二）扣件连接过程中的质量控制措施

在扣件连接过程中，质量控制措施至关重要。首先，要选择合格的扣件材料和配件，确保其力学性能符合标准。其次，要采用正确的连接工艺和操作方法，避免在连接过程中出现松动、错位等问题。此外，还需要对连接过程进行严格的监控和检测，及时发现并处理潜在的质量问题。

为了确保扣件连接质量，施工单位通常会采取一系列措施。例如，在连接前对扣件和轨道进行清洁处理，以消除可能影响连接质量的杂质和污垢；在连接过程中使用专门的工具和设备，确保连接的准确性；连接后进行必要的检查和测试，以确保连接质量符合要求。

（三）扣件连接后的质量检验与验收标准

扣件连接完成后，必须进行质量检验与验收。这一环节是确保扣件连接质量符合要求的最后一道关口。质量检验通常包括外观检查、尺寸测量、力学性能测试等多个方面。外观检查可以发现扣件是否有裂纹、变形等明显缺陷；尺寸测量可以确保扣件与轨道的匹配度符合要求；力学性能测试则可以评估扣件的承载能力和耐久性。

在验收阶段，需要遵循一系列标准来判断扣件连接质量是否合格。这些标准通常包括扣件连接的紧固力范围、扣件与轨道的匹配度要求、扣件材料的力学性能指标等。只有所有指标都符合要求，扣件连接才能被认定为合格。

第八章 新技术在铁路轨道施工中的应用

第一节 智能化施工技术在铁路轨道施工中的应用

一、智能化轨道铺设技术

（一）自动导向轨道铺设技术

自动导向轨道铺设技术是一种利用先进的导航和控制系统，实现轨道铺设过程中的自动导向和定位的技术，主要包括：

1.激光导向系统

采用激光雷达或红外线传感器等设备，实时监测铺轨机相对于轨道的位置和方向，通过反馈控制实现自动导向。

2.GPS 定位系统

利用全球定位系统（global positioning system, GPS）实现铺轨机在施工场地的准确定位和轨道位置的精确控制，确保铺设轨道的准确性和稳定性。

3.惯性导航技术

结合惯性传感器，实现铺轨机在没有 GPS 信号的情况下的定位和导航，提高导向系统的可靠性和适用性。

4.实时调整功能

铺轨机配备了实时调整功能，能够根据轨道位置和施工情况自动调整导向角度和行进速度，确保铺轨的平稳性和一致性。

5.智能识别障碍物

导向系统能够通过传感器实时识别施工场地中的障碍物，自动调整行进路径，避免碰撞和事故发生。

（二）智能化轨道连接系统

智能化轨道连接系统是一种能够实现轨道连接和固定的智能设备，主要包括轨道连接头、自动固定装置和智能控制系统等。

1.轨道连接头设计

轨道连接头采用专门设计的结构和材料，能够实现轨道的精确连接和紧固，确保连接的稳定性和可靠性。

2.自动固定装置

自动固定装置能够根据轨道位置和连接情况自动调整连接头的位置和角度，实现轨道的自动连接和固定，减少人工操作，降低工作强度。

3.智能控制系统

智能控制系统通过传感器实时监测轨道连接状态和固定情况，根据反馈信号调整固定装置的动作，确保连接的准确性和稳定性。

（三）轨道铺设速度控制技术

轨道铺设速度控制技术是一种能够实现轨道铺设速度的精确控制和调整的技术，主要包括智能化调速装置、实时监测系统和自动调整功能等。

1.智能化调速装置

轨道铺设机配备了智能化调速装置，能够根据铺设情况和施工要求自动调整铺设速度，保证铺轨的准确性和稳定性。

2.实时监测系统

轨道铺设机配备了实时监测系统，能够实时监测轨道铺设的速度和位置，确保铺轨的一致性和平整度。

3.自动调整功能

铺轨机能够根据实时监测系统的反馈信号自动调整铺轨速度和行进路径，确保铺设轨道的准确性和稳定性。

（四）轨道调整与校直技术

轨道调整与校直技术是一种能够对铺设轨道进行精确调整和校直的技术，主要包括轨道调整装置、校直传感器和智能控制系统等。

1.轨道调整装置

轨道铺设机配备了专门设计的轨道调整装置，能够对轨道进行水平和垂直方向的调整，保证轨道的平整和一致性。

2.校直传感器

轨道铺设机配备了高精度的校直传感器，能够实时监测轨道的偏差和变形情况，为轨道调整提供准确的数据支持。

3.智能控制系统

轨道铺设机配备了智能控制系统，能够根据校直传感器的反馈信号自动控制轨道调整装置的动作，实现轨道的精确调整和校直。

使用智能化轨道铺设机械技术可以极大地提高铁路轨道施工的效率和质量，推动铁路建设的智能化和现代化进程。

二、智能化轨道检测技术

（一）轨道缺陷检测技术

轨道缺陷检测技术是一种能够实现对铁路轨道缺陷进行自动化检测和评估的技术，主要包括以下内容：

1.传感器技术

轨道缺陷检测机器人配备了多种传感器，如激光雷达、摄像头、超声波传感器等，能够实时监测轨道表面的缺陷，如裂缝、磨损等。

2.智能算法

轨道缺陷检测机器人采用先进的图像识别和数据处理算法，能够对检测到的缺陷进行自动识别和分类，准确评估轨道的健康状况。

3.实时监控系统

轨道缺陷检测机器人配备了实时监控系统，能够实时传输检测数据到监控中心，并对轨道缺陷进行实时监控和分析，及时发现和处理异常情况。

（二）轨道结构偏差检测技术

轨道结构偏差检测技术是一种能够实时监测轨道结构偏差并评估轨道稳定性的技术，主要包括以下内容：

1.数据采集与处理

轨道结构偏差检测技术通过数据采集装置将传感器采集的数据传输到数据处理系统中，对轨道结构偏差进行实时监测和分析。

2.结构稳定性评估

轨道结构偏差检测技术能够根据监测的结构偏差数据对轨道的稳定性进行评估和分析，提供轨道维护和管理的参考依据。

3.预警功能

轨道结构偏差检测技术配备了预警功能，能够根据监测的结构偏差数据和预设阈值自动发出预警信号，提醒相关人员及时处理轨道结构偏差问题。

4.远程监控与分析

轨道结构偏差检测技术具有远程监控与分析功能，能够实现对轨道结构偏差情况的远程监控和实时分析，为轨道维护和管理提供科学依据。

（三）智能化轨道表面检测技术

智能化轨道表面检测技术是一种能够实时监测轨道表面缺陷和异物的技术，主要包括以下内容：

1.表面缺陷检测

智能化轨道表面检测技术配备了高分辨率的摄像头和图像处理系统，能够实时监测轨道表面的裂缝、磨损等缺陷。

2.异物检测

智能化轨道表面检测技术采用先进的传感器技术，能够实时监测轨道表面的异物，如碎石、杂草等，并进行自动识别和清除。

3.智能识别算法

智能识别算法能够对监测到的表面缺陷和异物进行自动识别和分类，减少人工干预。

4.远程控制与监控

智能化轨道表面检测技术具有远程控制与监控功能，能够实现对检测设备的远程控制和实时监控，提高检测效率和准确性。

三、智能化施工计划优化

（一）任务调度与资源分配

在铁路轨道智能化施工计划优化中，任务调度与资源分配是关键环节。通过构建合理的任务调度模型，施工方可以根据工程项目的特点和资源需求，合理地分配施工任务和资源，包括施工队伍、设备、材料等资源的合理配置。此外，施工方还需要考虑任务之间的依赖关系和优先级，以避免施工过程中的冲突和浪费。智能化技术可以实现对任务进度和资源利用的实时监控，为调度决策提供依据。

（二）施工进度与风险评估

施工进度与风险评估是智能化施工计划优化的核心内容。通过采用先进的项目管理方法和智能化工具，施工方可以实时收集和分析施工过程中的数据，对施工进度进行精确控制。同时，结合风险评估技术，施工方可以对施工过程中可能出现的各种风险进行识别、分析和评估，为制定风险应对措施提供依据。在铁路轨道智能化施工中，风险评估主要关注施工安全、质量、成本和环保等方面，以确保施工过程的顺利进行。

（三）自动化施工计划生成

自动化施工计划生成是智能化施工计划优化的基础。通过运用大数据分析、人工智能和优化算法等技术，施工方可以根据施工项目的具体情况，自动生成合理的施工计划。该计划应充分考虑施工资源、进度、风险等多方面的因素，以保证施工能够高效、安全地进行。在自动化施工计划生成过程中，系统需要对各种施工方案进行优化选择，以降低施工成本，提高工程质量。

（四）优化算法与智能决策

优化算法与智能决策是智能化施工计划优化的关键手段。在施工过程中，面对许多不确定性和复杂性问题，施工方需要采用优化算法和智能决策系统进行解决。优化算法主要包括线性规划、非线性规划、遗传算法、粒子群优化算法等，可以根据施工目标和要求，找出最优的施工方案。智能决策系统则可以根据实时采集的数据，结合大数据分析和人工智能技术，为施工管理者提供科学的决策支持。

（五）实时跟踪与动态调整

实时跟踪与动态调整是智能化施工计划优化的保障。通过构建实时监控系统，施工方可以对施工过程进行全方位、全过程的监控，确保施工按照计划顺利进行。一旦发现问题，施工方可以及时进行动态调整，保证施工进度和质量。实时跟踪与动态调整主要包括施工进度监控、资源利用监控、质量检测等方面，对确保铁路轨道智能化施工的顺利进行具有重要意义。

第二节 数据化施工技术
在铁路轨道施工中的应用

一、实时施工数据监测

(一)传感器网络建设

实时施工数据监测的第一步是构建一个完善的传感器网络。传感器网络是由众多分布式传感器节点组成的,这些节点可以实时采集铁路轨道的各种信息。为了确保监测的全面性和准确性,施工方需要在铁路轨道的各个关键部位布置传感器。此外,还要合理选择传感器的类型和数量,以满足不同监测需求。例如,应安装振幅传感器、速度传感器、加速度传感器等,以便对轨道的变形、裂缝、磨损等情况进行监测。

(二)数据采集与传输技术

在传感器网络建设的基础上,施工方需要采用高效的数据采集与传输技术。数据采集技术主要包括模拟量转换、信号处理等,目的是将传感器输出的模拟信号转换为数字信号。此外,还要采用多路复用技术,实现多个传感器信号的同步采集。数据传输方式主要包括有线传输和无线传输两种。有线传输适用于短距离、高带宽的传输,如采用光纤通信技术;而无线传输则适用于长距离、低带宽的传输,如采用 Wi-Fi、蓝牙等无线通信技术。

(三)数据处理与分析算法

实时采集到的数据需要经过处理和分析,才能为施工决策提供有力支持。

数据处理主要包括滤波、去噪、标定等环节，目的是消除数据中的误差和干扰，提高数据的可靠性。数据分析算法则包括时域分析、频域分析、时频分析等，用以挖掘数据中的有效信息。此外，施工方还可以利用机器学习、人工智能等技术对数据进行智能分析，从而实现对轨道状态的自动判断。

二、施工过程仿真模拟

（一）施工流程建模

施工流程建模是铁路轨道施工过程仿真模拟的基础。在此过程中，施工方首先需要对施工过程进行全面梳理，明确各个施工环节及其相互间的逻辑关系。在此基础上，利用建筑信息模型等技术手段，对施工流程进行数字化建模，形成具有时间、空间、工序等信息的动态施工流程模型。此模型可直观地展示施工过程中的各项任务，为后续模拟提供有力支持。

（二）模拟仿真软件应用

在施工过程仿真模拟中，模拟仿真软件起到关键作用。通过选择适用于铁路轨道施工的模拟软件，如 4D 施工模拟软件、施工过程模拟软件等，将施工流程模型导入软件中。软件能够根据模型自动计算施工过程中各项任务的时间、资源需求等数据，并模拟实际施工情况，预测施工过程中可能出现的问题。此外，应用模拟仿真软件还可实现对施工方案的优化调整，提高施工效率。

（三）多场景模拟与预测

为了更全面地评估施工过程，施工方需要对施工场景进行多种假设和多场景模拟。这些场景包括正常施工场景、异常施工场景等。对多场景进行模拟有助于施工方制定应对措施，降低施工风险。

（四）参数优化与方案比较

在仿真模拟过程中，施工方应不断调整施工参数以寻求最优方案。这些参数包括施工顺序、施工资源配置、施工时间等。对不同方案的施工效果进行对比有助于找到最适合实际施工情况的方案。

（五）实时反馈与策略调整

铁路轨道施工过程仿真模拟具有实时性特点。在实际施工过程中，施工方需要将模拟结果与实际施工情况进行对比，以及时发现偏差。通过实时反馈，施工方可以掌握施工进度、资源利用等情况，并根据实际情况调整施工策略。这有助于确保施工过程的顺利进行，从而提高施工质量。

三、数据化施工计划优化

（一）施工数据分析

在铁路轨道施工过程中，数据化施工计划优化的第一步是运用施工数据分析方法，收集和整理施工过程中的各种数据，包括工程进度、资源消耗、质量控制、安全管理等方面的数据。通过对这些数据进行深入分析和挖掘，施工方可以找出影响施工效率和质量的关键因素，为后续的数据化施工计划优化提供依据。

（二）数据挖掘与预测

在掌握了大量的施工数据后，施工方需要运用数据挖掘与预测模型找到数据之间的关联，从而预测未来的施工趋势和资源需求的波动等，评估不同施工方案的优劣。应用数据挖掘与预测模型，可以提升施工计划的准确性，降低计划调整的频率，从而提高施工效率。

（三）实时大数据处理

在铁路轨道施工过程中，实时大数据处理技术起着至关重要的作用。运用该项技术，施工方可以实时收集和处理施工现场的各种数据，从而快速发现施工过程中的问题，实时调整施工计划，确保施工的顺利进行。

（四）数据可视化与报表分析

为了更直观地展示施工数据和分析结果，需要运用数据可视化与报表分析技术。将这些数据以图表、报表等形式展示，可以帮助施工管理人员快速了解施工现状，发现潜在问题，并制定相应的解决方案，从而提高施工管理的透明度，为智能化施工计划优化提供有力支持。

（五）数据驱动的管理

在智能化施工计划优化的过程中，数据驱动的管理至关重要。经过数据分析、挖掘和处理等环节，施工方掌握了大量的实时数据和预测分析结果。这些数据和分析结果为施工管理提供了有力的决策依据。在实际施工过程中，施工管理人员可以根据这些数据及时调整施工计划，合理分配资源，确保施工过程的高效、优质、安全。

第三节 绿色环保施工技术
在铁路轨道施工中的应用

一、环保材料应用技术

（一）可降解材料

可降解材料是指在一定条件下，能够自然降解、不会对环境造成污染的材料。在铁路轨道施工中，应用可降解材料具有重要意义。这类材料在轨道施工中的应用主要体现在以下几个方面：

1.轨道板

环保材料在轨道板中的应用主要体现在采用可降解的复合材料代替传统的混凝土材料。可降解的复合材料具有良好的强度和稳定性，能够满足铁路轨道的要求。在使用寿命到期后，这种材料可自然降解，因此能够减少对环境的影响。

2.轨道扣件

使用可降解、具有较低的摩擦系数的高分子材料作为轨道扣件的材料，能够在保证轨道连接稳定性的同时，减少噪声污染。这类材料能在一定时间内自然降解，从而降低对环境的影响。

3.轨道填充物

采用具有良好的填充性能、稳定性，可降解的生物质材料作为轨道填充物，能够有效减轻轨道结构对地基的荷载，减少地基沉降。这类材料能在一定时间内自然降解，从而减少对生态环境的破坏。

（二）低碳材料

低碳材料是指能够在确保使用性能的前提下降低不可再生自然原材料的使用量，制造过程低能耗、低污染、低排放，使用寿命长，使用过程中不会产生有害物质，并可以回收再生产的新型材料。在铁路轨道施工中，选用低碳材料是实现绿色施工的关键。在选用低碳材料时，需考虑以下几个方面：

1.材料的碳排放量

评估各类材料的碳排放量，选择碳排放量较低的材料。例如，采用低碳钢、高强度低合金钢等材料，减少钢轨焊接产生的碳排放量。

2.材料的生产过程

选用生产过程中能源消耗较低、污染排放较小的材料。例如，采用高炉矿渣混凝土轨枕，利用工业废渣，减少生产过程中的碳排放量。

3.材料的使用寿命

选用使用寿命较长、维修保养成本较低的材料，减少全生命周期的碳排放量。例如，采用耐磨性能好的轨道材料，降低轨道的维修保养频率。

4.材料的废弃处理

选用废弃后对环境影响较小的材料。例如，使用可降解的轨道板，使其在废弃后能够迅速降解，减少对土地的污染。

（三）循环再生材料

在铁路轨道施工中，充分利用循环再生材料，可降低资源消耗、减少环境污染。循环再生材料在铁路轨道施工中的应用具体体现在以下几个方面：

1.再生混凝土

再生混凝土是指将废弃的混凝土块经过破碎、清洗、分级后，按一定比例与级配混合，部分或全部代替砂石等天然集料（主要是粗集料），再加入水泥、水形成的新混凝土。再生混凝土可用于轨道基础、路基等工程，以降低水泥用量，减少碳排放。

2.再生钢材

再生钢材是指对废弃钢材进行再生炼钢，重新制成的钢材。再生钢材可用于轨道、桥梁等结构件的制造，有利于降低资源消耗。

3.废弃塑料回收利用

对废弃塑料进行回收、再生，制成轨道施工所需的塑料制品。例如，废弃塑料制成的轨道扣件、隔离板等。

4.技术改进

针对循环再生材料在施工过程中的性能不足，开展技术研究，提高材料的性能。例如，通过改进生产工艺，提高再生混凝土的强度和耐久性。

二、环境保护施工技术

（一）施工废弃物处理与资源化利用

1.施工废弃物处理

（1）分类收集

按照不同的种类对施工废弃物进行收集，如混凝土、砖瓦、木材、金属、塑料等。这有助于后续的资源化利用和减少处理成本。

（2）临时储存

在施工现场设置临时储存设施，确保废弃物得到妥善管理，避免对环境造成污染。

（3）运输与转移

将分类后的废弃物运输到指定的处理场所，进行加工处理。

（4）处理技术

采用适当的处理技术对废弃物进行处理，如破碎、筛分、压缩等，以便进行资源化利用或安全处置。

2.施工废弃物资源化利用

（1）再生利用

对于某些具有再利用价值的废弃物，如废混凝土、废砖瓦等，可以通过破碎、筛分等工艺处理，制成再生骨料、再生混凝土等。这不仅可以减少对自然资源的开采，还能降低生产成本。

（2）能源利用

对于某些可燃废弃物，如废木材、废塑料等，可以通过焚烧或气化等方式转化为热能或电能，实现能源的回收利用。

（3）生物分解

对于有机废弃物，如废弃的植被、纸张等，可以采用生物分解技术进行处理，将其转化为有机肥料或生物燃料，实现资源的循环利用。

（二）施工噪声与振动控制技术

1.噪声控制技术

（1）制定噪声控制计划

在施工前，需要制定详细的噪声控制计划，包括施工时间、施工方法、噪声控制措施等，确保施工活动在可接受的噪声水平内进行。

（2）合理安排施工时间

避免在居民休息的晚上或者早晨进行高噪声的施工活动，尽量将噪声较大的作业安排在白天进行。

（3）使用低噪施工设备

选用低噪声的施工机械和设备，减少施工过程中产生的噪声。

（4）安装噪声屏障

在施工现场周围设置隔音屏障或围挡，减少噪声向周围环境的扩散。噪声屏障通常由吸音材料制成，可以有效隔绝施工现场产生的噪声，并防止其传播到周边区域。

2.施工振动控制技术

（1）振源控制

控制振源是减少振动污染的关键，施工方可以通过改进振动设备的设计精度等，使其振动最小化。对于常见的振动机械，如柴油机、空气压缩机等，应采取各种平衡方法来改善其平衡性能，减少振动。

（2）传递过程中的振动控制

通过采取措施减小或隔离振动的传递，如在振源与需要防振的设备间安装弹性隔振装置，使振源的大部分振动被隔振装置吸收，减小振源对设备或场所的干扰。

（3）对受振动影响的对象采取控制措施

可以通过改变振动系统固有频率、增大阻尼、减少振幅等，防止或减少设备、结构对振源的响应。

（三）施工污水处理与排放

1.施工污水处理

（1）污水分类

对施工产生的污水进行分类，包括生活污水、施工废水等。不同类型的污水需要采用不同的处理方法。

（2）物理处理

可以通过过滤、沉淀等物理方法，去除污水中的大颗粒悬浮物、泥沙等杂质；还可以通过使用格栅、筛网、沉砂池等设备对施工污水进行处理。

（3）化学处理

根据污水的水质情况，添加化学药剂进行中和、氧化还原等反应，去除污水中的有害物质。例如，通过添加酸或碱来调节污水的 pH 值，去除有害的酸性或碱性物质；向污水中投加化学药剂，使有害物质转化为沉淀物，再通过沉淀、过滤等方式去除。

（4）生物处理

利用活性污泥法、生物膜法等生物处理方法，通过微生物的降解作用，去除污水中的有机物和其他有害物质。生物处理是一种环保、经济、有效的污水处理方法。

2.施工污水排放

（1）排放标准

施工污水的排放需要遵循国家和地方的相关排放标准。排放标准根据污水的水质和受纳水体的功能要求确定。

（2）排放口设置

在施工现场设置合理的污水排放口，确保污水能够顺利排放到指定的污水处理设施或受纳水体中。排放口应设置明显的警示标识，防止误排或误接。

（3）定期检测

对排放的污水进行定期检测，确保排放的污水符合相关标准和要求。检测的内容包括污水的 pH 值、悬浮物浓度、有机物浓度等指标。

（四）施工粉尘与气体排放控制技术

1.施工粉尘控制技术

（1）湿法控制

这是一种常见且非常有效的粉尘控制方法，主要体现为采用喷雾装置或使用湿布覆盖施工现场，将水或其他液体喷洒在产生粉尘的区域，降低粉尘的浓度，防止粉尘扩散。

（2）机械控制

机械控制指的是借助机械设备减少粉尘的产生和扩散。例如，将产生粉尘的机械设备与集尘器连接，通过吸尘的方式将粉尘收集起来；在施工现场的关键位置安装透明的防护罩或挡板，阻挡粉尘的扩散，并对作业人员进行有效的保护；选用低排放量的机械设备，以减少粉尘的产生。

（3）封闭隔离

加强建筑施工现场的管理，完善施工现场封闭隔离措施，防止扬尘污染扩散。例如，设置围挡、篷布等将施工区域与外界隔离。

2.气体排放控制技术

（1）源头控制

优化施工工艺和材料选择，减少有害气体的产生。

（2）废气处理

对产生的废气进行收集和处理，降低其排放浓度。常见的废气处理方法包括吸附、吸收、催化燃烧、生物降解等。

（3）排放监测

对施工现场的气体排放进行定期监测，确保排放符合相关标准和要求。监测内容包括但不限于二氧化硫、氮氧化物等有害气体。

（4）清洁能源利用

在施工过程中，尽量使用清洁能源，如电能、太阳能等，减少化石能源的使用，从而减少有害气体的排放。

三、节能减排施工技术

（一）施工能耗监测与管理技术

在铁路轨道施工过程中，能耗监测与管理技术起着至关重要的作用，因此必须实时监测施工过程中的能源消耗，对施工过程中的能耗进行精确控制，从而实现节能减排的目标。具体措施包括：

①建立能耗监测与管理系统，对施工过程中的电力、燃油等能源消耗进行实时监测，确保施工过程中能耗数据的准确性。

②制定合理的能耗标准，对施工过程中的能耗进行限额管理，对于超过能

耗标准的施工环节，需及时进行调整。

③加强对施工人员节能意识的培训，提高施工人员的节能操作技能，使其在施工过程中能够自觉地遵循节能原则。

④定期对施工设备进行维护保养，确保设备在高效状态下运行，减少能源浪费。

（二）节能施工材料与设备应用

在铁路轨道施工中，采用节能施工材料与设备是实现节能减排的关键。具体措施包括：

①优先选用环保、高性能、耐用的节能材料，减少材料消耗和能源浪费。

②推广使用节能型施工设备，如电动施工工具、太阳能照明设备等，降低能源消耗。

③对施工设备进行智能化改造，实现设备运行的自动化、智能化，提高设备运行效率，减少能源浪费。

④加强对施工材料与设备的监管，确保其在施工过程中得到合理使用。

（三）节能施工工艺与方法改进

优化施工工艺与方法是提高铁路轨道施工节能减排效果的重要途径。具体措施包括：

①深入研究铁路轨道施工技术，不断优化施工工艺，减少施工过程中的能耗。

②推广节能施工方法，如采用预制构件施工法、轨排组装法等，提高施工效率，减少能耗。

③加强施工现场管理，确保施工过程中的各项节能措施得到有效执行。

④开展施工技术创新，积极引进国内外先进的节能施工技术，提高施工过程中的能源利用效率。

（四）能源利用优化与废弃物资源化

在铁路轨道施工过程中，能源利用优化与废弃物资源化是节能减排的重要手段。具体措施包括：

①制定合理的能源利用计划，确保施工过程中能源的合理配置，提高能源利用率。

②推广使用清洁能源，如太阳能、风能等，减少化石能源的消耗。

③实施废弃物分类收集、处理和资源化利用，降低废弃物对环境的影响。

④加强对施工现场能源与废弃物的监管，确保各项措施得到有效执行。

第九章　复杂地质条件下的铁路轨道施工

第一节　复杂地质条件下铁路轨道施工面临的挑战与应对策略

一、复杂地质条件下铁路轨道施工面临的挑战

（一）地质环境因素带来的施工难点

复杂的地质环境包括但不限于崎岖的地形、多变的土壤类型等。这些因素不仅影响施工的难易程度，还直接关系到施工的安全和质量。

以某国的高山铁路为例，这里的地形极为陡峭，且土壤类型多变，既有深厚的软土，也有坚硬的岩石。在这样的地质环境下，施工队伍面临着如何选择合适的施工方法和设备，以及如何有效地进行土壤加固和排水处理等难题。同时，由于地形复杂，施工过程中的材料运输和人员调配也面临巨大的挑战。再比如，在沙漠地区的铁路施工中，地质环境因素同样不容忽视。沙漠地区土壤松散，地下水位低，且风力大，这些因素会给铁路轨道的施工带来极大的困难。在这样的环境下，施工队伍需要解决如何防止风沙侵蚀、如何保证土壤的稳定性以及如何有效进行排水等问题。

（二）复杂地质条件下的施工风险与安全隐患

在复杂的地质条件下进行铁路轨道施工，面临着较大的安全风险和较多的安全隐患。这些风险和隐患主要来自地质环境的复杂性和不确定性，以及施工过程中的各种不确定性因素。

以某国的山区铁路为例，这里的地质环境极为复杂，既有陡峭的山坡，又有深厚的软土和坚硬的岩石。在这样的环境下进行铁路施工，不仅施工难度大，而且存在着严重的施工风险和安全隐患。比如，施工过程中可能会遇到突发的山体滑坡、泥石流等灾害，这些灾害不仅会对施工进度造成影响，还可能对施工人员的生命安全构成威胁。再如，在地震活跃地区的铁路施工中，地质环境的不稳定性会给施工带来极大的风险。地震不仅可能导致地基失稳，还可能引发山体滑坡、泥石流等次生灾害。在这样的环境下施工，施工队伍需要具备高度的风险意识和较强的风险应对能力，同时也需要采取一系列有效的措施来保障施工安全。

二、复杂地质条件下铁路轨道施工风险的应对策略

在面对复杂地质条件时，铁路轨道施工方需要采取灵活多变的应对策略，以确保施工过程的顺利进行和工程质量的稳定可靠。

（一）针对不同地质条件，采用不同的技术方案

首先，针对不同的地质条件，需要制定不同的技术方案。例如，在软土地区，可以采用桩基础、地下连续墙等加固措施，提高地基的承载能力和稳定性。在山区，可能需要采取隧道穿越、桥梁跨越等方式，避免复杂地形对铁路轨道施工的影响。在沙漠地区，需要考虑如何有效防止风沙侵蚀，保障铁路轨道的长期使用。

此外，对于地质条件特别复杂的地区，还可以采用预制装配式施工方法。在工厂内预制好轨道结构，然后运输到现场进行组装，这能够大大降低轨道施工的难度，减少轨道施工的风险。同时，预制装配式施工方法还具有施工速度快、质量可控等优点，对于提高铁路轨道施工效率和质量具有重要意义。

（二）利用先进技术设备应对地质挑战

随着科技的不断发展，越来越多的先进技术设备被应用到铁路轨道施工中。这些技术设备不仅可以提高施工效率和质量，还可以帮助施工人员更好地应对各种地质挑战。

例如，施工人员可以在施工前使用地质雷达技术对地质条件进行详细的探测和分析，准确掌握地质情况，进而制定施工方案。盾构机、掘进机等大型施工设备可以在复杂地质条件下进行高效掘进和支护作业，提高施工速度和安全性。施工人员可以利用智能监控系统实时监测施工过程中的各项参数和地质变化情况，及时发现并处理潜在的安全隐患。

此外，还有一些新兴技术，如3D打印、机器人施工等，也逐渐被应用到铁路轨道施工中。这些技术具有更高的自动化程度和精度控制能力，可以进一步提高施工效率和质量。

第二节　复杂地质条件下的
地基处理与加固

一、地基勘测与评估

在处理与加固复杂地质条件下的地基时，首要任务是进行准确而全面的地基勘测和评估。这一环节对于后续的地基处理与加固工作至关重要，直接关系到铁路轨道工程的稳定性和安全性。

（一）地质勘测方法选择

在国外，地质勘测技术与方法的选择通常以具体的地质条件和工程需求为基础。常用的地质勘测方法包括钻探、地球物理勘探、地球化学勘探等。钻探是最直接的方法，可以获取地层的岩性、厚度、结构等详细信息；地球物理勘探则通过测量地球物理场的变化来推断地下地质情况；地球化学勘探则通过分析地下水的化学成分来推断地下地质情况。在选择合适的地质勘测方法时，施工方需要综合考虑地质条件、工程需求、成本效益等因素。

（二）地基条件评估指标与参数分析

地基条件评估是地基处理与加固的关键步骤，主要评估指标包括地基承载力、变形特性、稳定性等。地基承载力是指地基单位面积所能承受的最大压力，是地基设计的重要参数。变形特性则是指地基在受到外力作用时发生的变形情况，包括沉降、水平位移等。稳定性评估则主要关注地基在自然和人为因素作用下的稳定性。在进行稳定性评估时，需要综合考虑地质条件、荷载情况、环境因素等。常用的稳定性评估方法包括极限平衡法、有限元法、离散元法等。

这些方法通过模拟地基在不同工况下的受力状态，评估地基的稳定性。

在进行参数分析时，施工方需要综合考虑各种因素，如地质条件、荷载情况、环境因素等，以确定地基的承载力和变形特性。

二、地基处理方案设计

地基处理是建筑工程中不可或缺的一部分，其目的是确保建筑物的稳定性和安全性。在复杂地质条件下，地基处理方案设计尤为重要。

（一）地基处理方案的设计方法与流程

地基处理方案的设计主要包括以下几个步骤：

①现场勘察与地质调查：对施工现场进行详细的地质勘察和调查，了解地质条件、土层分布、地下水位等信息；

②地基承载力评估：根据勘察结果，评估地基的承载力，确定地基处理的目标和要求；

③方案设计与比选：根据地基处理的目标和要求，设计多种地基处理方案，并进行比选，选择最优方案；

④施工组织设计：根据选定的地基处理方案，制定详细的施工组织设计，包括施工设备、材料、人员、工期等；

⑤施工监测与验收：在地基处理施工过程中，进行实时监测，确保施工质量和安全，施工完成后进行验收，确保地基处理效果满足设计要求。

（二）不同地质条件下影响地基处理方案选择的因素

在不同地质条件下，影响地基处理方案选择的因素也会有所不同。以下是一些常见的影响地基处理方案选择的因素：

1.土层性质

土层的厚度、类型、含水量、密实度等对地基处理方案的选择具有重要影响。例如，对于软土、砂土等软弱土层，可能需要采取设置桩基、地下连续墙等加固措施；对于坚硬土层，则可以采取设置挖孔桩、扩孔桩等措施。

2.地下水位

地下水位的高低和变化对地基处理方案的选择也有较大的影响。例如，在地下水位较高的地区，需要考虑排水措施，避免地下水对地基产生的影响。

3.环境因素

环境因素如地震、降雨、温度等也会对地基处理方案的选择产生影响。例如，在地震频发地区，需要特别考虑地基的抗震性能，选择具有适当的抗震措施的地基处理方案。

（三）地基处理方案的优化与调整策略

在地基处理方案的设计与实施过程中，可能需要根据实际情况进行方案的优化与调整。以下是一些常见的优化与调整策略：

1.根据现场勘察结果调整方案

现场勘察过程可能会发现一些原先未知的地质条件或问题，这时需要根据实际情况对方案进行调整，以确保地基处理效果满足设计要求。

2.引入新技术和新材料

随着科技的进步和新材料的发展，新的地基处理技术和材料不断涌现出来。在方案设计和实施过程中，施工方可以积极引入新技术和新材料，提高地基处理工程的质量和效率。

3.加强施工监测与反馈

在地基处理施工过程中，需要加强实时监测，及时发现和处理施工中的问题。同时，根据施工监测结果对方案进行反馈和调整，确保施工质量和安全。

4.考虑长期效应

地基处理不仅需要考虑短期效果，还需要考虑长期效应。在方案设计和实施过程中，需要充分考虑地基在长期荷载作用下的变形和稳定性问题，避免后期出现安全隐患。

三、地基加固材料与工艺

（一）常用地基加固材料介绍与特性分析

地基加固材料是确保建筑物稳定性和耐久性的关键因素。常用的地基加固材料主要包括注浆材料、混凝土加固剂、桩基材料等。

注浆材料是一种用于填充土壤空隙、提高土壤密实度的材料。注浆材料具有良好的流动性和固化性，能够在土壤中形成稳定的结构体，从而提高地基的承载能力。注浆材料按其成分可分为水泥注浆材料、化学注浆材料等。水泥注浆材料以水泥为主要成分，加水搅拌后形成具有一定流动性的浆液，通过注浆管注入土壤中。化学注浆材料则利用化学反应产生固化效果，如聚氨酯、硅酸盐等。

混凝土加固剂主要用于增强混凝土结构的强度和耐久性。常见的混凝土加固剂有环氧树脂、碳纤维布等。环氧树脂具有优良的黏结性能和抗老化性能，能够有效增强混凝土结构的整体性能。碳纤维布具有高强度、轻质、耐腐蚀等特点，可以显著提高混凝土结构的承载能力。

桩基材料是地基加固中常用的一种材料，主要包括钢管桩、钢筋混凝土桩等。桩基材料通过打入或钻孔灌注桩的方式，将建筑物的基础与深层稳定土层相连接，从而提高地基的承载能力。桩基材料具有承载能力强、稳定性好、适用范围广等优点，在复杂地质条件下能够得到广泛应用。

（二）地基加固工艺流程与施工要点

一般来说，地基加固工艺流程包括以下几个步骤：

1.现场勘察与地质评估

在施工前，需要对施工现场进行详细的地质勘察和评估，了解土层分布、地下水位、岩石情况等地质条件，为后续地基加固方案的制定提供依据。

2.材料选择与准备

根据地质条件和施工要求，选择合适的地基加固材料，并进行必要的预处理和准备。

3.注浆施工

对于需要注浆加固的地基，按照设计要求进行注浆管的布置和注浆作业。在注浆过程中，需要注意注浆压力、注浆速度和注浆量的控制，确保注浆效果。

4.桩基施工

对于采用桩基加固的地基，需要进行桩基的钻孔、钢筋笼的制作与安装、混凝土灌注等作业。在桩基施工过程中，需要严格控制孔径、孔深、钢筋笼的直径和间距等参数，确保桩基的质量和承载能力。

5.混凝土加固剂施工

对于采用混凝土加固剂的地基，需要进行混凝土表面的处理、加固剂的涂刷等作业。在施工过程中，需要注意加固剂的均匀涂抹、无气泡产生以及加固剂与混凝土之间的紧密黏结。

6.质量检测与验收

在地基加固施工完成后，需要进行质量检测与验收。检测内容主要包括地基的承载能力、变形情况等。验收合格后，方可进行后续的施工。

（三）地基加固材料的性能测试与质量控制

地基加固材料的性能测试与质量控制是确保地基加固效果的重要手段。在复杂地质条件下，对地基加固材料的性能要求更为严格。一般来说，地基加固材料的性能测试主要包括以下几个方面：

强度测试：测试材料的抗压强度、抗拉强度等指标，以评估材料在受力状态下的承载能力。

耐久性测试：模拟材料在自然环境中的长期暴露情况，测试其抗老化、耐腐蚀等性能。

环保性能测试：测试材料的环保性能，如放射性、有害物质含量等，以确保材料在使用过程中不会对环境造成污染。

施工方要从源头上控制地基加固材料的质量。首先，应选择具有良好信誉和资质的材料供应商，确保所采购的材料符合相关标准和要求。其次，在材料进场前应进行严格的质量检查，如检查材料的外观、尺寸、重量等是否符合要求。最后，在施工过程中，应定期对材料进行抽样检测，确保材料性能的稳定性和可靠性。

四、地基处理与加固施工

（一）地基处理与加固施工前的准备工作

地基处理与加固在复杂地质条件下尤为重要，直接关系到建筑物的稳定性和安全性。在进行地基处理与加固施工前，充分的准备工作是必不可少的。

第一，对施工地点进行详细的地质勘察，主要包括对土壤类型、地质构造、地下水位、地震烈度等因素进行全面的调查和分析。通过地质勘察，施工人员可以了解地基的实际情况，从而选择合适的地基处理与加固技术。

第二，根据地质勘察结果，制定详细的地基处理与加固的施工方案。施工方案应包括地基处理的方法、加固措施的选择、施工工序的安排、施工设备的选用等内容。施工方案应充分考虑地质条件、工程要求、施工条件等因素，确保施工过程的顺利进行。

第三，进行施工现场的准备工作，主要包括清理施工现场、搭建临时设施、准备施工材料等。同时，还要对施工人员进行技术交底和安全培训，确保施工过程的顺利进行和施工人员的安全。

（二）不同地质条件下地基处理与加固的具体施工

1.软土地区的地基处理与加固

软土地区是指土壤含水量高、压缩性大、抗剪强度低的地区。在软土地区进行地基处理与加固施工时，常采用的方法有换填法、排水固结法、桩基法等。换填法是将软弱土层挖除，换填为强度较高的材料，以提高地基的承载能力的方法。排水固结法是利用排水措施加速软弱土层的固结，以提高地基的稳定性的方法。桩基法则是指在地基中设置桩基，将建筑物荷载传递到深层土壤中，以减小地基变形和提高承载能力的方法。

2.岩石地区的地基处理与加固

岩石地区是指地基主要由岩石构成的地区。在岩石地区进行地基处理与加固施工时，常采用的方法有爆破开挖法、锚杆加固法、注浆加固法等。爆破开挖法是指用爆破手段将岩石破碎并挖除，以满足工程需求的方法。锚杆加固法是指在岩石中设置锚杆，将建筑物与岩石紧密连接，以提高地基的整体稳定性的方法。注浆加固法则是通过向岩石中注入浆液，填充岩石裂隙和空隙，来提高岩石的强度和整体性的方法。

3.地震区的地基处理与加固

地震区是指地震活动频繁、地震烈度较高的地区。在地震区进行地基处理与加固施工时，除了考虑常规的地基处理措施，还需要特别关注抗震措施的应用。常见的抗震措施包括设置隔震沟、采用橡胶隔震支座、设置抗震支撑等。这些措施可以有效降低地震对建筑物的影响，提高建筑物的抗震能力。

（三）地基处理与加固施工后的质量检验与验收标准

地基处理与加固施工完成后，需要进行质量检验与验收工作。质量检验与验收的目的是确保地基处理与加固施工的质量符合设计要求和相关标准，保证建筑物的稳定性和安全性。

质量检验与验收工作应遵循以下步骤：首先，检查地基处理与加固施工的各项技术指标是否满足设计要求和相关标准；其次，检查地基处理与加固施工后地基的承载能力、变形等指标是否符合要求；最后，根据检查结果进行综合评估，确定地基处理与加固施工的质量是否合格。

在进行质量检验与验收时，应注意以下几点：第一，质量检验与验收工作应由专业的技术人员进行；第二，质量检验与验收工作应遵循科学、公正、客观的原则；第三，对于发现的问题和缺陷，应及时进行处理和整改；第四，质量检验与验收工作应有完整的记录和报告。

五、地基处理与加固效果评价

（一）地基处理与加固后的效果监测与评价指标

地基处理与加固后的效果监测是评价工作的重要环节。在复杂地质条件下，地基处理与加固效果的评价应当综合考虑地质条件、工程要求以及加固技术等多方面的因素。地基处理与加固后的评价指标包括但不限于地基承载力的提高程度、变形控制的效果、地基土体的稳定性以及加固材料的使用效果等。通过对这些指标进行监测和分析，施工人员可以全面了解地基处理与加固的效果，为后续的定量分析和评价提供依据。

（二）地基处理与加固效果的定量分析方法

在复杂地质条件下，定量分析方法应当结合具体工程的特点和加固技术的特点选择。常用的定量分析方法包括数值模拟、统计分析、专家评分等。数值模拟可以通过建立数学模型，模拟地基处理与加固过程中的应力、应变、位移等参数的变化，从而分析加固效果；统计分析可以通过收集大量数据，分析地基处理与加固前后的变化规律，评估加固效果；专家评分则可以邀请相关领域的专家，根据经验和专业知识对地基处理与加固效果进行评分。这些方法的综合运用，可以使评价结果更加客观、准确。

（三）地基处理与加固效果评价的时间与空间跟踪

在复杂地质条件下，地基处理与加固效果可能随时间和空间的变化而发生变化。因此，在评价过程中，需要充分考虑时间和空间的因素。一方面，需要对地基处理与加固效果进行长期的监测和跟踪，以了解加固效果的持久性和稳定性；另一方面，需要对不同区域、不同深度的地基处理与加固效果进行监测和对比，以全面了解具体的加固效果。

第三节　复杂地质条件下的
轨道布置与调整

一、轨道布置设计需考虑的因素

（一）地质条件

在复杂地质条件下进行轨道布置设计时，需要对地质条件进行充分的考量。地质条件是影响轨道布置的关键因素，包括地形地貌、地层岩性、地质构造、水文地质条件等。在进行轨道布置时，施工人员需要充分考虑这些因素对轨道线路的影响，如地形的起伏、地层的稳定性、地震活动的频繁程度等。

例如，在山区进行轨道布置时，需要充分考虑地形的起伏变化，合理选择线路走向和线路纵断面，避免线路穿越高陡边坡和不稳定的山体。在河流穿越地带，需要充分考虑河流的水文地质条件，如河床的稳定性、河流的冲刷作用等，以确保轨道线路的安全性和稳定性。

（二）安全性与稳定性

安全性与稳定性是轨道布置设计需要考虑的核心因素。在复杂地质条件下，轨道线路面临着多种潜在的安全风险，如山体滑坡、泥石流、地震等灾害，以及工程建设过程中的施工风险和运营过程中的安全风险。

因此，在进行轨道布置设计时，需要充分考虑这些因素对轨道线路安全性和稳定性的影响。例如，在地震活跃地区，需要采用抗震设计措施，如选择合理的轨道线路走向、加强轨道结构的抗震性能等，以减小地震对轨道线路的影响。在泥石流易发区，需要采取相应的防护措施，如设置泥石流挡墙、排水沟等，以避免泥石流对轨道线路的破坏。此外，还需要对轨道线路的稳定性进行评估。在评估过程中，需要充分考虑地质条件、工程措施、施工质量等因素对轨道线路稳定性的影响，并采取相应的措施进行控制和调整。

（三）经济性

经济性也是轨道布置设计必须考虑的因素。在进行轨道布置设计时，需要充分考虑工程投资、运营成本、社会效益等因素，以实现铁路轨道施工的经济性。

1.工程投资

在复杂地质条件下，轨道线路的建设成本往往较高，因此需要在保证安全性和稳定性的前提下，通过优化线路走向、减少工程措施等方式，尽可能降低工程投资。

2.运营成本

轨道线路的运营成本主要包括维护费用、能源消耗费用等方面。在进行轨道布置设计时，需要充分考虑这些因素对运营成本的影响，采取相应的措施进行控制和优化，充分考虑其耐用性、节能性等因素，以降低运营成本。

3.社会效益

轨道交通工程作为城市交通的重要组成部分，其建设对缓解城市交通压力、促进城市发展等具有重要意义。因此，在进行轨道布置设计时，需要充分考虑其对城市交通和社会发展的影响，以实现轨道交通工程社会效益的最大化。

二、轨道线路优化方法

（一）曲线与坡度的优化设计

在复杂地质条件下，轨道线路的曲线与坡度设计需要充分考虑地形、地质、气候等多方面的因素。曲线半径需根据地形条件和列车运行速度进行合理选择，以减小列车行驶过程中的侧向力和磨损。同时，坡度设计应充分考虑排水和防滑要求，确保列车在恶劣天气条件下的安全运行。此外，曲线与坡度的优化设计还应考虑列车运行的平稳性和乘客的舒适度，以提高轨道交通的整体服务质量。

（二）弯道与直线段的合理布局

弯道与直线段的布局对轨道线路的运营效率和安全性能具有重要影响。在复杂地质条件下，弯道的设计应遵循地形特征，减小急转弯和连续弯道，以降低列车行驶过程中的离心力。直线段的设置应充分考虑列车运行的稳定性和轨道线路的维护便利性。此外，弯道与直线段的布局还应考虑列车运行速度和列车类型的差异，以实现轨道线路的高效利用和安全运营。

（三）铺轨材料与结构的优化选择

铺轨材料与结构的选择直接关系轨道线路的耐久性和维护成本。在复杂地质条件下，铺轨材料应具备高强度、耐磨、耐腐蚀等特性，以适应恶劣的环境条件。同时，铺轨结构的设计应充分考虑地质特征和列车运行需求，确保轨道线路的稳定性和安全性。例如，在软土地区，可采用桩基或沉箱基础等加固措施，提高轨道线路的承载能力。

（四）轨道设备与施工工艺的优化配置

在复杂地质条件下，轨道设备的选择应充分考虑地质特征和运行环境，采用适应性强、稳定性好的轨道设备。同时，对施工工艺的优化也很关键，包括轨道铺设、道岔安装、轨道维修等环节。例如，在山区或高寒地区，应采用适应性强、抗冻性能好的施工工艺，确保轨道线路的稳定运行。此外，随着智能化、自动化技术的发展，轨道设备与施工工艺的优化配置将更加注重智能化监控、自动化维护等方面的创新应用。

三、轨道线路调整方案设计

（一）轨道几何形状调整方案

轨道几何形状的调整是确保列车运行平稳、安全的关键环节。在复杂地质条件下，轨道几何形状的调整需充分考虑地质因素，如地形起伏、地层岩性、地下水状况等。在具体实施中，可采用以下方法进行轨道几何形状的调整：

轨道高程调整：根据地形起伏和地层岩性等因素，对轨道高程进行合理调整，确保轨道线路的平顺性。

轨道横向位置调整：针对地层岩性和地下水状况等因素，对轨道横向位置进行调整，避免轨道因地质条件发生变形和损坏。

轨道纵向坡度调整：根据列车运行要求和地质条件，对轨道纵向坡度进行合理调整，确保列车在轨道上能够平稳、安全地运行。

（二）轨道曲线平顺性调整方案

轨道曲线的平顺性对于列车运行的安全性和舒适性具有重要影响。在具体实施中，可采用以下方法进行轨道曲线平顺性的调整：

曲线半径调整：根据地质条件和列车运行要求，对轨道曲线半径进行合理调整，保持曲线的连续性和平稳性。

曲线超高调整：针对列车运行速度和曲线半径等因素，对轨道曲线超高进行合理调整，确保列车在曲线上能够平稳、安全地运行。

曲线轨距调整：根据地质条件和列车运行稳定性要求，对轨道曲线轨距进行调整，避免因轨距变化导致的列车运行不稳定和其他安全隐患。

（三）轨道路基加固与加高方案

在复杂地质条件下，轨道路基的加固与加高是确保轨道线路稳定和安全的关键措施。在具体实施中，可采用以下方法进行轨道路基的加固与加高：

注浆加固：针对地层岩性较差或地下水丰富的区域，可采用注浆加固方法对路基进行加固，提高路基的承载能力和稳定性。

加高路基：对于地形起伏较大的区域，可采用加高路基的方法，确保轨道线路的平顺性和稳定性。

增设排水设施：针对地下水丰富的区域，应增设排水设施，避免地下水对路基的侵蚀和破坏。

（四）轨道交叉口与信号系统调整方案

轨道交叉口和信号系统的调整是确保列车运行安全、顺畅的重要环节。在具体实施中，可采用以下方法进行轨道交叉口与信号系统的调整：

交叉口间距调整：根据列车运行速度和地质条件，合理调整交叉口间距，确保列车在交叉口能够平稳、安全地通过。

信号系统参数优化：针对地质条件和列车运行要求，对信号系统参数进行优化，提高信号系统的可靠性和准确性，确保列车在交叉口能够准确、及时地接收到信号。

交叉口设备升级：针对老旧设备和损坏设备，应及时进行更换和升级，优化交叉口设备的性能，确保列车在交叉口能够顺利、安全地通过。

四、轨道调整施工与质量控制

（一）调整前的施工准备工作

在进行轨道调整施工前，充分的准备工作是必不可少的。首先，需要对施工区域进行详细的地质勘探，了解地质构造、岩性、地下水等情况，为后续的轨道调整提供基础数据。其次，要对轨道线路进行详细调查，了解线路的走向、曲线半径、超高、轨距等参数，确保轨道调整的准确性。最后，要对施工所需的材料、设备进行采购和准备，确保施工过程中的物资供应。

此外，为了保障施工的安全和顺利进行，还需要制定详细的施工方案和安全措施。施工方案应包括施工流程、施工方法、施工顺序等内容，确保施工过程的科学性和合理性。安全措施则包括施工现场的安全管理、安全防护措施等，确保施工人员的生命安全和施工设备的完好。

（二）不同调整方案的具体施工技术

轨道调整施工的具体技术因地质条件和调整方案的不同而有所差异。在复杂地质条件下，常见的轨道调整方案包括轨道抬高、轨道降低、轨道平移等。

1.轨道抬高施工技术

轨道抬高施工主要适用于地质条件较差、地基承载力不足的地区。在使用轨道抬高施工技术时，首先需要对地基进行处理，提高地基的承载力，然后采用千斤顶等设备将轨道逐步抬高至设计高度。在抬高过程中，需要严格控制抬高的速度和幅度，避免对轨道线路造成过大的应力。同时，还要对抬高后的轨道进行稳定性监测，确保轨道的平稳运行。

2.轨道降低施工技术

轨道降低施工主要适用于地质条件较好、地基承载力较高的地区。在使用轨道降低施工技术时，可以采用挖掘机等设备对轨道下方的土体进行挖掘，使轨道逐步降低至设计高度。在降低过程中，需要注意保护轨道线路的完整性和稳定性。挖掘后的土方应及时清理运走，避免对施工现场造成影响。

3.轨道平移施工技术

轨道平移施工主要适用于需要改变轨道线路走向的情况。在使用轨道平移施工技术时，可以采用滑移法、顶推法等将轨道线路平移至设计位置。在平移过程中，需要严格控制平移的速度和幅度，避免对轨道线路造成过大的应力。同时，还要对平移后的轨道进行稳定性监测，确保轨道的平稳运行。

（三）施工过程中的质量控制与监测

在轨道调整施工过程中，质量控制与监测是确保施工质量和安全的重要手段。首先，要建立健全的质量管理体系，明确各级人员的职责和权限，确保施工过程中的质量控制能够得到有效实施。其次，要加强对施工过程的监督和管理，及时发现和纠正施工过程中的质量问题。最后，还要加强对施工人员的培训和教育，增强他们的质量意识，提高他们的技能水平。

在监测方面，要采用多种手段对轨道调整施工过程中的关键参数进行实时监测。例如，可以采用位移传感器、应力传感器等设备对轨道的位移、应力等参数进行实时监测和分析。通过对监测数据的分析，施工人员可以及时发现施工过程中的异常情况，采取相应的措施进行处理，确保施工质量和安全。

（四）调整后轨道的稳定性检验与验收标准

在轨道调整施工完成后，需要对调整后的轨道进行稳定性检验和验收。稳定性检验主要包括轨道线路的几何尺寸检验、轨道线路的平顺性检验、轨道线路的稳定性检验等内容。验收标准则根据具体的工程要求和规范制定，包括轨道线路的几何尺寸允许偏差、轨道线路的平顺性要求、轨道线路的稳定性要求等。

在进行稳定性检验和验收时，需要采用专业的检测设备和方法，确保检验结果的准确性和可靠性。如果检验结果不符合要求，需要及时采取补救措施，直至满足验收标准。同时，还需要建立健全维护保养制度，定期对轨道进行检查和维护保养，确保轨道的长期稳定运行。

第四节　复杂地质条件下的
轨道施工方案与方法选择

一、施工方案比较与选择

（一）地质条件综合评估与需求分析

地质条件对轨道施工的影响尤为显著。因此，在选择施工方案时，必须充分评估地质条件，包括地层岩性、地质构造、水文地质条件等。首先，要对施工区域进行详细的地质勘探，获取准确的地质资料。并在此基础上，进行综合分析，评估不同施工方案对地质条件的适应性。例如，软弱地层可能需要采取桩基、地下连续墙等加固措施；断层区域需要特别注意施工对断层稳定性的影响。此外，需求分析也是非常重要的一环。在进行需求分析时，要根据工程需求，确定轨道施工精度、稳定性、耐久性等方面的要求，这直接影响施工方案的选择。

（二）成本效益比较与经济性评估

在选择轨道施工方案时，成本效益是一个非常重要的影响因素。不同的施工方案在成本上可能存在较大差异，包括材料成本、人工成本、设备成本、管理成本等。因此，在进行方案比较时，需要对各个方案的成本进行详细核算和比较。

除了直接成本，还需要考虑间接成本和长期效益。例如，某些方案可能在短期内需要花费较高的成本，但从长期来看，其稳定性和耐久性可能更好，从而降低了维护和更换的成本。因此，在进行成本效益比较时，需要综合考虑各种因素，选择最优的施工方案。

经济性评估也是不可忽视的一环。要分析不同施工方案的经济效益，包括投资回报率、资金占用率等。同时，还需要考虑市场需求、竞争环境等因素，以确保所选方案在经济上具有可行性和竞争力。

（三）安全性与环境保护效果考虑

在选择轨道施工方案时，安全性和环境保护效果也是非常重要的影响因素。施工安全直接关系人员生命财产安全和工程的进度。因此，在选择施工方案时，必须充分考虑施工过程中的安全风险和防控措施。例如，对于高边坡、深基坑等高风险工程，需要选择具有丰富经验和专业技术的施工队伍，并采取严格的安全管理措施。

同时，环境保护也是不可忽视的一环。在复杂地质条件下进行轨道施工可能会对周边环境产生一定的影响，如产生噪声、导致水土流失等。因此，在选择施工方案时，需要充分考虑环保要求，选择对环境影响较小的方案。例如，可以通过优先使用环保材料、采用绿色施工技术等措施来降低施工对环境的影响。

（四）技术可行性与资源利用情况分析

技术可行性是选择轨道施工方案的关键因素之一。因此，在选择施工方案时，需要充分考虑现有技术水平和施工条件，对技术方案进行详细的分析和评估，确保所选方案在实际施工中能够得到有效实施。此外，资源利用情况也是需要考虑的因素之一。因此，在选择施工方案时，需要充分考虑资源的合理利用。一方面，在选择材料时，可以优先选择当地资源丰富、价格合理的材料；另一方面，在设备选型时，可以优先选择高效节能、操作简便的设备。合理利用资源，不仅可以降低施工成本，还有助于推动可持续发展。

二、工程方法技术可行性分析

（一）不同施工方法的工艺流程与特点

在复杂地质条件下进行轨道施工，选择适当的施工方法至关重要。根据国内外实践经验，常见的轨道施工方法包括盾构法、矿山法、明挖法等。这些方法各有其工艺流程和特点，需要根据具体工程条件进行选择。

盾构法是一种在地下挖掘隧道的施工方法，它采用盾构机械在地下推进，同时完成挖掘、衬砌等作业。盾构法具有施工速度快、对周围环境影响小等优点，适用于穿越河流、湖泊等水域以及城市中心等复杂地质条件。然而，盾构法施工成本较高，对设备和技术要求较高，且盾构机械的尺寸和重量限制了隧道的断面形状和尺寸。

矿山法是一种在山区或岩石地层中挖掘隧道的施工方法，它采用钻爆法或掘进机进行挖掘。矿山法适用于岩石地层和坚硬土层，具有施工成本低、适应性强等优点。但是，矿山法施工周期长，对周围环境影响较大，存在安全风险。

明挖法是一种在地表开挖后建造隧道的方法，它适用于城市郊区或开阔地带的施工。明挖法具有施工简单、成本低等优点，但会对周围环境和交通造成较大影响，且施工需要占用大片土地。

（二）技术难点与解决方案

在复杂地质条件下进行轨道施工，会遇到多种技术难点，如地质条件复杂多变、施工环境恶劣、施工精度要求高等。为了攻克这些技术难点，需要采取相应的解决方案。

针对地质条件复杂多变的问题，可以采用地质勘探、超前钻探等技术手段，提前了解地质情况，制定相应的施工方案。同时，可以采用盾构法、矿山法等适应性强的施工方法，以适应不同地质条件。

针对施工环境恶劣的问题，可以采取环境保护措施。同时，可以采用信息化施工技术，实时监测施工过程中的各项参数，确保施工安全和质量。

针对施工精度要求高的问题，可以采用高精度测量技术、自动化控制系统等手段，提高施工精度和效率。同时，可以加强对施工人员的培训和管理，提高施工人员的技能水平和安全意识。

（三）工程方法的适用范围与限制

不同施工方法具有不同的适用范围和限制。在选择施工方法时，需要充分考虑工程条件、地质条件、环境因素等多方面的因素。

在选择施工方法时，还需要考虑施工周期、成本、安全等因素。例如，在城市中心区域进行轨道施工时，需要尽可能减少对周围环境和交通的影响，因此盾构法可能更加适用；在山区或岩石地层中进行轨道施工时，矿山法可能更加适合。

三、复杂地质条件下的施工组织与管理

（一）施工组织架构与责任划分

在复杂地质条件下的轨道施工中，首先需要构建一个科学、高效、灵活的施工组织架构。这一架构应能迅速响应地质变化，调整施工策略，确保工程顺利进行。一般而言，施工组织架构应包括项目管理层、技术管理层、作业执行

层和安全监控层。

项目管理层负责制定整体施工计划，监控施工进度，协调各方资源，确保工程目标的实现。技术管理层则负责技术研发、方案设计和优化，以及施工过程中的技术指导和问题解决。作业执行层负责按照技术方案进行施工，确保工程质量。安全监控层则负责施工现场的安全监控和风险评估，确保施工过程中的安全。

在责任划分方面，需要明确各层级、各部门的职责和权利，确保在出现问题时能够迅速找到责任人，及时解决问题。同时，还需要建立有效的沟通机制，确保各层级、各部门之间的信息畅通。

（二）施工过程中的安全管理与风险控制

在复杂地质条件下进行轨道施工时，安全管理与风险控制是重中之重。在安全管理方面，首先，制定严格的安全管理制度和操作规程，确保施工人员严格遵守安全规定，避免安全事故的发生。其次，定期进行安全检查和维护，及时发现和排除安全隐患。最后，还需要对施工人员进行安全培训和教育，提高他们的安全意识和自我保护能力。

在风险控制方面，需要建立风险评估体系，对施工过程中可能出现的风险进行预测和评估。针对不同类型的风险，需要制定不同的预防措施和应急预案，确保在风险发生时能够及时应对，减少损失。同时，还需要建立风险监控机制，对施工过程中的风险进行实时监控和预警，确保工程安全。

（三）人力、物力、财力的合理配置与调度

在复杂地质条件下的轨道施工中，人力、物力、财力的合理配置与调度对于工程的顺利进行至关重要。首先，根据工程规模和施工进度合理配置施工人员和机械设备。在人员配置方面，要考虑人员的专业技能和经验水平，确保他们能够满足复杂地质条件下的施工要求。在机械设备配置方面，要选择适应性

强、性能稳定的设备，确保施工效率和质量。其次，合理调度物资和资金。在物资调度方面，要根据施工进度和需求量提前进行物资采购和储备，确保施工过程中的物资供应充足。在资金调度方面，要合理安排资金流动，确保工程资金及时到位并得到合理使用。最后，还需要建立动态调整机制，根据施工过程中的实际情况及时调整人力、物力、财力的配置和调度方案，以适应复杂地质条件下的施工需求。

（四）施工现场监督与协调机制建立

在复杂地质条件下的轨道施工中，施工现场的监督与协调机制对于确保工程质量和进度至关重要。在施工现场的监督方面，首先，建立完善的施工现场管理制度和操作规程，确保施工人员严格遵守规定，避免违规操作。其次，建立现场监督机制，对施工过程进行全面、实时的监控，确保工程质量符合要求。最后，建立问题反馈和处理机制，及时对发现的问题进行处理和改进。

在协调机制方面，需要建立有效的沟通渠道和协作平台，促进各方之间的信息共享和协同工作。通过定期召开协调会议、建立信息共享平台等方式，加强各方之间的沟通和协作，确保施工过程中的问题能够得到及时解决。此外，还需要建立应急响应机制，对突发事件进行快速、有效的应对。通过制定应急预案、建立应急队伍、配备应急设备等方式，提高应对突发事件的能力，确保施工过程的安全和稳定。

第五节　复杂地质条件下的
轨道施工风险检测、预警与管控

一、风险监测与预警

（一）监测指标和监测方法选择

在复杂地质条件下，轨道施工的风险监测需要综合考虑多种因素，包括地质条件、施工环境、工程规模等。因此，在选择监测指标时，需要充分考虑这些因素，确保所选指标能够全面反映施工过程中的风险状况。

第一，地质条件是风险监测需要考虑的基本因素之一。在复杂地质条件下，地质勘探和监测工作尤为重要。通过地质勘探，施工人员可以了解地下岩层的分布、厚度、岩性等信息，为施工过程中的风险监测提供基础数据。同时，在施工过程中，还需要对地质条件进行实时监测，以便及时发现和处理潜在的地质风险。

第二，施工环境也是风险监测需要考虑的重要因素之一。施工环境包括施工现场的气候、水文条件、交通状况等。这些因素都可能对轨道施工造成影响，增加施工风险。因此，在风险监测过程中，需要密切关注施工环境的变化，并及时采取相应的应对措施。

第三，工程规模也是风险监测需要考虑的因素之一。不同规模的轨道施工项目，其风险监测的重点和难点也会有所不同。对于大型轨道施工项目，需要更加关注施工过程的整体稳定性和安全性；对于小型轨道施工项目，则可能更加需要关注局部地质条件的变化和施工质量的控制。

在选择监测方法时，需要综合考虑各种因素，包括监测指标的性质、监测数据的获取方式、监测成本等。目前，常用的监测方法包括地质雷达探测法、声波测试法、位移监测法、应力监测法等。这些方法各有优缺点，需要根据实际情况进行选择。例如，地质雷达探测法可以快速获取地下岩层的分布情况，但成本较高；声波测试法则可以通过测量声波在岩层中的传播速度来评估岩层的强度和稳定性，但受环境因素的影响较大。

（二）风险预警标准和阈值设定

风险预警标准和阈值的设定是风险监测与预警的核心环节。这些标准和阈值需要根据实际情况进行设定，以确保当风险达到一定程度时能够及时发出预警，从而采取相应的应对措施。

在设定风险预警标准和阈值时，需要综合考虑多种因素，包括地质条件、施工环境、工程规模等。同时，还需要参考国内外相关标准和规范，确保所设定的标准和阈值具有科学性和合理性。

对于不同的监测指标，其预警标准和阈值也会有所不同。例如，对于位移监测指标，可以设定一定的位移量作为预警阈值；对于应力监测指标，则可以设定一定的应力变化率作为预警标准。当监测数据达到或超过这些标准和阈值时，就需要及时发出预警，以便采取相应的应对措施。

（三）风险监测系统和技术平台建设

风险监测系统和技术平台是实现风险监测与预警的重要手段。这些系统和平台需要具备实时性、准确性、可靠性等特点，以确保能够及时获取和处理监测数据，从而实现对施工风险的实时监测和预警。

在风险监测系统的建设过程中，需要充分考虑各种因素，包括监测指标的选择、监测方法的确定等。同时，还需要注重系统的可扩展性和可维护性，以便根据实际情况进行调整和优化。

目前，随着信息技术的发展，各种新型的技术平台不断涌现，如云计算、大数据、物联网等。这些技术平台具有强大的数据处理和分析能力，可以为风险监测与预警提供有力支持。在选择技术平台时，需要综合考虑其性能、稳定性、安全性等因素，确保所选平台能够满足实际需求。

（四）风险信息共享和报告机制的建立

风险信息共享和报告机制是实现风险监测与预警的重要环节。建立完善的风险信息共享和报告机制，可以促进各方之间的沟通与协作，以便及时发现和处理潜在的风险问题。

在建立风险信息共享和报告机制时，需要明确各方的职责和权限，确保信息的及时性和准确性。同时，需要建立完善的信息传输和处理流程，确保信息的畅通无阻。此外，还需要加强对信息保密和安全的管理，防止信息被泄露和滥用。

二、风险管控

（一）风险规避和减轻策略

1.技术方案优化和改进

在复杂地质条件下，轨道施工技术方案的确定直接关系到项目的成败。因此，优化和改进技术方案是规避和减轻风险的关键。第一，应对地质条件进行深入研究，了解地层结构、岩性、水文地质等信息，为技术方案的设计提供依据。第二，应借鉴国内外成功案例，结合实际情况，进行技术方案的优化和创新。

2.设备材料选择与更新

设备材料的性能和质量直接影响轨道施工的安全和质量。在复杂地质条件下，选择合适的设备材料显得尤为重要。第一，应根据地质条件和施工要求，选择性能稳定、适应性强的设备。例如，在软弱地层中，应选择具有良好掘进性能、掘进速度稳定的盾构机。第二，对设备材料的维护和更新同样重要。定期对设备进行检查、维修，确保其处于良好状态；及时更新老化、损坏的设备材料，避免由此引发的安全事故。

3.施工工艺改进与创新

在复杂地质条件下，施工工艺的改进与创新对于降低风险具有重要意义。第一，应针对具体地质条件，制定切实可行的施工工艺。例如，在砂土地层中，可以采用分层开挖、分层支护的施工方法，以减少地层的变形。第二，应积极引进和推广先进的施工工艺和技术，提高施工效率和质量。例如，采用自动化监控技术，实时监测施工过程中的各项参数，确保施工安全。

（二）风险转移和分担策略

1.保险与担保措施

在轨道施工过程中，通过购买保险和采取担保措施，可以将部分风险转移给保险公司或担保机构，从而降低自身承担的风险。第一，应根据项目特点和风险评估结果，选择合适的保险产品，如工程一切险、第三者责任险等。第二，应与保险公司或担保机构建立良好的合作关系，确保在发生风险事件时能够及时获得赔付或担保支持。

2.合同风险分担与责任约定

在签订合同时，应明确双方的风险分担和责任约定。第一，应在合同中明确约定各自承担的风险范围和责任边界，避免在风险事件发生时产生纠纷。第二，应根据项目特点和风险评估结果，合理约定风险分担比例和赔偿方式。例如，对于地质条件复杂、风险较高的项目，可以采用固定总价合同或成本加酬金合同等风险分担方式。

3.合作伙伴选择和风险共担

在轨道施工过程中，选择合适的合作伙伴并与其建立风险共担机制，有助于降低项目风险。第一，应选择具有丰富经验和良好信誉的合作伙伴，共同应对项目中的风险挑战。第二，应与合作伙伴建立风险共担机制，明确双方在项目中的权益和责任。例如，可以采用联合体投标、共同出资等方式，实现风险共担和利益共享。

（三）风险应对和控制策略

1.应急预案和救援措施

制定完善的应急预案和救援措施是应对轨道施工过程中可能出现的突发事件的关键。一方面，应针对可能出现的风险事件制定详细的应急预案。预案应包括风险事件的识别、评估、处置和救援等各个环节，确保在风险事件发生时能够迅速响应。另一方面，应建立专业的救援队伍、配备必要的救援设备，确保在紧急情况下能够及时有效地进行救援工作。

2.项目管理和危机管理

加强项目管理和危机管理是控制轨道施工风险的重要手段。第一，应建立完善的项目管理体系，包括项目管理团队、项目管理流程、项目管理制度等。有效的项目管理可以确保项目的顺利进行和风险的及时控制。第二，应建立危机预警机制和危机应对机制，加强对危机的管理。

3.沟通协调与问题解决

在轨道施工过程中，加强沟通协调，及时解决问题是降低风险的重要环节。一方面，应建立有效的沟通机制，确保项目各方能够及时而准确地传递信息、共享资源、协同工作，减少因信息不畅或沟通不足而引发的风险事件。另一方面，应提高问题解决能力，针对项目中出现的各种问题，及时进行分析、研究，制定解决方案并实施，确保项目能够顺利推进并降低风险发生的概率。

第十章 铁路轨道的翻修

第一节 翻修概述

一、翻修轨道与新建轨道的区别与联系

（一）区别

1.工程特点与施工环境的不同

铁路翻修轨道与新建轨道相比，在工程特点和施工环境上存在一定差异。

（1）工程特点

翻修轨道：翻修轨道通常是指在原有轨道基础上进行重建，需要考虑原有轨道结构的状况和使用历史，以及影响翻修的因素，如老化、磨损、变形等。

新建轨道：新建轨道是指在原有地形条件下进行轨道铺设，相对来说工程难度较小，但需要考虑地形地貌、地质条件等因素。

（2）施工环境

翻修轨道：翻修轨道通常是在已有的运营铁路线路上进行的，施工空间受限，需要考虑列车运行的安全，可能需要在夜间或列车低峰期施工。

新建轨道：新建轨道施工相对自由，通常在地势较为平坦、无列车通行的区域进行，可以根据施工计划进行合理安排。

2.技术要求与工艺流程的不同

铁路翻修轨道与新建轨道在技术要求和工艺流程上也存在一些不同之处。

（1）技术要求

翻修轨道：翻修轨道需要对原有轨道的状况进行评估和分析，根据实际情况选择合适的重建方案，可能涉及焊接、磨削、加固等技术。

新建轨道：新建轨道需要进行地形勘测、地质勘察等前期工作，选择合适的线路走向和轨道类型。在施工过程中，需要精确控制轨道的几何参数和轨道位置。

（2）工艺流程

翻修轨道：翻修轨道的工艺流程相对复杂，需要对原有轨道进行拆除、修复、更换等工序，其中涉及的技术和工艺较为多样化。

新建轨道：新建轨道的工艺流程相对清晰，包括路基准备、轨道安装、轨道固定等基本工序，流程相对简单明了。

3.设备选型与资源配置的不同

在铁路翻修轨道和新建轨道的施工过程中，设备选型和资源配置也存在一定的差异。

（1）设备选型

翻修轨道：翻修轨道需要使用专门的轨道修复设备，如轨道研磨机、焊接设备、轨道起重机等，以及针对老旧轨道的检测设备。

新建轨道：新建轨道需要使用铺轨机、平地机、压路机等设备，以及针对地形地貌的勘测设备。

（2）资源配置

翻修轨道：翻修轨道需要更多的人力和设备资源用于轨道检修和维护，同时需要考虑列车运行的安全，对施工人员的技术要求较高。

新建轨道：新建轨道需要更多的土地和材料资源，对施工现场的环境要求相对较低，但需要更多的机械设备和人力资源用于施工。

4.成本控制与风险管理的不同

在成本控制和风险管理方面，铁路翻修轨道和新建轨道也存在一些差异。

（1）成本控制

翻修轨道：翻修轨道的成本通常较高，因为需要进行老旧轨道的检修和维护，以及使用专门的轨道修复设备和技术，同时可能需要考虑列车运行的安全，增加了施工成本。

新建轨道：新建轨道的成本通常相对较低，因此可以根据设计要求选择合适的材料和设备。

（2）风险管理

翻修轨道：翻修轨道的风险主要集中在对原有轨道结构和列车运行的影响方面。需要制定详细的风险管理策略，确保施工过程的安全可控。

新建轨道：新建轨道的风险主要集中在地形地貌和地质条件等方面。需要进行充分的前期调查和风险评估，制定相应的应对措施。

（二）联系

铁路翻修轨道与新建轨道的联系体现在新旧轨道结构的耦合与衔接上。

翻修轨道：翻修轨道通常需要与原有轨道结构进行衔接，确保新修部分与原有轨道结构的平稳过渡，避免接触面不平整而导致的安全隐患。

新建轨道：新建轨道需要考虑与周边环境的衔接，确保新建轨道与现有交通网络的连接畅通，同时需要考虑未来可能的扩建和升级需求。

二、翻修的基本原则

（一）安全性原则

安全性原则是铁路轨道翻修的首要考虑因素。在铁路轨道翻修过程中，相关人员需要充分考虑轨道结构的安全性能，确保翻修后的轨道能够满足列车高速、安全行驶的需求。这包括对轨道材料的选择、轨道结构的优化以及施工过程中安全措施的制定。此外，安全性原则还要求对轨道使用过程中的风险进行评估，制定相应的预防措施，以确保轨道使用过程中的安全。

（二）经济性原则

经济性原则要求在保证轨道安全性的前提下，尽可能降低翻修成本。这需要在选材、设计、施工等环节充分考虑成本因素，寻求经济效益最大化的方案。经济性原则还要求对翻修项目进行成本效益分析，以确保项目经济合理。同时，经济性原则也体现在对轨道使用寿命的考虑上，确保翻修后的轨道在使用过程中，能够达到预期的使用寿命，避免频繁翻修。

（三）效率性原则

效率性原则要求翻修具有高效性，包括施工周期短、施工质量高等方面。因此，相关人员需要优化施工方案，提高施工效率，降低施工成本。

（四）环保性原则

环保性原则要求翻修在满足安全性、经济性、效率性的同时，还充分考虑环境保护效果。这包括降低施工对环境的影响，以及对施工废弃物进行合理处理。

（五）可持续性原则

可持续性原则是指翻修工艺设计应符合可持续发展的理念。这意味着轨道翻修应充分考虑对环境、社会、经济等方面的影响，确保项目在满足当前需求的同时，不影响未来发展和生态环境；应注重资源节约和循环利用。同时，可持续性原则还要求相关人员关注新技术、新材料、新工艺，推动铁路轨道翻修的技术进步和绿色发展。

三、翻修的意义

（一）提高轨道运输的安全性

铁路轨道作为铁路运输系统的基础设施，其安全性直接影响着整个铁路运输的安全。随着铁路运输量的不断增加，轨道承受的压力日益增大，轨道磨损、疲劳等问题也日益凸显。在铁路轨道翻修过程中，应对轨道进行检查和维修，发现潜在的安全隐患，从而提前采取措施进行处理，提高轨道运输的安全性，进一步保障铁路运输的安全。

（二）延长轨道使用寿命

铁路轨道在使用过程中，受到列车荷载、气候条件等多种因素的影响，会产生磨损、疲劳、裂纹等现象。对损伤的轨道进行修复，使其恢复到初始状态，继续承受列车荷载，有助于延长轨道的使用寿命，从而节约资源和资金。

（三）提高轨道运输效率

铁路轨道翻修可以提高轨道运输效率。一方面，在翻修过程中，对轨道进行检查和维修可以确保轨道质量达到标准，减少轨道问题导致的列车晚点等现象。另一方面，轨道翻修可以提高铁路线路的通行能力。在翻修过程中，施工人员可以对轨道进行升级，使其能够适应更高速度和更大荷载的列车。此外，轨道翻修还可以优化铁路线路的布局，提高线路的通行效率。

（四）实现铁路可持续发展

铁路轨道翻修是实现铁路可持续发展的重要手段。首先，对轨道进行翻修，可以提高铁路运输的安全性和效率，为铁路运输业的可持续发展奠定基础。其次，轨道翻修有助于延长轨道使用寿命，降低轨道更换频率，节约资源和资金，有利于铁路行业的长期发展。最后，轨道翻修还可以推动铁路技术的创新和进步，为铁路运输的现代化发展提供支持。综上所述，铁路轨道翻修对促进铁路的可持续发展具有重要意义。

第二节　翻修前的准备工作

一、轨道现状评估

（一）轨道几何参数测量与分析

测量设备：使用全站仪、测距仪等精密测量设备对轨道几何参数进行实时测量。

数据处理：借助地理信息系统等对测量数据进行处理，获得轨道轨距、轨高等几何参数的精确数值。

参数分析：根据测量数据，分析轨道几何参数的变化趋势和偏差情况，评估轨道的整体几何状况。

（二）轨道结构强度评估

静载试验：利用静载试验仪对轨道结构进行负荷测试，评估其受力性能和承载能力。

有限元分析：运用有限元分析方法，建立轨道结构的数值模型，对其受力情况进行模拟和分析，评估结构的强度和稳定性。

超声波检测：应用超声波检测技术对轨道结构进行非破坏性检测，发现可能存在的隐患和缺陷。

（三）轨道磨耗与损伤评估

轨道磨耗测量：使用轨道磨耗测量仪对轨道表面磨耗情况进行定量测量和分析。

磨耗形态观察：对轨道表面的磨耗形态进行目测观察和摄像记录，分析磨耗的原因和特征。

损伤检测：利用超声波、磁粉检测等方法对轨道结构中的裂纹、缺陷等损伤进行检测和评估。

（四）轨道连接性能检测与评价

连接处间隙：测量轨道连接处的间隙大小，评估连接性能的紧密度和稳定性。

锁紧度检测：采用专用设备对连接处的锁紧状态进行检测，确保连接的牢固性和稳定性。

应力分布：运用应力传感器等设备监测轨道连接处的应力分布情况，评估连接性能的均衡性和合理性。

二、环境与施工条件评估

（一）施工区域地质与地形特征分析

在进行铁路轨道翻修工程之前，首先需要对施工区域的地质与地形特征进行全面深入的了解。地质条件对于铁路轨道的稳定性和耐用性具有重要的影响。地质调查应包括对地层结构、岩性、地质构造、地质灾害等方面情况的了解。地形特征分析则主要包括对高程、坡度、坡向、地形地貌等要素的分析。这些信息将为轨道翻修提供重要依据。

（二）气候与气象条件评估

气候与气象条件对铁路轨道翻修工程的施工进度和施工方法选择具有显著影响。评估内容包括对年平均气温、极端气温、降水量、风力等的评估。施工人员应根据气候与气象特点，制订合理的施工计划，选用适宜的施工方法，确保工程质量和进度。例如，在雨季施工时，应采取防洪措施，避免雨水对施工现场和材料的影响；在寒冷地区，则需考虑冬季施工的保温需求。

（三）环境保护与生态影响评估

环境保护与生态影响评估是铁路轨道翻修工程不可或缺的一环。评估内容主要包括施工对周边生态环境、水资源、土壤质量等的影响的评估。为了减轻施工对环境的影响，施工人员应采取相应的环保措施，如噪声控制、废渣处理等。同时，应制定合理的施工方案，尽量减少施工对周边生态环境的破坏，实现绿色施工。

（四）工程安全风险评估

工程安全风险评估旨在识别潜在的危险因素，制定相应的安全防护措施，保证施工过程中的人员生命和财产安全。评估内容主要包括对地质灾害风险、施工机械设备安全风险等的评估。针对不同风险类型，施工方应制定相应的安全管理措施，提高施工现场的安全水平。例如，在地质灾害风险高的区域，加强监测，确保施工安全。

三、翻修方案设计与选择

（一）翻修目标与要求确定

铁路轨道翻修工程是一项复杂的系统工程，首先需要明确翻修的目标和具体要求。翻修的目标主要包括提高轨道的使用寿命、运行速度和安全性。在使用寿命方面，应选用高质量的轨道材料、提高轨道结构的稳定性以及优化轨面形状。在运行速度方面，应优化轨道的几何尺寸、提高轨道的平顺性以及减小轨道不平顺度的变化。在安全性方面，应提高轨道的抗弯强度、抗磨损性能以及抗疲劳性能。

（二）翻修工艺选择与比较

在确定翻修目标与要求后，需要选择合适的翻修工艺。常见的翻修工艺主要有以下几种：换轨、无缝焊接、轨道打磨、轨道涂层等。每种工艺均有其优点和适用范围，因此在选择翻修工艺时，应根据实际情况，结合翻修目标与要求，选择最合适的翻修工艺。例如，换轨适用于轨道使用寿命较短、损伤严重的情况；无缝焊接用于提高轨道连续性、减小列车运行中的冲击振动；轨道打磨和涂层则主要用于提高轨道的平顺性和耐磨性。

（三）翻修方案的可行性分析

在选定翻修工艺后，需要对翻修方案进行可行性分析。可行性分析主要包括技术可行性分析、经济可行性分析和施工可行性分析。技术可行性分析主要评估翻修工艺在实际应用中的技术难度和实施效果；经济可行性分析主要分析翻修方案的投入与产出比，确保项目具有良好的经济效益；施工可行性分析主要分析施工现场的条件，如工程进度、环境影响、施工安全等。

（四）翻修工期与预算的估算

根据翻修方案的可行性分析，制订详细的施工计划，包括施工工期、工程进度等。同时，根据施工计划，对项目预算进行合理的估算。工期估算要充分考虑施工工艺的特点、施工现场的条件以及可能出现的突发情况，确保工程按时完成。预算估算要准确反映项目的投资需求，包括材料费、人工费、设备费、施工配合费等，以确保项目的经济可行性。

（五）合规性与可持续性分析

在翻修方案设计与选择过程中，要严格遵守国家和行业的相关法规、标准。合规性主要包括符合设计规范、施工规范、验收规范等规定。同时，可持续性主要包括轨道翻修工程应考虑项目的可持续性，确保工程在长期运行中能够保持良好的性能。例如，在设计时充分考虑轨道的使用寿命，实现轨道的可持续发展。在施工过程中，选用环保型材料、节能型设备，提高资源利用率，降低环境污染；加强施工现场的管理，降低安全事故的发生率等。

四、设备与材料的准备与采购

（一）设备清单与性能要求制定

在铁路轨道翻修项目中，设备的选型和性能要求是至关重要的。首先，需要制定详细的设备清单，包括轨道翻修设备、焊接设备、测量设备、施工辅助设备等。明确每种设备的性能要求，如工作效率、操作便利性、安全性等，考虑设备的兼容性，以确保各种设备在施工现场能够协同作业。

（二）设备供应商选择与评估

在设备供应商的选择上，应充分考虑其市场声誉、产品质量、售后服务等因素。施工方可以通过招标方式邀请多家供应商参与，并对各家供应商进行评估。评估指标包括设备性能、价格、交货时间、技术支持等。在评估过程中，应成立专门的评估小组，严格按照评估指标对各家设备供应商进行打分，最终选出最优的设备供应商。

（三）材料清单与质量标准制定

铁路轨道翻修所需材料包括钢轨、轨枕、无缝线路材料、焊接材料等。针对每种材料，都需要制定详细的清单，并明确质量标准。质量标准包括但不限于材质、规格、耐磨性、抗弯强度等。

（四）材料供应商筛选与合作协议签订

对材料供应商的筛选与选择设备供应商类似，也需要考虑其市场声誉、产品质量、售后服务等因素。在筛选出合适的供应商后，施工方需与其签订合作协议，明确采购数量、价格、交货时间、质保期等事项。为确保项目顺利进行，还需制订相应的应急预案，以应对可能出现的材料供应问题。

（五）设备与材料的运输与储备安排

要想确保设备与材料运输过程的安全、及时、高效，需要根据项目进度制定合理的运输计划，充分利用物流资源，降低运输成本。同时，为应对施工现场可能出现的设备故障或材料损耗，需根据历史数据进行预测，提前储备一定数量的设备配件和材料。

五、安全生产方案的制定与落实

（一）安全生产方案的编制与审核

安全生产方案的编制是确保安全生产的关键环节。在铁路轨道翻修项目中，安全生产方案的编制应紧密结合项目特点和实际情况，全面考虑安全生产的各个方面。安全生产方案应包括安全生产目标、安全生产组织、安全生产责任制度、安全生产措施等内容。

在方案编制完成后，要对其进行严格的审核。审核内容应包括方案的完整性、合理性、可行性等方面。通过审核，施工方可以发现方案中存在的问题和不足，及时进行修改和完善，确保方案的质量和效果。

（二）安全教育与培训计划制订

安全教育和培训是提高员工安全意识、安全素质的重要途径。在铁路轨道翻修中，要制订详细的安全教育和培训计划。安全教育和培训计划应包括培训对象、培训内容、培训方式、培训时间等方面的内容。

在实施培训计划时，要确保计划的针对性和实效性，注重培训的质量和效果，使培训能够真正提高员工的安全意识和技能水平。一方面，可以通过组织安全知识竞赛、开展安全模拟演练等方式提高员工的参与度和学习效果。另一方面，要定期对员工进行安全考核，确保员工的安全素质得到有效提高。

（三）安全防护设施配置与布置

安全防护设施是保障员工安全的重要措施。在铁路轨道翻修中，要根据施工现场的实际情况和需求，合理配置和布置安全防护设施。这包括设置安全警示标志、安全隔离设施、安全防护网等。

在配置和布置安全防护设施时，要注重设施的科学性和合理性，确保设施的完好性和有效性；要根据施工现场的风险等级和作业特点，选择合适的防护设施类型和数量；要合理布置设施的位置和高度，确保其能够有效地发挥防护作用；要定期对其进行检查和维护，确保其在关键时刻能够发挥应有的作用。

（四）安全生产控制与监督机制建立

建立安全生产控制与监督机制是安全生产方案有效实施的重要保障。在铁路轨道翻修中，建立完善的安全生产控制与监督机制包括制定安全生产控制标准和监督制度、明确监督责任和监督方式等。

在铁路轨道翻修中，要加强对安全生产方案执行情况的监督和检查。一方面，可以通过定期巡查、专项检查等方式，及时发现和纠正安全生产中存在的问题和不足。另一方面，可以建立安全生产奖惩机制，对安全生产表现优秀的员工进行表彰和奖励，对安全生产违规行为进行严肃处理。

第三节　轨道翻修施工工序

一、轨道拆除与清理

（一）拆除前的安全准备

在进行铁路轨道翻修拆除与清理工作之前，要做好确保现场的安全的相关准备工作。准备工作主要包括对施工人员进行安全培训，使他们熟悉各项安全规程和操作规范；对施工现场进行风险评估，识别潜在的安全隐患，并制定相应的预防措施；封闭施工现场，设立警示标志，提醒无关人员远离施工区域；

对施工设备进行检查和维护，确保设备处于良好状态，避免因设备故障引发安全事故。

（二）拆除工具和设备的选择与准备

根据轨道拆除与清理的特点和需求，选择合适的拆除工具和设备。常用的拆除工具包括轨道扳手、锤子、螺丝刀，用于拆卸轨道连接件、轨枕螺栓等；常用的设备包括挖掘机、吊车、平板车等。在拆除前，要对所有施工工具和设备进行检查和保养，确保其能够正常使用。

（三）拆除过程中的废料处理与清理

拆除过程中产生的废料主要包括钢轨、轨枕、连接件等。对于这些废料，应进行分类处理：钢轨可送至钢铁厂进行回收利用；轨枕和连接件等混凝土构件，可送至混凝土回收处理厂进行处理。在处理废料过程中，要严格遵守环保法规，确保废料得到合理处置。

（四）轨道拆除后的现场清理与整理

轨道拆除工作完成后，要对现场进行清理和整理。清理和整理工作主要包括：清理施工现场，将废料清运出场，恢复场地原貌；对施工设备进行检查、保养，清理设备上的灰尘和油污；对现场进行安全检查，确保没有遗留的安全隐患；完成现场清理后的验收工作，确保达到相关标准和要求。

铁路轨道拆除与清理是一项系统工程，涉及多个环节。要保证施工的顺利进行，确保工程质量，必须严格按照相关规定和标准进行操作，加强施工现场的管理。

二、基础处理与修复

（一）基础检查与评估

在进行铁路轨道翻修基础处理与修复之前，要对基础进行检查与评估。对基础的检查与评估主要包括以下几个步骤：

现场勘察：对施工现场进行实地勘察，了解基础的现状，包括基础类型、基础材料、基础结构等。

数据采集：收集相关的基础图纸、设计文件、施工记录等资料，以便分析基础的原始状态和施工过程中可能存在的问题。

基础检测：采用专业设备对基础的各项性能指标进行检测，如基础沉降、裂缝、平整度等。

评估分析：根据现场勘察、数据采集和基础检测的结果，对基础的状况进行综合评估，确定基础处理与修复的具体内容和方案。

制定修复方案：根据评估分析结果，结合工程特点和施工条件，制定修复方案。

（二）基础修复材料与技术选用

选择合适的基础修复材料和技术是确保修复质量的关键。在选用修复材料和技术时，应考虑以下因素：

材料性能：选用具有良好力学性能、耐久性和与环境相适应的材料。

施工工艺：选择适应性强、施工简便、工效高的施工工艺。

工程成本：在保证修复质量的前提下，控制材料成本和施工费用。

环境影响：选用对环境影响小的材料和工艺。

常用的基础修复材料有水泥、混凝土、砂浆、土工合成材料等。修复技术主要包括灌浆加固、喷射混凝土、土钉墙、锚杆加固等。

（三）基础平整与强度加固

基础平整与强度加固是铁路轨道翻修基础处理的重要环节。其具体工艺如下：

基础平整：采用机械设备对基础表面进行平整处理，使其达到设计要求。

强度加固：针对基础的强度不足的问题，可采用加固材料和工艺进行强化。常见的加固方法有加大基础截面、设置钢筋混凝土墙体、使用碳纤维布等。

（四）基础修复质量控制与验收标准

为确保修复质量，需对施工过程进行严格的质量控制。基础修复质量验收标准包括：

材料质量：检查修复材料是否符合设计要求和相关标准。

施工工艺：检查施工过程中各项工艺参数是否符合设计要求。

结构尺寸：检查修复后的基础结构尺寸是否符合设计要求。

强度指标：检测修复后基础强度是否符合设计要求。

验收程序：按照相关验收程序和标准，对修复工程进行全面验收。

三、轨道铺设

（一）轨道铺设前的准备工作

轨道铺设前的准备工作是确保铺轨工作顺利进行的关键。首先，要对施工现场进行详细的勘察，了解地形、地貌、地质等情况，以便制定合理的施工方案。其次，要进行施工图纸的审核和交底，确保所有参与施工的人员都对工程设计、施工要求和技术标准有清晰的了解。最后，还需对施工所需的设备、材料等进行充分的准备，包括轨道、枕木、螺栓、焊接设备、测量仪器等。此外，要组织人员进行安全培训和技术交底，确保施工过程中的安全与质量。

（二）轨道铺设方向与位置控制

轨道铺设方向与位置控制是轨道铺设的重要环节。在实际施工中，应根据设计图纸和现场实际情况，采用测量仪器进行精确定位。首先，要确定轨道中心线的位置，然后分别标注出轨道的左右边界。在铺轨过程中，要严格按照标注的位置进行铺设，确保轨道的位置准确。其次，要控制铺轨机的运行速度，避免因速度不均导致的轨道位置偏差。最后，要对已铺设的轨道进行实时监测，发现问题及时调整，确保轨道的平顺性和稳定性。

（三）轨道连接与焊接

首先，轨道应采用可靠的方式连接，如螺栓连接。在连接时，要保证轨道的垂直度和水平度，确保连接稳定。其次，焊接工艺的选择要根据轨道材料的性质和施工现场的实际情况进行，常用的焊接方法有电弧焊、气压焊等。在焊接过程中，要控制焊接温度、焊接压力和焊接时间等参数，以保证焊接质量。最后，焊接后要进行冷却处理，避免因温度变化导致的轨道变形。此外，要对焊接接头进行打磨和抛光，使其达到设计要求。

（四）轨道调整

在轨道铺设完成后，要对轨道进行全面的检查和调整。首先，采用测量仪器对轨道的平面度、高程、直线度等进行检测，了解轨道的整体状况。其次，根据检测结果，采用垫片、调整螺栓等方式进行调整。在调整过程中，要保证轨道的平顺性和稳定性，避免因调整不当而导致轨道变形或损坏。最后，对调整后的轨道进行复查，确保其达到设计要求。

（五）轨道固定与支撑结构安装

轨道固定与支撑结构安装是轨道铺设的最后环节。轨道要采用可靠的方式固定，如螺栓固定。在固定过程中，要保证轨道与支撑结构连接牢固，防止轨道在施工过程中发生位移。支撑结构的安装要根据设计要求进行，确保其稳定性和承载能力。同时，要对支撑结构进行防腐和防水处理，延长其使用寿命。

四、螺栓的选择与紧固

（一）螺栓材料与规格的选择与搭配

螺栓材料与规格的选择与搭配在工程中至关重要，不仅关系到结构的稳定性，还直接影响工程的安全。在铁路轨道翻修过程中，应根据轨道的结构、使用环境以及受力状况，综合考虑，选择合适的螺栓材料与规格。一般来说，铁路轨道翻修螺栓应具备较高的抗拉强度、抗剪强度和耐腐蚀性能。此外，还需注意螺栓材料的硬度、韧性以及其与轨道的匹配程度。

在选择螺栓规格时，应根据轨道的宽度、厚度以及受力大小等因素进行合理搭配。螺栓直径、长度和螺距等参数都需要根据实际需求进行精确计算。同时，为保证螺栓紧固效果，还需注意螺栓螺纹的质量和精度。

（二）螺栓紧固力与扭矩控制

螺栓紧固力是影响结构稳定的关键因素。在铁路轨道翻修过程中，紧固力的大小应根据轨道受力状况和螺栓规格进行合理调整。过大的紧固力可能导致轨道变形，而过小的紧固力则可能导致螺栓松动，从而影响结构安全。因此，设置合适的紧固力至关重要。

扭矩控制是保证螺栓紧固质量的关键环节。合理的扭矩值可以确保螺栓紧固到位，同时避免因扭矩过大或过小导致的螺栓损坏或松动。在实际操作中，应根据螺栓规格和使用环境，采用专业的扭矩扳手进行紧固，确保扭矩值控制在规定范围内。

（三）螺栓紧固过程中的注意事项

在螺栓紧固过程中，操作人员需遵循以下注意事项：

①严格按照设计图纸和施工规范进行操作，确保预埋孔位置、紧固力及扭矩控制等符合要求。

②注意螺栓的防锈处理，涂抹适量的防锈油脂或采用其他防锈措施，以延长螺栓使用寿命。

③避免在紧固过程中产生较大的摩擦力，以免影响螺栓紧固效果。

④及时检查螺栓紧固质量，发现问题及时整改，确保工程安全。

（四）螺栓紧固后的质量检验与验收标准

螺栓紧固后的质量检验是确保工程安全的重要环节。检验内容包括：

①检查螺栓紧固质量，如紧固力、扭矩值等是否符合设计要求。

②检查螺栓防锈处理是否到位，是否存在锈蚀、脱落等现象。

③检查预埋孔位置、布置是否符合设计要求，孔壁是否光滑、无毛刺。

④检查轨道结构是否稳定，是否存在变形、裂缝等问题。

验收标准主要包括：

①螺栓紧固质量达到设计要求，无明显松动、损坏等情况。

②预埋孔位置准确，孔壁光滑，无渗漏、裂缝等现象。

③轨道结构稳定，无明显变形、裂缝等问题。

④达到相关验收规范和标准。

五、轨道检测

（一）轨道检测项目与标准的制定

轨道检测是一项严谨的工作，为确保检测结果的准确性和可靠性，首先需要明确检测项目和标准。检测项目应涵盖轨道的各项性能指标，如轨距、轨向、高低、轨面磨损等。此外，还需考虑轨道的使用年限、历史状况、翻修方案等因素，制定相应的检测标准。这些标准应具有专业性、针对性和可操作性，为后续的检测和验收提供依据。

（二）轨道检测设备与工具的选择

轨道检测设备与工具的选择至关重要，直接影响检测结果的准确性。常用的检测设备有轨距测量仪、轨向测量仪、高低测量仪、水平测量仪、轨面磨损测量仪等。在选择检测设备时，应充分考虑设备的性能、精度、稳定性等因素，确保检测结果的可靠性。同时，还需为检测人员提供相应的操作工具，如钢尺、锤子、螺丝刀等，以便进行现场检测。

（三）轨道检测方法与操作步骤

轨道检测应遵循科学、严谨、高效的原则，一般采用以下方法：

1.静态检测

在轨道翻修完成后，利用轨距测量仪、轨向测量仪、高低测量仪等设备，对轨道的各项性能指标进行测量。

2.动态检测

通过列车运行过程中的振动、噪声等参数，评估轨道的动态性能。动态检测可在列车通过轨道时进行，也可通过模拟试验进行。

3.检测数据的处理与分析

对检测设备采集的数据进行整理、计算，得出轨道的各项性能指标。对于异常数据，应进行分析，找出原因，为后续整改提供依据。

4.检测结果的判定

根据检测标准，对检测结果进行判定。若检测结果不符合标准，应制定整改措施，并重新进行检测。

（四）检测结果分析

检测结果分析是对检测数据的专业解读，旨在评估轨道翻修质量。分析内容包括：

轨道各项性能指标的分布情况：分析各指标的离散程度，判断轨道的整体质量。

异常数据的原因分析.对不符合标准的检测数据进行深入分析，找出原因，制定整改措施。

检测结果的对比分析：将本次检测结果与历史数据进行对比，分析轨道使用年限对轨道性能的影响。

第十一章　铁路轨道线路设备的养护维修

第一节　铁路轨道线路设备养护维修概述

线路设备维修是在天窗（天窗是指列车运行图中不铺画列车运行线或调整、抽减列车运行线为营业线施工、维修作业预留的时间）点内进行的既有线施工作业，因此要做到运输、施工兼顾，确保行车和施工安全。凡影响营业线设备稳定、正常使用和行车安全的施工作业，必须纳入天窗，并要切实加强施工组织和管理，加强施工期间的运输组织，积极推广使用先进的施工机具和科学的施工方法，提高施工作业效率，确保行车和施工安全。

随着铁路提速、重载运输的发展和行车密度的不断加大，一方面，对线路质量和安全生产的要求越来越高。另一方面，无论是从作业安全、作业时间，还是从作业效率等角度考虑，利用行车间隔进行线路维修作业的方式在现代铁路运输形势下已不可能，因此线路维修要实行天窗修制度。

传统的检修合一的线路维修管理体制，以工区为基本劳动组织单元，集检查、计划、作业和验收于一体，缺乏有效的监督和制约机制，作业点多、分散，维修天窗利用率和作业效率低下，安全管理难度大。特别是铁路局直管站段和工务段管辖范围扩大后，对工务段自我管理能力和安全管理水平的要求越来越高。因此，工务部门需要改革维修体制、深化内部整合，推行检修分开的管理体制，不断提高线路质量和安全生产管理水平，以适应新的体制和铁路运输发展的需要。

一、线路设备养护维修的基本任务

（一）经常保持线路设备的完整和质量均衡

线路设备任何部分的短缺或失效，都可能影响正常行车甚至危及安全，因此必须一直保持其完整无缺。铁路某一干线或某一区段的运营条件基本上是相同的，因此线路要具有统一的标准、同等的强度及均衡的质量。

（二）保证列车能以规定的速度，安全、平稳和不间断地运行

线路的设备状态应能保证列车按运行图规定的允许速度正常运行，否则将延误列车运行时间，打乱运输秩序。安全是运输生产永恒的主题，线路维修就是以保证行车安全、平稳为目的而进行的工作。做好线路维修工作、保证列车运行平稳、避免因设备故障中断行车是线路设备养护维修工作的一项主要任务。

（三）尽量延长设备使用寿命

提高线路维修质量，保持线路平直圆顺，减少列车对线路的附加动力作用，延长设备使用寿命，也是线路维修工作的一项重要任务。

二、线路设备养护维修的原则

线路设备养护维修的原则是"预防为主、防治结合、修养并重"。它是对中华人民共和国成立以来全铁路工务工作实践经验的高度概括和科学总

结。该原则的贯彻执行，必须以掌握线路设备技术状态的变化规律和变化程度为前提，既要使线路设备及时得到维修，又要取得较好的技术经济效益。因此，应注意以下两点：

第一，线路设备各组成部分在运营中的变化速度、范围、程度不尽相同，维修作业内容和间隔时间也不尽相同。因此，应根据实际情况，合理安排综合维修、经常保养和临时补修。

第二，应对线路设备各组成部分在运营过程中的损耗有计划进行补偿，以预防病害的发生。一旦发生病害，应采取有效的整治措施，防止病害的扩展和恶化。

此外，铁路轨道线路的维修还应遵循以下原则：

①严格实行天窗修制度。天窗时间应固定，一般不应少于 240 min，有条件时可适当延长。

②加强对曲线（含竖曲线）、道岔、钢轨等的伸缩调节器、焊缝、过渡段的检查和修理，加强对轨道长波不平顺的检查和管理，保证线路质量均衡、稳定。

③积极推行综合检测技术，采用新技术、新设备、新材料、新工艺，提高线路维修质量。

④积极推行信息化技术，加强信息化管理，推动信息共享，积极利用大数据对线路设备状态进行智能分析，加快推进线路运营维修的智能化。

⑤保证设备安全、检查、修理和管理等费用的及时投入，以满足设备维修和运营安全的需要。

⑥设立高速铁路线路维修管理机构，明确相应职责，建立健全相关管理制度，制定维修计划，加强线路设备维修管理，确保线路设备质量均衡、稳定。

⑦建立和完善各项作业标准，规范作业流程，做好质量回检和作业情况记录等工作。作业人员应经培训合格，具备相应的安全知识和岗位技能；属于国家资质许可的，应取得相应的资质。

⑧应配备维修所需的工机具和常备材料，并保持状态良好。更换下线的钢轨、轨枕等旧料应及时清理、回收。

三、线路设备养护维修工作的分类

根据铁路线路在运营过程中的变化规律和特点以及多年来铁路线路养护维修工作所积累的经验，线路设备养护维修工作可划分为综合维修、经常保养和临时补修。

（一）综合维修

综合维修是指安排在线路大修和中修之间的一项修程。线路在一定的运营条件下，随着通过总重的累积，必然发生一系列的变化，如道床的脏污程度加重、残余变形增加、线路的平顺性变差、轨面坑洼处增多、轨道零部件和线路锁定情况发生变化等，这些变化都有一定的规律和特点。因此，必须按周期有计划地对线路进行综合性修理，以改善轨道的弹性和平顺性。目前，大型养路机械已经全面铺开，为提高综合维修质量，正线综合维修的起道、拨道、捣固、稳定、边坡清筛应由大型养路机械完成。

（二）经常保养

经常保养是指在综合维修以外对线路进行的日常养护，其目的是使线路质量处于均衡状态。它既没有周期的要求，也没有次数的规定，是以线路变化的实际情况为依据，有计划、有重点地进行的。

（三）临时补修

临时补修是指及时对轨道几何不平顺超过临时补修容许偏差管理值、线路设备损伤或轮轨匹配状态不良的钢轨等影响正常使用的处所进行的临时性修理，以保证行车安全和平稳。临时补修是以轨道几何偏差尺寸为判定依据的，这一偏差尺寸一经扩大到临时补修的管理限值，轨道不平顺的变化速率将迅速加快。因此，必须及时对这类处所进行临时补修，以控制轨道几何尺寸在容许限度内，确保行车平稳与安全。临时补修容许偏差管理值为及时进行轨道整修的质量控制标准，而非安全标准和限速标准。

四、线路设备养护维修的主要工作内容

（一）线路、道岔综合维修的主要工作内容

线路、道岔综合维修的主要工作内容是由线路、道岔在运营中轨道几何尺寸和结构特性变化的特点决定的，目的在于通过综合维修，提高轨道的弹性和平顺性，进而提高线路质量。线路、道岔综合维修的主要工作内容如下：

①根据轨面下沉量和轨道状况以及道床的脏污程度，适当起道，全面捣固，改善轨道弹性。成段清筛道床应按综合维修计划进行作业，并按计划组织验收。

②起道、拨道、改道，调整轨道几何尺寸。

③整修和更换设备零部件，恢复设备技术状态。

④专业性较强的焊补等工作由专业工作队伍完成。

（二）线路、道岔经常保养的主要工作内容

线路、道岔经常保养的主要工作内容包括成段调整轨道几何尺寸、整治线路问题、季节性工作、周期短于综合维修的单项工作等。

经常保养的重点工作要因时、因地制宜，根据线路设备的实际状态，有计划、有重点地进行。经常保养的主要工作内容如下：

①各地区线路设备状态、运输情况、自然条件不同,线路大、中修和综合维修之后经常保养工作的重点也不同。在线路大、中修之后的道床压实期,基本上不需要更换零配件和整治线路病害,但要调整轨道几何尺寸,整修零配件和防爬设备,复紧扣件和接头螺栓。南方雨季、北方春融和冻结期的保养工作各有侧重,沙漠地区则需注意做好防风沙整修。

②经常保养工作的内容有时在同一区间的不同地段也有所不同。因此,要根据线路的实际情况,因地制宜,通过调查有计划地做好经常保养工作。

③经常保养工作还需要对线路病害进行预防性的整治。线路病害整治主要内容如下:对轨端肥边要及时打磨;对轨面擦伤和剥落掉块地段要有计划地进行焊修;对接头病害要及时进行综合整治;对道床翻浆、冒泥要及时处理;对线路爬行地段要及时调整轨缝,锁定线路。

需要进行经常保养的项目,其作业周期不尽相同,有的可在调整轨道几何尺寸时成段地配合进行,有的可几项配合进行或单项进行。总之,哪些项目需要进行经常保养要看具体情况,以保持线路质量均衡为原则。

(三)线路、道岔临时补修的主要工作内容

线路、道岔临时补修的对象是偏差尺寸、病害、缺陷相对比较严重的,必须抓紧时间进行整修或处理的项目,其主要内容如下:

①整修轨道几何尺寸偏差超过临时补修管理值的处所,一经发现必须及时消灭,不得延误。

②折断或重伤的钢轨和焊缝、桥上及隧道内轻伤钢轨和达到更换标准的伤损夹板、折断的接头螺栓、道岔护轨螺栓、可动心轨凸缘与接头铁联结螺栓、可动心轨咽喉和叉后间隔铁螺栓、长心轨与短心轨联结螺栓、钢枕立柱螺栓等必须立即更换或处理。

③整修严重不良的道口设备,调整严重不良的轨缝。"严重不良的道口设备"指的是道口设备接近规定的限界护轨损坏或松动、铺面缺损或严重松动、

栏木或栏门不能正常开闭等。"严重不良的轨缝"指的是 25 m 钢轨线路出现连续三条及以上瞎缝或大于构造轨缝的大轨缝。出现这类情况应及时在调整轨缝的轨温限制范围以内进行调整。夏季可利用早晚时间，冬季可利用中午时间。12.5 m 钢轨线路出现严重不良轨缝时，可随时调整。

第二节　线路设备修理主要作业

一、线路设备检查作业

线路设备检查应按"动态检查为主，动、静态检查相结合，结构检查与几何尺寸检查并重"的原则进行。检查人员要积极采用先进的线路检查设备，提高线路检查质量，加强线路设备状态分析，指导线路维修作业。在冻害发生、回落期以及冬季气温发生明显变化时，应加强线路动、静态检查，及时掌握冻害变化；在山区、高原、严寒地区和遇有极端气候时，应加强对重点线路设备的巡检。

（一）线路动态检查

线路动态检查应采用综合检测列车、综合巡检车、巡检设备、车载式线路检查仪等移动检测设备对线路进行周期性检查。

①综合检测列车原则上每半月对线路检查 1 遍。铁路运输企业可结合季节特点和设备状态变化规律等对检查周期进行优化。

②采用综合巡检车或巡检设备检查线路设备状态，每半年不少于 1 遍。

③采用车载式线路检查仪检查线路，每天不少于 1 遍。必要时应根据现场

实际情况，安排人工添乘检查线路。

④检查发现Ⅲ级及以上偏差或车辆动力学指标超限时，检测单位应立即通知铁路运输企业。

⑤检测单位应及时将检查报告提交给铁路运输企业，并按铁路监管部门要求提报相关资料。

⑥铁路运输企业应对动态检查结果进行全面分析，并进行必要的现场复核，编制月度动态检查分析报告，以指导线路维修作业。

⑦对综合检测列车发现的超过限速容许偏差管理值的处所，或超过临时补修容许偏差管理值且车辆动力学指标超限的处所，应立即采取限速或封锁措施，采取限速措施时，250（不含）～350 km/h 线路限速不超过 200 km/h，250 km/h 及以下线路限速不超过 160 km/h，具体限速值依据偏差管理值确定。

⑧对综合检测列车发现的超过临时补修容许偏差管理值的处所，应立即安排人员添乘检查，必要时上线检查，并及时安排修理。

⑨对车辆动力学指标超限的处所，应及时分析原因并安排整修。

（二）线路静态检查

①轨道几何尺寸检查，无砟轨道每年不少于 1 遍，有砟轨道每半年不少于 1 遍。

②无砟道床每年检查不少于 1 遍。

③有砟道床及轨枕每年检查不少于 1 遍。

④扣件系统每半年检查 1 遍（弹性垫板刚度每年抽检 1 次）。

⑤道岔每月检查 1 遍（尖轨相对于基本轨以及心轨相对于翼轨的降低值和无砟道床每季度检查 1 遍）。

⑥调节器每月检查 1 遍。

⑦重点地段应加强检查。

⑧对综合检测列车发现的超过临时补修容许偏差管理值的处所，应立即安排人员添乘检查，必要时上线检查，并及时安排修理。

对无缝线路、道岔钢轨纵向位移的观测，每半年不少于 1 次，一般春、秋季各 1 次。对桥上无缝道岔、调节器等地段的钢轨纵向位移，每季观测 1 次，发现伸缩异常时应及时处理。

（三）钢轨检查

钢轨检查分钢轨探伤和钢轨表面伤损检查。

1.钢轨探伤

（1）探伤方式

①应采用钢轨探伤车、钢轨探伤仪（包括单轨探伤仪、双轨探伤仪）对钢轨进行周期性探伤。钢轨探伤车检查发现的伤损应采用钢轨探伤仪或通用探伤仪进行复核。

②应采用超声探伤等方法和手工检查相结合的方式对道岔、调节器钢轨进行周期性探伤。

③应采用焊缝探伤仪或通用探伤仪对焊缝进行全断面探伤。

（2）探伤周期

①使用钢轨探伤车对钢轨探伤时，每季度不少于 1 遍，每年不少于 6 遍；使用钢轨探伤仪对钢轨探伤时，每半年不少于 1 遍。

②对道岔及调节器的钢轨进行探伤时，每月不少于 1 遍。

③对现场闪光焊、数控气压焊焊缝进行全断面探伤时，每年不少于 1 遍，对铝热焊焊缝进行年全断面探伤时，每半年不少于 1 遍；对厂焊焊缝轨底进行探伤时，每 5 年不少于 1 遍。

2.钢轨表面伤损检查

①应采用巡检设备检查与人工巡检相结合的方式对钢轨表面伤损进行检查。人工巡检每年不少于 1 遍。发现钢轨光带不良、擦伤、硌伤、鱼鳞纹、磨耗、锈蚀及其他伤损时，应进行复核，伤损未处理前应加强检查。

②应采用钢轨轮廓（磨耗）测量仪对钢轨磨耗定期进行检查。

③钢轨鱼鳞纹、剥离掉块、擦伤、碴伤的检查，每季度不少于1遍，必要时采用涡流探伤等方法进行钢轨表面伤损检查。

④钢轨现场焊接头平直度应使用钢轨平直度测量仪检查，每年不少于1遍；道岔尖轨跟端和低塌达到轻伤的焊接接头每季检查不少于1遍。

二、线路清筛施工作业

成段破底清筛应采用大型养路机械施工，施工天窗不应少于180 min，并应连续安排施工天窗。慢行距离以日进度的4倍为宜。成段破底清筛前，应根据既有线路情况和清筛施工要求预卸足够的道砟。

在无缝线路地段，当预测施工轨温高于原锁定轨温10 ℃以上时，线路清筛前必须进行应力放散，放散轨温应满足施工期间作业安全要求。清筛后应根据具体情况安排无缝线路应力放散。成组更换道岔和岔枕时，应全部更换为新道砟。

道床一般要进行清筛，枕盒清筛深度为枕底向下50～100 mm，并做好排水坡；边坡清筛范围为轨枕头外全部道砟，宜使用边坡清筛机施工。清筛后应及时夯实、捣固。

三、铺设无缝线路作业

（一）轨条装、运、卸

①轨条装、运、卸作业严禁摔、撞，防止扭曲、翻倒，以免造成硬弯。

②轨条装车时，应根据长轨列车运行途中线路的平面条件，严格控制轨条端头与长轨车承轨横梁间的距离，防止运行途中轨条端头顶、撞横梁，并安装好间隔铁和分层紧固约束装置，防止轨条前后和左右摆动。

③长轨列车运行必须执行有关规定，防止紧急制动，并应由专人负责，做好运行监护、停车检查工作，确保运行安全。

④卸轨前应清理线路上的障碍，轨条应卸在轨枕端头外，并采取措施防止侵入限界。

（二）工地焊接

①气温在 0 ℃以下时，不应进行工地焊接作业。

②工地焊接作业中应对焊缝进行焊后热处理，并进行探伤检查，不符合质量要求的焊头，必须锯切重焊。

③铝热焊缝距轨枕边缘不应小于 40 mm，线路允许速度大于 160 km/h 时不应小于 100 mm。

④轨条端头应方正，左右股轨端相错量不应大于 40 mm。

（三）轨条铺设

①应使用换轨车铺设轨条，从轨条的一端向另一端依次拨入。

②必须准确确定无缝线路锁定轨温。铺设锁定轨温取轨条始端入槽和终端入槽时轨温的平均值。如果铺设锁定轨温不在设计锁定轨温范围内（含轨条始端入槽或终端入槽时的轨温不在设计锁定轨温范围内），则无缝线路铺设后必须进行应力放散或调整，并重新锁定。

③铺设无缝线路必须将轨条置于滚筒上，并配合撞轨确保锁定轨温均匀，低温铺设时应用拉伸器张拉轨条。

④严禁采用氧乙炔焰切割钢轨进行合龙。

⑤左右两股轨条锁定轨温差不得超过 5 ℃。

⑥无缝线路锁定后，应立即做好位移观测标记，并观测位移。同时，在钢轨外侧腹部或观测桩上，用油漆注明锁定日期和锁定轨温，并做好记录。

⑦线路开通后，应及时全面复紧接头及扣件螺栓，接头螺栓扭矩达到

900～1 100 N·m，混凝土枕弹条的弹条中部前端下颚应靠贴轨距挡板（离缝不大于 1 mm）或扣件螺栓扭矩达到 120～150 N·m；调整轨距；复紧轨距杆；加固防爬设备；特殊设计的桥上，应检查扣件螺栓扭矩是否符合设计要求。

四、起道捣固、垫砟和垫板作业

采用大型养路机械进行线路综合维修作业时，应拆除所有调高垫板，全面起道，全面捣固。采用小型养路机械时，可根据线路状态重点起道，全面捣固。

混凝土宽枕线路起道作业，应采用枕下垫砟和枕上垫板相结合的方法。

（一）垫砟起道应具备的条件

①混凝土枕、混凝土宽枕线路或混凝土岔枕道岔。

②路基稳定，无翻浆。

③道床较稳定，局部下沉量较小。

④当轨下调高垫板厚度达到 10 mm 或连续 3 根及以上轨枕调高垫板厚度达到 8～10 mm，使用调高扣件时调高垫板厚度达到 25 mm。

（二）垫砟注意事项

①垫砟作业除混凝土宽枕外，一律采用横向垫砟。

②垫砟起道时，一次垫入的厚度不得超过 20 mm，抬起高度不得超过 50 mm，两台起道机应同起同落。垫砟作业每撬长度不得超过 6 根轨枕，并随垫随填，夯实道床。

（三）起道作业收工时顺坡率应满足的条件

允许速度不大于 120 km/h 的线路不应大于 2.0‰，允许速度为 120～160 km/h

（不含 120 km/h）的线路不应大于 1.0‰，允许速度大于 160 km/h 的线路不应大于 0.8‰。

（四）调高垫板的规格尺寸和使用要求

①规格尺寸：长度为 185 mm，宽度比轨底窄 2 mm，厚度分为 2 mm、3 mm、4 mm、7 mm、10 mm、15 mm 等。

②使用要求：调高垫板应垫在轨底与橡胶垫板之间，每处调高垫板不得超过 2 块，总厚度不得超过 10 mm。使用调高扣件的混凝土枕、混凝土宽枕和整体道床，每处调高垫板不得超过 3 块，总厚度不得超过 25 mm。

五、拨道和改道作业

线路直线地段轨向不良，可用目测方法拨正；曲线地段轨向不良，可用绳正法测量、计算与拨正。如需改变曲线头尾位置、缓和曲线长度与圆曲线半径，应用仪器测量改动。

（一）拨道作业

①曲线两端直线轨向不良，应事先拨正；两曲线间直线段较短时，可与两曲线同时拨正。

②在外股钢轨上用钢尺丈量，每 10 m 设置 1 个测点（曲线头尾是否在测点上不限）。

③在风力较小的条件下，拉绳测量每个测点的正矢，测量 3 次，取其平均值。

④按绳正法计算拨道量，计算时不宜为减少拨道量而大量调整计划正矢。

⑤设置拨道桩，按桩拨道。

（二）改道作业

改道时，木枕地段应使铁垫板外肩靠贴轨底边；混凝土枕地段应调整不同号码扣板、轨距挡板、挡板座，并可用厚度不超过 2 mm 的垫片调整尺寸。同时应修理和更换不良扣件。

螺纹道钉改道时，应用木塞填满钉孔，钻孔后旋入道钉，严禁锤击螺纹道钉。

在道岔转辙部分改道时，应将曲股基本轨弯折和尖轨侧弯整修好。在辙叉部分改道时，应处理好查照间隔、护背距离以及翼轨和护轨轮缘槽宽度之间的关系，应用打磨钢轨肥边和间隔铁加垫片等方法调整好轮缘槽宽度。

凡有硬弯的钢轨，均应于铺轨前矫直，常备轨也应保持顺直。线路上的钢轨硬弯，应在轨温较高季节矫直，矫直时轨温应高于 25 ℃。

矫直钢轨前，应测量确认硬弯的位置、形状和尺寸，确定矫直点和矫直量，避免矫后硬弯复原或产生新弯。矫直钢轨时，应使钢轨横向变形，防止钢轨扭曲。矫直钢轨后用 1 m 直尺测量，矢度不得大于 0.5 mm；允许速度大于 120 km/h 的地段，矢度不得大于 0.3 mm。

六、调整轨缝作业

（一）调整轨缝的条件

轨缝应保持均匀。有下列情况之一者，应进行调整：

①原设置的轨缝不符合《铁路线路修理规则》规定。

②轨缝严重不均匀。

③线路爬行量超过 20 mm。

④轨温在《铁路线路修理规则》规定的调整轨缝轨温限制范围以内时，出现连续 3 个及以上瞎缝或轨缝大于构造轨缝。

（二）调整轨缝的注意事项

最高、最低轨温差大于 85 ℃地区的 25 m 钢轨地段，应在春、秋季节调整轨缝，通过放散钢轨温度力，将轨缝调整均匀，避免在炎热季节过早地出现瞎缝，在严寒季节过早地出现大轨缝。

成段调整轨缝时，应先调查计算，确定每根钢轨的移动方向和移动量，编制分段作业计划。如因配轨不当，导致接头相错量较大，应按《铁路线路修理规则》的有关规定调配钢轨，不得用增减轨缝尺寸的方法调整接头相错量。

七、防治胀轨跑道作业

（一）胀轨跑道的诱因

无缝线路的稳定性建立在温度压力与线路阻力相互平衡的基础上。温度压力增加、轨道的原始不平顺增加或道床横向阻力和轨道框架刚度下降，都可能导致胀轨跑道。胀轨跑道的主要诱因包括以下几个方面：

①钢轨不正常收缩及严重不均匀位移，使局部实际锁定轨温过低。

②在进行线路修理时，超温、超长、超高等违章作业或作业后的道床阻力、结构强度未能恢复到应有程度。

③线路设备状态不良，尤其是道床不符合标准，阻力严重下降。

④扣件压力不足，道钉浮离，造成轨道框架刚度降低。

⑤线路方向严重不良，钢轨碎弯多，轨道不平顺。

（二）防治胀轨跑道的措施

①在铺设和日常维修养护工作中，要加强防爬锁定，扣件、接头螺栓扭矩应达到规定标准，保证轨道结构质量和框架刚度，使实际锁定轨温准确、均匀、可靠。

②未能在设计锁定轨温范围铺设的线路，必须在夏季到来之前进行应力放散，使锁定轨温符合设计锁定轨温范围。

③严格执行作业中各项作业规定，禁止超温、超高、超长、超量等违章作业，并要坚持"维修作业半日一清，临时补修作业一撬一清"和"作业前、作业中、作业后测量轨温"的制度。

④经常保持道床饱满、坚实、清洁、无坍塌、无缺少、无翻浆，道床断面符合规定标准。对有可能影响道床稳定性的作业，必须在作业后夯实道床，使其保持应有的阻力。

⑤做好位移的观测分析工作，定期分析实际锁定轨温的变化，对实际锁定轨温过低、过高的地段，及时采取措施。

⑥经常保持直线平直、曲线圆顺。在方向不良时，一定要及时进行整修，使无缝线路的方向始终处于良好和受控状态。

⑦在作业中或作业后，若发现线路轨向不良，则应用长 10 m 的弦测量两股钢轨的轨向偏差，当左右股钢轨的轨向平均值达到 10 mm 时，必须设置慢行信号并采取夯实道床、填满枕下道砟、堆高砟肩等措施，防止发生胀轨跑道。当两股钢轨轨向偏差平均值达到 12 mm 时，在轨温不变的情况下，过车后线路弯曲变形突然增大，必须立即设置停车信号，及时通知车站，并采取降温、加强轨道阻力等有效措施，消除故障后再放行列车。

胀轨跑道一旦发生，将严重威胁行车安全，必须采取紧急处理措施：首先，设停车信号防护，通知附近工区进行处理，并对胀轨两端线路加强锁定。其次，浇水降温，拨回原位（曲线地段只能上挑，不宜下压）并补充道砟、夯实道床，必要时做成特种断面。最后，如果附近没有水源或者浇水降温仍然无效，可切断钢轨，放散应力，插入短轨；也可以拨成半径不小于 200 m 的曲线，并夯实道床，允许列车以 5 km/h 的速度通过。

第三节　道岔设备的维修与养护

一、道岔维修

道岔维修的首要任务是确保线路状态经常良好，延长使用寿命。道岔维修必须贯彻"预防为主、预防与整治相结合"的原则，全面安排计划维修、紧急补修、重点病害整治，做到"无病防病，有病根治"。道岔是铁路轨道的一个组成部分，因此在整治道岔方向的同时，必须把道岔前后 50 m 范围内的轨道拨正，把附带曲线拨圆顺，否则道岔各部分尺寸、轨距及水平就不能很好地保持，过车时就会产生较剧烈的摇晃。就道岔本身而言，容易出现的问题是尖轨的侧面磨耗、轧伤等。道岔的侧向尖轨起着迫使机车车辆转向的作用，因而会受到很大的横向冲击力。

（一）尖轨的侧面磨耗的维修

尖轨的侧面磨耗多数发生在速度高、运量大的小号码道岔上。道岔养护维修质量对尖轨磨耗也有很大影响。因此，必须加强捣固，保持道岔方向良好；经常保持道岔上各部分轨距、轨距递减率、水平位置和前后高低等符合标准；及时修理、更换损坏的联结零件，保持相互间的紧密贴合，尽量做到"三密贴"，即基本轨底边与滑床板挡肩密贴、基本轨轨颚与外侧轨撑密贴、基本轨轨撑与滑床板挡肩密贴。尖轨的侧面涂油是减轻尖轨侧面磨耗的有效措施。

（二）尖轨的尖端轧伤的维修

尖轨尖端轧伤一般发生在尖轨顶宽 5～10 mm 处，原因首先是尖轨跳动。尖轨跳动一般是由尖轨跟部结构的联结零件磨耗以及尖轨拱弯和接头捣固不实引起的。由于尖轨跳动，尖轨不应高于基本轨的部分高出了基本轨，不应受力的尖轨部分提早受到列车车轮的冲击，从而增加了尖轨尖端受冲击和被轧伤的可能性。在基本轨及尖轨底部增设尖轨防跳板是防止尖轨跳动的一项有效措施。

尖轨尖端轧伤的另一个原因是尖轨与基本轨不密贴或假密贴。后者是由基本轨材质不良而产生肥边，又没有及时剁削磨平造成的。在不密贴或假密贴的情况下，尖轨仅仅靠在基本轨肥边上，使尖轨尖端与基本轨之间存在缝隙，经平轮碾压，增加了尖轨被轧伤的可能性。要消除尖轨与基本轨之间的不密贴，应从根本上消灭"三道缝"（即"三不密贴"）入手。

二、提速道岔的养护

由于 9 号、18 号和 30 号提速道岔均是在 12 号提速道岔的基础上发展而来的，故提速道岔的养护均以 12 号提速道岔为例。

（一）提速道岔的检查项目

1.提速道岔各部分的轨距

为使机车车辆安全、平稳、高速地直向通过提速道岔，减少线路的水平不平顺，提速道岔的各部轨距均设计为 1 435 mm，以减少横向水平力。但是，在尖轨轨头刨切部分，由于曲尖轨采用切线形，在离尖轨尖端相同距离处，曲尖轨的刨切值大于直尖轨，造成曲股轨距存在构造加宽现象。

普通 60 kg/m 钢轨 12 号道岔的尖轨尖端前基本轨长 2 650 mm，尖轨长度 7 700 mm，导曲线长 21 605 mm，辙叉长 5 922 mm。习惯上，尖轨部位轨距检查 3 处，导曲线部分轨距检查 3 处，辙叉部分轨距检查 3 处。提速道岔全长 37 800 mm，其中尖轨尖端前基本轨长 2 920 mm，尖轨长度 13 880 mm，导曲线长 15 008 mm，辙叉长 5 992 mm。如果仍按普通道岔进行检查，则尖轨部分检查太少，导曲线部分检查太多，显然是不合适的，故提速道岔的尖轨部位轨距检查 5 处，导曲线部分检查 2 处。

可动心轨提速道岔的辙叉部分长度为 13 192 mm，其中长心轨长 10 796 mm，故辙叉部分轨距应检查 5 处，其中长心轨部分检查 4 处。

2.提速道岔各部分的水平

提速道岔的尖轨和心轨采用矮型特种断面钢轨制造，除尖轨和心轨轨顶刨切部分外，不存在构造水平。因此，水平的检查地点与轨距的检查地点相同。

3.提速道岔导曲线的圆度

导曲线的圆度用支距检查。

4.提速道岔各种轮缘槽宽度

①尖轨第一牵引点处的动程为（160±3）mm。

②尖轨第二牵引点处的动程为（75±3）mm。

③尖轨非作用边与基本轨作用边的距离应尽量大于 65 mm，最小不得小于 63 mm。

④可动心轨第一牵引点处的动程为（117±3）mm。

⑤可动心轨第二牵引点处的动程为 68 mm。

从理论上讲，当车轮在最不利条件时，如加上曲股构造轨距加宽和轨距允许误差，则尖轨非作用边与基本轨作用边的距离大于 81 mm 才能保证车轮轮背不撞击尖轨，这显然没有必要。如果轨距有 7 mm 加宽，尖轨非作用边与基本轨作用边的距离大于 63 mm，那么在绝大部分车辆通过时，尖轨非作用边上没有轮背撞击尖轨的痕迹，因此尖轨非作用边与基本轨作用边的距离可为 65 mm，最小不得小于 63 mm。

（二）提速道岔正常使用的条件

提速道岔应经常保持良好状态，有下列病害应及时修理或更换：

①尖轨侧弯。曲股基本轨的弯折点位置或弯折尺寸不符合要求，造成轨距不符合规定。

②尖轨或长心轨顶面宽 50 mm 及以上断面处，尖轨顶面低于基本轨顶面或心轨低于翼轨顶面 2 mm 以上。

③尖轨工作面伤损，继续发展有爬上尖轨的可能。

④基本轨垂直磨耗在正线上超过 8 mm。

⑤基本轨、尖轨其他伤损达到钢轨轻伤标准。

⑥查照间隔小于 1 391 mm，护背距离大于 1 348 mm。

⑦辙叉达到重伤标准。

⑧道岔护轨螺栓、可动心轨咽喉和叉后间隔铁螺栓、长短心轨联结螺栓、咽喉钢岔枕立柱螺栓同一部位同时有两条螺栓或可动心轨凸缘与接头铁螺栓有一条缺少或折损时，道岔应停止使用，必须立即补充或更换。

⑨道岔转换部分与钢岔枕边缘或与钢岔枕上滑床板、耳板的距离小于 5 mm。当轨温变化 19 ℃时，尖轨或心轨尖端的自由伸缩约为 0.1 mm。如检查时发现最小距离小于 5 mm，在夏季，当日的气温变化及列车纵向力的作用会造成转换卡阻。

（三）提速道岔的养护标准和整道作业的程序

1.提速道岔的养护标准

对进入稳定期的提速道岔，原则上应以加强检查为主，重点抓好对零部件的细修工作，防锈蚀、防松动，保证零部件作用良好。日常保养工作主要是及时整修超过临时补修管理值的不良处所，有计划地消灭超限处所，保持道岔经常处于均衡良好状态，保证道岔能正常使用。在保养方法上，一般不宜频繁扰动道床，而应针对其结构上的不同点，采取不同的方法和措施。

①轨距误差在 −12～＋8 mm 以内时，应以调整轨距块的方法改正轨距；轨距误差在 −12～＋8 mm 以外时，也应尽量采用串枕的方法而不要通过移动

垫板的方法改正轨距。

②对可动心轨、尖轨、基本轨、翼轨作用边和尖轨非作用边的肥边及未焊接接头的轨端肥边，应及时打磨，防止钢轨掉块和出现假轨距，对尖轨、长心轨跟部异型断面处容易压塌的部位，需及时打磨平顺。

③要加强提速道岔钢枕的防爬锁定，可用厚 8～10 mm、宽 50 mm、长 600 mm 的钢板，两端钻孔制成防爬钢板，将钢岔枕与前后岔枕联排锁定，控制钢枕的爬行。

2.整道作业的程序

（1）促进道床稳定

对道岔全面起道、全面捣固一遍，促进道床稳定。起道量可控制在 40 mm 左右，对固定型辙叉的辙叉心和未焊接的接头，可适当多起一点，要注意辙叉、护轨部位捣固均匀，消灭暗坑吊板，使道岔基础坚实、均匀。

（2）加强捣固

根据起道的情况，除全面加强捣固工作外，对抬道量较大的部位，应加强捣固。捣固应采用道岔捣固车或捣固棒进行。

（3）设计轨距块安装位置

使用Ⅲ型扣件的道岔，钢轨工作边一侧安装 11 号轨距块，非工作边一侧安装 9 号轨距块；使用Ⅱ型扣件的道岔，钢轨工作边一侧安装 13 号轨距块，非工作边一侧安装 11 号轨距块。对小方向和轨距变化率大的部位，通过细拨细改矫直钢轨硬弯，达到方向良好。改正轨距以调整轨距块为主。

（4）回填道床并保持道床丰满

砟肩宽度不小于 40 cm，砟肩堆高至枕面以上 10 cm。

（5）整理联结零件

做到扣件齐全，配套使用，无缺少、损坏，位置正确、无偏斜，轨距块和支距扣板前颚紧靠轨底，在列车碾压后再复紧 1～2 遍，然后按规定上好防松螺母。

参 考 文 献

[1] 丁祥，侯宗政，朱永全，等．第三系富水弱胶结砂岩隧道施工方案对比[J]．铁道建筑，2023，63（11）：102-106．

[2] 付兵先，马伟斌，邹文浩，等．铁路隧道衬砌波纹板套衬结构设计与应用关键技术[J]．铁道建筑，2021，61（10）：1-6，17．

[3] 高东鹏．铁路隧道软弱围岩段施工塌方的处治技术[J]．中国新技术新产品，2022（6）：103-105．

[4] 黄波．铁路隧道下穿既有高速公路隧道施工控制分析[J]．建筑技术开发，2020，47（15）：47-48．

[5] 黄立新，徐华轩．高速铁路隧道口零距离复杂深基坑设计与施工技术[J]．铁道建筑技术，2015（8）：45-49，65．

[6] 惠小鹏．山岭隧道管棚超前支护施工技术的应用[J]．交通世界（运输·车辆），2015（12）：124-125．

[7] 贾杰，覃礼貌，于振涛，等．某艰险山区铁路隧道岩溶发育特征及涌突水危险性评价[J]．西北地质，2023，56（3）：258-267．

[8] 康超．山岭隧道洞身浅埋段施工工法浅析[J]．科技展望，2015（11）：12，14．

[9] 雷蕾．浩吉铁路隧道施工监控量测管理与技术创新[J]．广东交通职业技术学院学报，2022，21（3）：35-40．

[10] 李平．高速公路隧道穿越断层破碎带施工技术的质控措施[J]．居业，2022（6）：16-18．

[11] 李锐．铁路隧道施工的安全风险管理策略[J]．建筑科学，2022，38（3）：189．

[12] 李先进，林春刚，李荆．铁路隧道二次衬砌施工新方法及衬砌台车方案设计[J]．隧道建设（中英文），2021，41（2）：293-299．

[13] 李育枢，谭建忠．山岭隧道洞身段地震动力响应的三维数值模拟研究

［J］．交通科技与经济，2018，20（6）：70-75.

［14］李振基．铁路轨道与桥梁施工维修研究［M］．北京：中国财富出版社，2018.

［15］廖剑．铁路隧道施工中围岩变形监控量测安全管理措施［J］．建筑安全，2022，37（8）：17-20.

［16］刘存伟．新建蒙华铁路隧道施工监控量测监理工作控制要点分析［J］．科技资讯，2024，22（2）：139-141.

［17］罗加明，王明慧，王碧军，等．高速铁路隧道平行流水作业施工组织研究［J］．交通运输工程与信息学报，2020，18（3）：74-82.

［18］罗立娜，黄旭炜，罗棋瑜，等．UHPC 加固铁路隧道衬砌结构施工技术［J］．混凝土与水泥制品，2023（11）：73-76.

［19］马有良，喻有彪，钱超．单线铁路隧道无砟轨道"五保障"快速施工组织实践［J］．中国高新科技，2022（17）：89-90.

［20］孟乐．铁路隧道施工安全风险管理研究［J］．工程技术研究，2021，6（8）：174-175.

［21］彭斌，杜泽辉，余鹏，等．穿越断层破碎带特大跨度铁路隧道减震技术研究［J］．铁道技术标准（中英文），2023，5（10）：15-21.

［22］彭学军，彭雨杨，凌涛．隧道监控量测数据处理分析及运用［J］．工程建设，2020，52（4）：49-54.

［23］石天奇．山区铁路隧道弃渣利用与施工组织设计优化研究［J］．价值工程，2023，42（6）：36-38.

［24］史振狮，王百泉，林春刚，等．单线铁路隧道快速施工组织与机械配套研究［J］．山西建筑，2024，50（6）：169-174.

［25］宋洪蛟．高速铁路隧道施工质量监控与管理探讨［J］．中国建材，2020（9）：136-138.

［26］苏丽娟．高海拔铁路隧道施工安全风险管理研究综述［J］．科技创新与应用，2023，13（35）：97-100.

［27］孙松．铁路隧道施工机械设备维护保养及管理措施［J］．设备管理与维修，2021（8）：8-9.

［28］索博学．复杂地质条件下铁路隧道工程施工技术探讨［J］．产业科技创新，

2023，5（1）：52-54.

[29] 谭勇. 浅析山岭铁路隧道构造复杂区软岩大变形施工控制技术[J]. 四川水泥，2024（3）：239-241.

[30] 唐锐，赖孝辉，丁尧，等. 铁路隧道斜井近距离下穿公路隧道的影响及处治措施研究[J]. 四川建筑，2023，43（5）：66-71.

[31] 王更峰. 高速铁路隧道支护结构机械化施工技术[J]. 铁道建筑技术，2019（2）：121-126.

[32] 王鹏. 基于类比分析法的复杂艰险高原山区铁路施工组织工期指标关键参数研究[J]. 铁道建筑，2021，61（9）：155-160.

[33] 王天西. 重载铁路隧道监控量测信息技术应用[J]. 居舍，2021（35）：85-87，102.

[34] 温涛. 铁路隧道围岩监控测量技术的应用[J]. 浙江水利水电学院学报，2023，35（3）：75-79.

[35] 夏春华. 龙岗特长铁路隧道矿山法段施工通风方案研究[J]. 山西建筑，2024，50（6）：159-162.

[36] 徐云生. 复杂地质条件下铁路隧道施工技术分析[J]. 黑龙江交通科技，2023，46（4）：115-117.

[37] 臧万军，梁亚茹. 新建铁路隧道上穿施工对既有铁路隧道影响分析[J]. 福建理工大学学报，2024（1）：1-7，15.

[38] 张福奎. 铁路隧道套衬加固施工技术[J]. 江苏建材，2024（1）：106-107.

[39] 张拓. 铁路隧道施工风险管理策略[J]. 设备管理与维修，2021（14）：147-148.

[40] 张营旭，张广泽，蒋帅，等. 复杂艰险山区铁路隧道精细化工程地质勘察研究[J]. 高速铁路技术，2023（6）：78-83.

[41] 赵康康，曾保金，丁世武，等. 隧道监控量测在隧道施工中的应用[J]. 云南水力发电，2019，35（6）：51-54.

[42] 赵万强，路军富，汤印，等. 铁路隧道底鼓风险等级划分方法及控制措施研究[J]. 现代隧道技术，2023，60（4）：178-187，212.

[43] 周昆. 黄土山岭隧道开挖施工技术探讨[J]. 科技资讯，2017，15（6）：94-95.